思想的・睿智的・獨見的

經典名著文庫

學術評議

丘為君　吳惠林　宋鎮照　林玉体　邱燮友

洪漢鼎　孫效智　秦夢群　高明士　高宣揚

張光宇　張炳陽　陳秀蓉　陳思賢　陳清秀

陳鼓應　曾永義　黃光國　黃光雄　黃昆輝

黃政傑　楊維哲　葉海煙　葉國良　廖達琪

劉滄龍　黎建球　盧美貴　薛化元　謝宗林

簡成熙　顏厥安（以姓氏筆畫排序）

策劃　楊榮川

五南圖書出版公司 印行

經典名著文庫

學術評議者簡介（依姓氏筆畫排序）

- 丘為君　美國俄亥俄州立大學歷史研究所博士
- 吳惠林　美國芝加哥大學經濟系訪問研究、臺灣大學經濟系博士
- 宋鎮照　美國佛羅里達大學社會學博士
- 林玉体　美國愛荷華大學哲學博士
- 邱燮友　國立臺灣師範大學國文研究所文學碩士
- 洪漢鼎　德國杜塞爾多夫大學榮譽博士
- 孫效智　德國慕尼黑哲學院哲學博士
- 秦夢群　美國麥迪遜威斯康辛大學博士
- 高明士　日本東京大學歷史學博士
- 高宣揚　巴黎第一大學哲學系博士
- 張光宇　美國加州大學柏克萊校區語言學博士
- 張炳陽　國立臺灣大學哲學研究所博士
- 陳秀蓉　國立臺灣大學理學院心理學研究所臨床心理學組博士
- 陳思賢　美國約翰霍普金斯大學政治學博士
- 陳清秀　美國喬治城大學訪問研究、臺灣大學法學博士
- 陳鼓應　國立臺灣大學哲學研究所
- 曾永義　國家文學博士、中央研究院院士
- 黃光國　美國夏威夷大學社會心理學博士
- 黃光雄　國家教育學博士
- 黃昆輝　美國北科羅拉多州立大學博士
- 黃政傑　美國麥迪遜威斯康辛大學博士
- 楊維哲　美國普林斯頓大學數學博士
- 葉海煙　私立輔仁大學哲學研究所博士
- 葉國良　國立臺灣大學中文所博士
- 廖達琪　美國密西根大學政治學博士
- 劉滄龍　德國柏林洪堡大學哲學博士
- 黎建球　私立輔仁大學哲學研究所博士
- 盧美貴　國立臺灣師範大學教育學博士
- 薛化元　國立臺灣大學歷史學系博士
- 謝宗林　美國聖路易華盛頓大學經濟研究所博士候選人
- 簡成熙　國立高雄師範大學教育研究所博士
- 顏厥安　德國慕尼黑大學法學博士

經典名著文庫019

政治學

Politics

亞里斯多德 著

蕭育和 譯

經典永恆・名著常在

五十週年的獻禮・「經典名著文庫」出版緣起

總策劃 楊榮川

五南，五十年了。半個世紀，人生旅程的一大半，我們走過來了。不敢說有多大成就，至少沒有凋零。

五南忝為學術出版的一員，在大專教材、學術專著、知識讀本出版已逾壹萬參仟種之後，面對著當今圖書界媚俗的追逐、淺碟化的內容以及碎片化的資訊圖景當中，我們思索著：邁向百年的未來歷程裡，我們能為知識界、文化學術界做些什麼？在速食文化的生態下，有什麼值得讓人雋永品味的？

歷代經典・當今名著，經過時間的洗禮，千錘百鍊，流傳至今，光芒耀人；不僅使我們能領悟前人的智慧，同時也增深加廣我們思考的深度與視野。十九世紀唯意志論開創者叔本華，在其〈論閱讀和書籍〉文中指出：「對任何時代所謂的暢銷書要持謹慎的態度。」他覺得讀書應該精挑細選，把時間用來閱讀那些「古今中外的偉大人物的著作」，閱讀那些「站在人類之巔的著作及享受不朽聲譽的人們的作品」。閱讀就要「讀原著」，是他的體悟。他甚至認爲，閱讀經典原著，勝過於親炙教誨。他說：

> 「一個人的著作是這個人的思想菁華。所以，儘管一個人具有偉大的思想能力，但閱讀這個人的著作總會比與這個人的交往獲得更多的內容。就最重要的方面而言，閱讀這些著作的確可以取代，甚至遠遠超過與這個人的近身交往。」

爲什麼？原因正在於這些著作正是他思想的完整呈現，是他所有的思考、研究和學習的結果；而與這個人的交往卻是片斷的、支離的、隨機的。何況，想與之交談，如今時空，只能徒呼負負，空留神往而已。

三十歲就當芝加哥大學校長、四十六歲榮任名譽校長的赫欽斯（Robert M. Hutchins, 1899-1977），是力倡人文教育的大師。「教育要教眞理」，是其名言，強調「經典就是人文教育最佳的方式」。他認爲：

> 「西方學術思想傳遞下來的永恆學識，即那些不因時代變遷而有所減損其價值

的古代經典及現代名著，乃是眞正的文化菁華所在。」

這些經典在一定程度上代表西方文明發展的軌跡，故而他爲大學擬訂了從柏拉圖的《理想國》，以至愛因斯坦的《相對論》，構成著名的「大學百本經典名著課程」。成爲大學通識教育課程的典範。

歷代經典．當今名著，超越了時空，價值永恆。五南跟業界一樣，過去已偶有引進，但都未系統化的完整舖陳。我們決心投入巨資，有計畫的系統梳選，成立「經典名著文庫」，希望收入古今中外思想性的、充滿睿智與獨見的經典、名著，包括：

- 歷經千百年的時間洗禮，依然耀明的著作。遠溯二千三百年前，亞里斯多德的《尼各馬科倫理學》、柏拉圖的《理想國》，還有奧古斯丁的《懺悔錄》。
- 聲震寰宇、澤流遐裔的著作。西方哲學不用說，東方哲學中，我國的孔孟、老莊哲學，古印度毗耶娑（Vyāsa）的《薄伽梵歌》、日本鈴木大拙的《禪與心理分析》，都不缺漏。
- 成就一家之言，獨領風騷之名著。諸如伽森狄（Pierre Gassendi）與笛卡兒論戰的《對笛卡兒沉思錄的詰難》、達爾文（Darwin）的《物種起源》、米塞斯（Mises）的《人的行爲》，以至當今印度獲得諾貝爾經濟學獎阿馬蒂亞．

森（Amartya Sen）的《貧困與饑荒》，及法國當代的哲學家及漢學家余蓮（François Jullien）的《功效論》。

梳選的書目已超過七百種，初期計劃首爲三百種。先從思想性的經典開始，漸次及於專業性的論著。「江山代有才人出，各領風騷數百年」，這是一項理想性的、永續性的巨大出版工程。不在意讀者的眾寡，只考慮它的學術價值，力求完整展現先哲思想的軌跡。雖然不符合商業經營模式的考量，但只要能爲知識界開啓一片智慧之窗，營造一座百花綻放的世界文明公園，任君遨遊、取菁吸蜜、嘉惠學子，於願足矣！

最後，要感謝學界的支持與熱心參與。擔任「學術評議」的專家，義務的提供建言；各書「導讀」的撰寫者，不計代價地導引讀者進入堂奧；而著譯者日以繼夜，伏案疾書，更是辛苦，感謝你們。也期待熱心文化傳承的智者參與耕耘，共同經營這座「世界文明公園」。如能得到廣大讀者的共鳴與滋潤，那麼經典永恆，名著常在。就不是夢想了！

二〇一七年八月一日 於

五南圖書出版公司

導讀

台灣大學政治學系教授　陳思賢

人類文明中出現政治與權力關係該有幾萬年了吧？而開始使用文字不過幾千年，歷史上第一本以政治爲名的書出現大概就是這本書了（約西元前四世紀）。不過應該這樣說，在西方「政治」（politics）這個字本來就是從本書的書名（*politika*）而來——它意指「城邦的事務」（affairs of the *Polis*），而不是西方文化早已先有我們今日所認知的「政治學」這個詞意後，本書乃以之爲名。

既然對希臘人言，「政治」之本意爲「城邦事務之管理」，我們在讀此書時首先要有的觀念就是：他們所謂的「政治」是在「熟人」（或即使沒那麼熟，也是今日我們所稱的「鄉親」）之間，大家彼此有明顯的「歸屬感」與「地域共同感」。在今日廣土眾民的民族國家中生活的我們，很難體會「人際間的熟稔關係」會是聚首會商公共事務的先決條件。也就是說，從「歸屬感」而來的「參與感」是政治的起始，也是終點——政治始於城邦的共同生活所需，終於城邦的幸福繁榮。每個人離不開城邦，每個人因此離不開「政治」（城邦公共事務）。

很顯然地，這並不是我們今日的生活方式與對政治的看法。所以，我們可從這本書中學到什麼呢？一言以蔽之，就是找到面對「政治」的新可能性——重新地思考人與「政治」的關係，因爲亞里斯多德一直視政治是個人存有的不可缺部分，且是最重要的部分。也許現代人能從這本書中得到的「震撼」，就是民主不能只從「權利」的角度思考：我們不能僅要求在民主生活中各種「權利」應獲得什麼保障，而是要從「義務」的觀點來想想我們如何可以貢獻於所處的政治共同體。後者即是亞里斯多德所強調的「政治人」、「人是營政治生活的動物」（*homo politicus*）之概念，它意指我們要帶著人的本性中的「主體性」與「歸屬感」來參與政治生活，而政治生活最終也讓我們天性圓滿、實現生命意義。也正是這樣的態度，可用來矯正今日自由主義民主之下普遍產生的兩大弊病：「自私」與「政治冷漠」。（多數學者都同意，我們讀亞里斯多德《政治學》時要一併讀其《尼柯馬基倫理學》，因這兩本書合起來可構成他較完整的公民素養與公共生活觀。）

這本書在歷史上一直享盛名嗎？並不是的，它曾經與古典時期其他若干希臘羅馬經典一般，在歐洲消失近千年，其觀念也不爲中世紀的人所認同。這當然是由於書中的人本思想與基督教不合，遭到排擠之故。這本書是亞里斯多德親手撰著發表的嗎？不是，據信這乃是他授課演講時所準備的筆記，身後由他人編輯遺稿而成，並編排上書名，且書中各卷次序未必符合亞氏原先的講授次序。再者，現在這本書與成書時的版本一樣嗎？可能已有差距！當時以古典希臘文手抄傳寫，但是傳寫過程中必有脫漏失眞處，且原稿已不復存，歐洲所僅存的希臘文版本都屬之後的傳抄，且可能互相有異；中世紀時本書大抵已在歐洲失傳，流落到伊斯蘭世界以阿拉伯文保存，後再傳回歐洲（十二世紀時有所謂的亞里斯多德思想復興）譯回爲拉丁文版本，這個來源對現今我們考據希臘文正確版本當然也有影響。

但無論如何，亞氏的重要政治觀念的確是保存下來了。

亞氏思想重現歐洲後，當時的人如何地接納呢？基本上有兩種不同態度，一是完全採納他的「異教」（pagan）世界觀而將理性分別於信仰之外，這是以馬希留（Marsilius of Padua）的「繼受伊斯蘭式詮釋」（Latin Averroism）爲代表，而漸漸演變爲意大利文藝復興的公民人本主義（civic humanism）與馬基維利主義，它們對不良政體的革命與打造重建，深受亞氏《政治學》之啓發。另一則是教會的經院哲學家們以想要調和信仰與理性的立場閱讀，其中又以聖湯馬斯的「雙重秩序」（*duplex ordo*）觀點爲代表，它著重於重拾「政治場域」（the realm of the political）的重要性。但無論如何，在近代兩者已合流，鎔鑄成爲歐洲各個國家的民族共和主義思潮：或在「天啓」與「公民興國」之間穿梭，或猶如光譜般因時因地而各有不同著重。美利堅合眾國的建立與法國大革命，都是璀璨的例子。

在本書中，亞里斯多德分析最佳政體所依據的核心觀念乃是「裨益」（good，本書譯爲善）與「德行」（virtue）。什麼樣的生活可以爲人帶來「裨益」，因而獲致幸福？而要什麼樣的「德行」才可以讓人獲致如此的「裨益」？「裨益」有三類：外在於人的；身體的；靈魂的。第一類例如財富；第二類如健康長壽等；而第三類則是亞里斯多德認爲最重要、也是最高等級的「裨益」，那就是某種有益於靈魂、可讓靈魂狀態提升之物，例如德性（靈魂之滋養品）與智慧（使靈魂理性和諧）等。若以此觀點來看，對個人言最好的生活也就是對政治體最好的生活，反之亦然。然只有一種政治體制可以達成這個目的：那就是民治政治（democracy），在其中，因爲公民們同時是統治者與被統治者，因此每一個人都能獲致自由，發揮其能力，鍛鍊其智性與成就其德行，最後成爲一個充分實現人之所以爲人的潛能的人。

亞里斯多德《政治學》共分八卷，其實可以分開獨立來讀，理由已如上述：這八卷乃是後人就遺稿撮集而成，編排之次序也不盡理想。其中卷二、卷三與卷七最具理論意涵。卷二透過「回顧理想城邦」來對已出現的理論或現實做評論，包括對他老師柏拉圖設計的不同模式城邦，與諸如斯巴達、克里特與迦太基等實際政體的討論。卷三則是對我們今日奉爲圭臬的（雅典式）城邦政治之基本概念的鋪陳解析，此部分對後世政治理論影響最大。卷七則是對於理想城邦的政治生活做出宏觀、形而上精神性的探析與形而下實際建制上的擘畫。

但是在卷一進入有關「家庭」、「家計單位」（household）的討論前，卻出現了瞭解亞氏所有對於政治的思考最緊要關鍵的一些話語：

城邦是「共同體」（*koinonia*，人類社群之意）的一種。凡人類所作所爲，其目的都不外乎爲了某種「善」（good，或可譯爲裨益），則共同體組成的目的也是爲某種善。如果所有共同體的目的，都在於某種善，那麼就可以斷定，包羅囊括一切其它共同體的城邦（亦可稱之爲政治共同體），是所有共同體中最高一級，跟其它的共同體比起來，它的權威最高，所求之善，也是最高。

此段話已標舉出政治學的標的與重要性。這個經典的定義足以讓他成為「政治學之父」。他繼而解釋為什麼城邦會出現？「當聚落日多，結合在單一個完整的共同體，其規模大到足以或近乎自足時，始於生活所必需目的，繼之為了更好的良善生活，城邦於是就出現了。」從這之中，我們知道他認為城邦乃是一個「自給自足」的共同體（希臘人視之如「小宇宙」（*micro-cosmos*）），物質上可滿足經濟生活所需，精神上則可帶來良善生活之可能。這也就符合前述所謂城邦為「最高之善」。由於人有趨向於善的本能，所以城邦的肇建，「乃是出於自然」。城邦因於人本性之所趨，這是亞氏政治思想的起點。人不但有這種自然的本能會去肇建城邦，也是在自然界生物中獨有一種能力，可以經營城邦生活者，這就是亞氏那句千古名言「人是營政治生活的動物」之來由。

人有什麼樣異於其他動物的能力可行政治生活？那就是「理性」，其見諸於「思辨」，且表達於「言說」。「言說的能力，是用以闡明利與弊，因此而能有是非曲直之分（the just and the unjust）。人的獨特之處，在於只有他們才有類似善與惡，是非曲直等諸如此類的認識。具有這樣感知能力的造物，就創造出了家計與城邦。」亞氏對人的本質有一種看法，近似於歌德在《浮士德》所言，就是人乃是能力極高、令神明也讚嘆的一種生物，但可以大好或大壞：「人如果能達到完善的境地，就可以說是動物中最為優良者，但是若除去律法與正義，則反成為最惡劣者。……人一旦失德，就會變成充滿無盡慾望與貪婪，是最為邪惡殘暴的造物。」由此可知良好政治的重要，城邦的存在就是為了讓人「成德」，維繫群體生活的「正義」，讓人的一生富於意義。對亞氏而言，城邦是「自然的」，「先於個體而存在的」，人類的起點（生於斯、長於斯）與終點（發揮潛能、完成人生意義）。

然而歸結言之，我們今日生活在濃厚自由主義氣息之下，未必願意以如此立場看待政治生活與國家，或許也會深深覺得，以亞里斯多德的城邦政治思想所引領建構的古典共和主義太過於高調令人窒息。但是這種對人的生命意義必然「寄託於公領域」之看法，的確讓我們這些「自由主義時代之子民」耳目一新，腦中不時會浮現古典「政治人」的影像。也許在潛移默化中，我們仍會不自覺地在某些面向上（不只是政治）朝向心中的城邦緩緩前進。

譯者導讀

生命的技藝、教養與潛能：亞里斯多德的政治學、城邦與高貴的靈魂

「極富想像力的傑作」（imaginative *tour de force*）

——Michael Oakeshott

一、「絕不如此自然」的政治生活

應該如何看待一本兩千餘年前寫就的「政治學研究」呢？一部以古希臘城邦政治體制爲主題的著作，還能夠爲當下的我們提供什麼樣有益的見解或指引呢？不管是探究主題還是佈局結構，亞里斯多德這部《政治學》，恐怕都會讓任何一個帶著「現代政治學訓練」的讀者大失所望。當前學院專業化的學科訓練，往往丟失了政治學古老的深邃教誨：人如何教養出高貴的靈魂？城邦的政治生活又何以有助於人此一至高的善？不過，即使如此，任何一個好學深思的讀者，也依然可以從這部「經典」中

窺探政治生活的本質，從而更深刻理解人這樣一種造物，何以堪稱「爲人」？不可或忘，亞里斯多德的教誨是，政治生活與人何以爲人這兩件表面上看似衝突的事，其實是同樣一個主題。

沒有一個現代讀者會否認人的日常生活中總是存在各種支配事實，不管這樣的「統治」是以什麼形式出現，經濟無法獨立的青少年不免受到家長的「支配」，人在學校求學，參加大小型社團乃至於在工作場合，都需要服從統治，遵守某些規矩，配合或明或隱的指令。這是亞里斯多德在《政治學》卷一中，首先論述的主題：人類的生活在演進過程中出現了各種彼此結合的「共同體」，這些共同體無一不是「專制」的統治關係，例如，奴隸主對奴隸的統治，以及家計之主對於家計成員的統治，這些亞里斯多德統稱爲「家計式」的統治。家計式統治的特徵是統治者與受治者之間的不平等關係，其存在是基於某種確切的好處，例如家計的統治爲的是整個家計單位的繁榮興盛，而主人對奴隸的統治是彼此保全各蒙利益的統治。

但是，在人類文明的自然演化中，出現了一種全然不同的共同體，此即「城邦」，也就是「政治共同體」，其統治關係是彼此之間平等的「政治性統治」（*arkhe politike*）。亞里斯多德認定，人是具有理性（*logos*）的造物，只有人這種造物，可以藉由「思想」著相同的東西，而彼此通過言說取得共識或者異議，進而形成結合關係，這是其他依據本能而回應環境的造物所沒有的能力，而奴隸就其定義則是「能與聞其所以然者」卻無法理解其所以然，所以只能附屬於主人的人。因爲具有這個能夠在思想上「共同」思想同一個東西並加以言說的能力，人才能有別於其他造物，能據以「闡明利弊，作是非曲直之分」。亞里斯多德爲城邦的「政治性統治」做出了一個經典的定義，它是邦民之間既統治又受治的輪流統治，「若城邦的建制原則是邦民之間比肩平等，他們就會認爲應當輪流執掌官職」。這個形式上的定義否定了在政治生活中進行專制統治的正當性，又兼顧了存在著統治這個事實。據此，在卷三中，亞里斯多德對邦民提出了一個廣泛的界定：邦民是能承擔「不定的官職」（indefinite office）的人，「只有在與聞城邦政事，得享名器殊榮」，這裡指的不是現代民主政治意義上的「參政權」，邦民並不需要透過代議的機制而能直接與聞政事，亞里斯多德認爲，這個邦民身分的定義只要稍做變通限定其範圍，就可以應用在不同的城邦體制。

亞里斯多德論稱，政治共同體是自然的造物，人也是本於自然本性而爲政治動物。這個主張引發往後的無數爭辯。任何一個敏銳的讀者都能意識到其中的弔詭之處。首先，他明確指出，城邦的本質並不是從地理疆域的劃定或者居民的變動這些膚淺的「自然事實」來界定；再者，人與人之間「實質上」並不平等，無論是天資與能力上的差異，甚至是外貌體格上的差異，在某種意義上，預設彼此並不平等，以力量關係上的差異作爲統治理據的家計式統治，恐怕才是「最自然」的統治。亞里斯多德在卷一中之所以討論奴隸問題的深意在此，他否認了因爲征服與戰爭而役人爲奴的正當性，而奴隸之爲奴隸也不在於其「天生」某些要素而爲奴，奴隸以主人的生活活動爲目的，這樣的關係所表述的是一種專制的統治，亞里斯多德沒有直接挑戰這個關係的正當性（事實上，在現代社會，如此爲他人而活的狀態，專制的統治關係又何曾消失？），他藉此所要指出的是，在人類文明的演進過程中，「自然」會出現一個「不自然」的環節，一個無法再由自然事實決定的環節，其統治關係不再是專制的統治關係，此即城邦或政治共同體。因此，從家計到城邦，從專制統治到政治性統治之間的過渡並不是量的改變，而是質的改變，小城邦無論如何都不是大家計，反之亦然。這個過渡反映了人類對「爲了更好的良善生活」的想望，而城邦所求之善，也就會是至高的善。

城邦至高之善是什麼？首先，城邦無法藉由任何具體與實質的目的或者善的追求來加以定義，否則，它就只會是另一個家計單位，城邦既不是互保安全的軍事聯盟（主奴關係的放大），也不是滿足生活所需的聚落定居（家計單位的放大），城邦因爲某種更高階的目的而存在，但這個目的，此一善的目標，無法具體且實質地界定，因爲如果可以界定，必然直接區隔出成員的不平等，某些成員的能力德行與稟賦更適宜此目的者，自然即爲專制關係的統治一方。亞里斯多德從來沒有明確定義此一至高之善的實質內涵，而這正是《政治學》這部作品的深邃之處。

在討論從家計到城邦的過渡時，亞里斯多德提示了關於城邦至高之善的重要線索。這個過渡是貿易，貿易的特色在於物的交換價值從其使用價值中區隔出來，以及能取代以物易物的貨幣，亞里斯多德論稱，因貨幣所生的致富技藝，其所追求的財富是無限，這實際上是對城邦特徵的一種暗示：政治共同體的至高性在於它無從以任何有限的目的加以界定，這是城邦的邦民有別於奴隸之處，奴隸之用限於家計中的活動，但邦民並不如此，不僅因爲每個邦民都有其所隸屬的階層，個別邦民也有他對於善與生命形式的不同追求。這也是亞里斯多德在卷二開頭，反對其導師柏拉圖「理想城邦」擘劃的理由，亞里斯多德強調，城邦的本質在於「多元」，它像是「各不相同要素的組成」一樣，連結平等成員之間的是互惠與友誼，而不在於任何一種「一致」的狀態，否則，城邦將不過是家計單元，「一個城邦要是達致（柏拉圖）理想城邦的一致性程度，就不再是城邦」，即便「現實上能夠存在，也將會變成低劣的城邦」。政治共同體作爲至高的善，無法以「城邦自身」的善、利益或幸福來界定，從家計到城邦的過渡，會出現諸如聚落宗社、宗教集會乃至於娛樂消遣種種自友誼而生的社會生活與體制，但這些只是城邦的必要條件，它們全是爲了更高貴，「幸福愉悅且體面可敬」的生活形式，一種完善且自足無待他求的狀態而存在。亞里斯多德反駁柏拉圖，如果在他的理想國中，絕大部分的城邦階層都無從得享幸福，這樣的城邦即便可以通過財產與妻孥的共有而創造絕對的一致，也不能說是幸福的城邦。

城邦整體的幸福必然涉及多元邦民個體，必然關乎他們個別的幸福與對善的多樣追求。所以，它無法無視邦民的多元而強行一致，邦民一方面以邦民的身份參與追求並分配城邦共同之善，另一方面則致力追求並享受他所偏好的善，政治生命的形式與營生的生命，兩者無法切割開來。同時，城邦的總體幸福也不是這些個別邦民的無差別加總計算，這是亞里斯多德反對職業政治家法里亞斯與業餘政治素人希達莫的緣由，城邦不只是分配財產的共同體，所以法里亞斯通過強制財產平等的規劃無能應對城邦因榮譽的不均等分配而產生的現實紛爭；另一方面，城邦的生活同時包含了與聞政治的面相，希達莫希望通過強制規劃城邦不同階層的任務，排除特定階層參與政治的靜態規劃，必然在現實中引發更大的紛爭。亞里斯多德對於這些構思「理想政體」前輩的反對，固然多出自於城邦現實考量，但其背後所蘊含的是他對政治共同體的構思：城邦的存在不爲其本身的幸福與利益，也不在共同體成員幸福與利益的加總、分配與計算，那麼，城邦或者政治共同體的存在，對於人這樣一種理性的造物，其意義與至高之善何在？

二、兩種共同體想像，以及君主政體的疑難

亞里斯多德可說爲自己設下了一個專屬於政治生活的難題，城邦政治生活的特徵是其無限性，不同於家計存在某個有限的目的，奴隸之用限於家計活動，邦民並不如此，就如亞里斯多德透過貿易活動所暗喻，物品的價值會從有限的使用轉化成無限的交換，在城邦的政治生活中，也具有將邦民的多元性、個別的能力德行、對於善的不同追求，轉化成不同所用的「無限潛能」，正因爲城邦的政治生活是一個無限的關係網絡，所以，一個好人不一定會是好邦民，好人的德行與能力，在特定的城邦中不一定會是有助於完善城邦的德行。同理，邦民符合城邦建構原則的德行，也有可能摧毀城邦，要追問城邦的良窳，不能不關注這個複雜的「政治」德行問題，否則，城邦這個共同體不過是靠得比較近的同盟，而城邦的法律不過是讓邦民安全活著的擔保，無以致邦民的高貴；在專制的統治關係中，人所能達致的善與惡都是有限的，或者是能良好管理，或者是無能妥善使用奴隸的主人，其惡會因爲奴隸終究限於主人的生活活動有所限，其善也會因爲主人生活活動的特定目的而有所限，只有在城邦這個無限潛能的網絡中，人才既可能達致身而爲人最完善的境地，成爲最爲優良的造物，又同時可能墮落成爲最惡劣者。而這個在平等輪流而治的政治生活中具有無限可能的潛能性關係網絡，即爲亞里斯多德所說，「對一個城邦中政事的制度安排」的「政治體制」（*politeia*）。

爲了更聚焦城邦的政治體制，亞里斯多德依據統治人數的多寡，以及所關注的不同利益形式，

將這個無限關係網絡收斂爲六種政治體制：關注共同利益者，依據統治人數是一、少數還是多數，分有君主政體、貴族政體與共和政體，這些都是城邦正道的政治體制形式；關注私人個別利益而墮落的政體形式，則各有僭主、寡頭與民治政體。在正道的政體這邊，亞里斯多德耗費了相當篇幅討論了三種政體的優劣，這初看之下頗啓人疑竇，畢竟，如果依據他對政治性統治的形式定義，多數統治的共和政體，難道不應該就是「最佳政體」嗎？亞里斯多德確實爲多數的統治提出了一些至今仍適用的辯護，例如，多數邦眾的集體判斷還是勝過個別秀異人士的判斷、多數較之少數也比較不容易腐化以及排除多數與聞政務恐怕對城邦造成更大的威脅等等。他承認，在平等的邦民之間，讓所有人都既能統治又受治的輪流統治，還是比任何秀異個人（也就包括少數人）的統治更可取，更何況，輪流統治預設了輪替的制度與法律，亞里斯多德強調，遵奉法律統治的人，更被認爲是遵奉了神主與理性，相比之下，「個人的統治則多加了欲望的獸性，這往往誤導了統治者的心智」。

不過，亞里斯多德接著話鋒一轉，說「素質較次的人比之善好秀異之人，應該在相對較多的事務上擁有權力」，這難免「似乎是件奇怪的事」。若然有一群人或者一個人，「其德行出眾勝過其他人，那麼其君主或貴族統治，也是正當的」，雖然整體優於部分是原則，但對於一個德行能力優越出眾的人，授予他至高王權，而邦民放棄輪流盡皆服從看起來是唯一的辦法。亞里斯多德心中的「最佳政體」究竟是一人或少數人之秀異德行而治的君主或貴族政體？抑或多數邦民輪流共治的共和政體？首先，正如亞里斯多德所坦承，是「最好的人」統治還是「最好的法」統治？這個問題始終是政治生活的內在困難。我們也不應該輕率認定這個困難有任何簡單的解方，事實上，就其都作爲關注城邦共同利益的政體來說，這個內在困難反映了人類對政治生活兩種共同體想像：一種是法治權威的共同體想像，其中由邦民所彼此肯認的法律，規制了權威的程序性條件（輪流輪替的規範），而不考慮個別邦民乃至於集體城邦對於善的實質構思，它是城邦作爲平等輪流共治此一形式界定的延伸想像；相較於此，另一種共同體想像，則嘗試在邦民彼此平等的前提上，通過個別擁有秀異政治德行之人的中介，引導城邦的政治生活。儘管亞里斯多德批評了其師柏拉圖對理想國的擘劃，但他也無法否認，一個具有實質共善的共同體，從來都不會在人類對政治生活的想像中缺席。依循德行原則讓最好的人統治，或者依循嚴謹的政治性統治原則，讓最好的法統治，對亞里斯多德來說，是兩種相互衝突的共同體想像。在他極度考驗讀者耐心，對政體變革與轉型個案的討論中，有正道政體的墮落，有墮落政體轉型爲正道政體，有少數統治的墮落政體轉型爲多數的統治，但值得注意的是，第一，不存在貴族政體與共和政體之間的彼此轉型，其實原因正是這兩種政體象徵截然不同的共同體想像；第二，沒有一種政體的轉型是以君主政體爲起點，這裡涉及亞里斯多德對君主政體頗具深意的處理。

君主政體在亞里斯多德的《政治學》中占據一個相當特別的地位。首先，在他看來，一個政體之所以一開始會是君主政體，「多半是出於其原始未開化之故」，在初建的小城邦中，個別個人因爲卓越的功績而被立爲王，但這樣的狀況很快因爲城邦規模的擴大、有功之人的增多，最後因爲統治集團的腐化而進入政體轉型的循環。易言之，君主政體只存在於遠古時期，無法因爲政體的改良而延續，不同於其他政體，它是唯一一個「自然生滅」的政體，寡頭、僭主與民治乃至於共和政體都會進入近乎無限的循環，唯獨君主政體（某種程度上包含理想的貴族政體）會在城邦規模擴大之初自行消失，也很難在政體的循環中重新出現，「當城邦的規模已大，其他形式的政治體制就很難再出現」。接著，對於現行自稱君主政體的體制，亞里斯多德強調，這些體制要麼其實都有僭主體制的特徵，僅僅因爲「得到臣民默認」，才「基本上是君主政體」；要麼，這些君主政體或者混合了依循法律統治的要素，或者實際上必須依賴君主的朋友進行統治，「君主認爲其朋友當是治國同僚」。亞里斯多德的論斷再清楚不過，一種純粹的君主統治，只是歷史遺跡，在當前的現實政治世界中並不存在。

唯獨「第五種」君主統治形式，它不存在於歷史，它是唯一一個亞里斯多德沒有明確列出歷史年代，整部《政治學》也沒有妥適個案對應的君主統治。這種統治是「一個人掌管所有事務」，因此可以「比作家計的管理」。亞里斯多德如此類比不禁讓讀者困惑：一方面，完全有理由懷疑這「第五種」君主統治形式是亞里斯多德的虛構，否則按照他的「百科全書病」，沒有理由不給出對應的個案；另一方面，如果謹記政治性統治與家計式統治本質上的不相容，那麼完全有理由認定，將此一君主統治形式比作家計的管理，是亞里斯多德刻意的手筆。在亞里斯多德對僭主政體如何保全的建議中，他首先指出，城邦之王必須克制自己的欲望，特別是對於少男少女的愛慾（亞里斯多德對於相關細節的紀錄，甚至讓後世部分翻譯者覺得不雅而刪去），只有在一人王治的體制中，才特有此一「欲望的獸性」及其惡果，無論政體正道或墮落與否。而要避免僭主的覆滅，亞里斯多德建議最好的方法是「反其道而行，讓僭主的統治，看起來更像是君主的統治」，也就是說，讓墮落的一人統治，僞裝成正道的一人統治。隨後，他列出各種細部的建議，諸如注意公共稅收的用途、從城邦的角度來考量稅賦與勞役、檢點家閥成員的行徑等等改善城邦的舉措，僭主務求讓自己成爲城邦的「監護者」，就像是「家計之主一樣」。亞里斯多德的建議不禁讓他的讀者啞然失笑，畢竟，要是城邦的僭主都做到了這些事情，那麼正道的君主與墮落的僭主，最原初神聖的政體與最糟糕的政體之間，還會有所差別嗎？一個能在當前屹立不搖的君主政體，恐怕不過僭主的僞裝，僭主與君主沒有區別；其治理也正是政治性統治的顚覆，因爲，君主與家計之主之間也沒有區別。

可以說，在最佳的政治體制這個問題上，亞里斯多德對君主政體這個選項設下了重重的疑難，包括歷史時間與現實運作的疑難，他還提醒了一人王治所特有的獸性欲望問題，最後，他透過一個恐怕是虛擬的家計主式君主，讓讀者自己去反思，這樣一種完全悖離政治性統治原則的政體，一個僞裝成正道君主的僭主，會是選項嗎？亞里斯多德的反詰留待他所有細心的讀者去發掘與深思。

離開卷三以後，亞里斯多德再也沒有討論「關注共同利益」的正道政體，他走的是另一條的道路：從現實有所缺陷的墮落政體中，去構思最佳政體是否可能的問題，對他而言，「政治學」才眞正從這裡開始。

三、政治學的啓航，現實的烏托邦

政治學的啓航建立在兩個基礎之上，一是離開關注「共同利益」的正道城邦，二是對政治性統治作爲平等關係的再次確認與反思。一旦離開正道城邦的問題意識，依循「最好的法」統治也會跟著複雜起來，亞里斯多德強調，「法的好或壞，正義或不義，都必然伴隨城邦體制的變化而變」，都會「應城邦體制而變」。如果現在政治學探究的是多少有所缺陷的政體，那麼，它們的法律，就不可能天眞地當作沒有缺陷，法律是「既要也應當要參照體制而架構出來」，而不是倒過來。繼「最好的人」統治被亞里斯多德設下重重疑難排除後，「最好的法」統治也伴隨政治學離開正道城邦問題意識的啓航，而暫時擱置。對政體的探究優先於對法律的探究，法律本身無從阻止政體的墮落，因此，問題又回歸到（墮落的）政體身上，「應當理解最適合一般城邦的治理形式」，而對亞里斯多德來說，這並不比藉由關注共同利益來構思最佳城邦來得輕鬆，因爲「改革舊體制的困難度，並不下於創建一個新的體制」。

政治學啓航的第二個基礎是對政治性統治作爲平等關係的反思，亞里斯多德固然曾經爲平等做出「給予人當有的分配，以及平等者當得平等之對待」倫理學上的定義，但現在，一個「要求政治學上思辨」的新問題出現了：「什麼樣的平等？什麼樣的不平等？」就政治性統治平等輪流共治的形式理念來說，固然排除了任何一種「不平等」，作爲統治的依據，「人們不應當訴諸任何一種不平等，作爲執掌政治權力之緣由」，即便確實存在「有遲緩的人，有敏捷的人」等不平等的現象，但是「沒有理由爲什麼有些人得到的權力多」，其他人則少。形式上的理念如此，但是，某種程度上，現實城邦卻似乎不可能完全不依賴某種「不平等」而建構，「良好的出身、自由的邦民或者財富都是有其道理的主張」，這些有助於城邦建構的要素，也各別對應了（現實的）貴族、民治與寡頭三種政體。

亞里斯多德沿襲了彼時將政體粗略分成民治與寡頭的方法，這首先是因爲民治與寡頭政體各自表述了在理論上無法妥協，各有其正義的平等理念，也各自是對如何構建政治共同體的進一步反思。對民治派來說，既然政治生活的形式原則是邦民的彼此平等，則他們也就應該平等參與政務；而對寡頭派來說，既然不同邦民對於城邦的貢獻有所差異，則不均等地分配政治權力才是眞正的「平等」，不平等地參與政務，就不能不說不是正義。再進一步把這個對正義的異議往現實城邦收斂的話，可以發現其理念上的衝突，其實不是任何意識形態的對立，而是對於現實的誠實理解，它來自於現實上「自由無所牽掛、窮困且多數」的邦民，與「富有同時是少數」的權貴之間的對立（雖然貧富與多寡是不同的範疇，不過現實上幾乎不會有「富有多數」與「貧困少數」的現象，因此可以存而不論）。由於多數邦眾與少數對城邦貢獻良多的富人都是城邦不可或缺的一部分，雙方對於城邦正義的構思也各有道理，由於「同一批人不會同時是富人又是窮人」，所以兩種邦民身分，兩種對於生命形式的初階反思，在理論上可以說完全沒有妥協空間。緊接著，亞里斯多德指出，儘管雙方「都有其部分理據，但無一具有完全的正當」，這是因爲雙方都有理論上與實踐上的致命缺陷。

就民治派的主張來說，意圖將所有生活在城邦的人無差別地含括，其實是一種迷思，亞里斯多德強調，「實情是無法把維繫城邦之必然存續的所有人，都納入邦民中」，而「遮掩這樣的排除，不過欺騙世人」。他在這裡指的是彼時城邦中，佔據相當人數的奴隸與手工匠人，不過，即使是現代民主政治，也不可能無差別地賦予所有人公民身分，民主的同質性始終需要設定門檻，排除異質才能實現。另一方面，民治派的主張是多數的德行會勝過少數或一個人，但是，量的優勢並無法完全排除質的優勢，那麼，「若說邦民因爲比少數更強大，所以應當擁有最高權力」，那麼，「假如有一個人，超過一個人，一群並非多數的人，強大過多數，就應該讓他們，而非讓多數來統治」，民治派的理據並無法排除少數寡頭統治的可能。民治政體是用「最好的法」治理理念的現實墮落，它會因爲堅持多數的正義，而導致不義的結果，畢竟，沒有道理認爲少數的富人掠奪邦民是不義，而邦眾掌權以多數掠奪少數富人就是正義。相較之下，寡頭派的主張是讓「最好的人」治理城邦理念的現實墮落，可是，堅持以對城邦的貢獻爲正義標準，結果是「被排除在權力之外的人也就無從得獲名器殊榮」，堅持少數對城邦的巨大貢獻，讓寡頭派過度看重城邦內部的區別，這讓他們無從思考「城邦整體」，權力的擁有與競逐固然是政治生活的一部分，但高貴的政治生活不能只有這些活動。對於太習慣政治就是「權威性的價值分配」的現代政治學，再度回顧寡頭派理據的缺陷，可以說當頭棒喝。

而儘管各有理據，對亞里斯多德來說，兩者都有伴隨時間，而向最糟糕僭主政體墮落的自然趨勢。民治政體因爲民粹領袖裏挾邦眾大會，寡頭政體因爲集團內部的世襲化，雖然軌跡不同，卻殊途同歸地向僭主體制轉型。如果所有的事情都要訴諸邦眾大會多數，就不會有眞正的平等輪流互治，這是民治政體的極端；而當一切的政務審議都不關乎整體時，就不會有眞正的政治生活，這是寡頭政體的極端，政治生活要求城邦必須意識到自己是由各個部分組成的整體。在亞里斯多德的歷史回顧中，最好的民治政體是農事階層與擁有適度恆產的階層共治，這是因爲「勞碌生活的邦民沒有閒暇，只能在必要之時參與邦眾大會」；而最好的寡頭政體則存在於貧富差距不大的城邦，這些都是民治與寡頭的初生型態，如果它們各自將其原則推至極端，結果都是向最糟糕的僭主政體轉型，它們都無法通過時間的淬鍊。作爲對城邦，對於超越營生生命形式的初階反思，它們都忽略了政治生活的目的不在於單純的取得權力，無論這是自由放縱的生活還是劃出區隔以爲防衛的生活。

對亞里斯多德來說，要在有缺陷的政體中建構一個最好城邦，首要之務在於避免多數邦眾與少數顯貴的直接衝突，引入德行原則是亞里斯多德的「現實烏托邦」方案。首先，這並不是指以貴族政體取代民治或寡頭政體（君主政體的疑難已經排除了這個選項），德行原則是一個「既非民治也非寡頭」，既不依據多數邦眾也不依據城邦貢獻度來決定統治階層的原則，對亞里斯多德來說，「現實的」貴族政體，會將財產、德行與民望都列入選拔統治者的考量，具體制度上的設計是混合民治與寡頭，從民治政體擇取最低財產資格的制度，再從寡頭政體擇取通過選舉任命官員的制度，讀者不免驚訝地發現，亞里斯多德所構思的「貴族式」現實烏托邦方案，實際上就是現代代議民主政治。貴族式的改革方案是透過設定一個「中間階層」來制衡城邦中本來必然衝突的多數與少數，「中間」的要點並不在於「折衷」，（邦民現實上不可能既是富人又是窮人，所以不可能存在眞正的兩者折衷），而在於它「既非此亦非彼」，亞里斯多德視中間階層爲避免城邦傾軋的關鍵，但同時，值得注意的是，中間階層並不是城邦中實際存在的階層（現實中只有多數邦眾與少數顯貴兩種階層），它作爲「既非多數邦眾亦非少數顯貴」的存在，必然自兩個階層中衍生，貴族式的方案力主個別邦民的政治認同，能夠擺脫兩種極端原則的裹挾，而制衡政體內在的傾覆趨勢，願意無視兩個極端原則的人越多，中間階層的力量就越大，混合民治與寡頭制度的政體，就越能延續。

制度上的混合還具有其他深刻的意涵，德行原則在另一個意義上指的是「既是民治也是寡頭」

的城邦建構原則。此即亞里斯多德所謂的「共和式」現實烏托邦方案。這是他從純粹的共和政體所延伸的方案。純粹的共和政體是一個以重裝步兵為主要組成的城邦，在其中好人與好邦民的德行是合致的，一個擁有軍戰德行的邦民，同時也能夠護持城邦，所以，軍事上服從的美德，更有助於鍛造既能服從又能統治的邦民階層。說這樣的共和政體「純粹」的原因是，任何一個卓有規模的城邦，都不可能只有一個重裝步兵階層。而共和政體的特點還在於，它的命名是一種可以通稱所有政體的命名，既然現存的政體都是有缺陷的，那麼也就代表，不存在一種純粹的共和政體。亞里斯多德從這個純粹共和政體中抽繹出好人與好邦民德行合致的理念，透過現實政體中民治與寡頭制度設計的混合，讓民治派可以視之為民治政體，讓寡頭派可以視之為寡頭政體，這是為什麼亞里斯多德會說，現實的共和政體，「不過就是混合窮人無所牽掛的自由，以及一般來說取代高貴人士地位的富人財富」，而兩者的成功混合，該政體就「既可以看作民治政體，也可以被歸類於寡頭政體」，「各種政治要素的混合越是完美，則政治體制就越能持久」。

以政體的通稱來命名的共和政體，相當程度上，亞里斯多德暗示這樣的政體並沒有專屬自身的認同，也就是說，不同於民治與寡頭政體，共和政體沒有專屬自身的原則，德行、自由與財富都不是它的原則，要討論共和政體，只能從多數邦眾與少數顯貴談起，共和政體是對政治生活原則的再反思，但它卻弔詭地迴避對政治生活更進一步的追問，它是一個好人與好邦民的德行，毫無衝突地一致的「好城邦」，但這個城邦並沒有任何自身的認同，而僅僅就只是對立的雙方都能各得其所好的平庸政體。

多數統治的良好運作，表現在不對政治體制提出更進一步的正當性追問，政治科學家在千年以後並沒有得出比亞里斯多德更高明的結論。

四、生命教養的技藝

創造「既非此亦非彼」效應的貴族式方案，與創造「既是此亦是彼」的共和式方案並不互斥，對亞里斯多德來說，貴族政體與共和政體更像是兩個方案之間比重程度的差別，而非不同政治原則的對立，其精神也是一致的：政治生活能夠透過立法家或治邦者的事功，透過制度上的混合設計，來抗衡「有部分理據但無一完全正當」的邦民政治活動對政治生活所造成的內在傾覆。完美的城邦需要同時混合「既非此亦非彼」與「既是此亦是彼」兩種方案，才能抵禦時間對政治生活的衝擊，在卷七，亞里斯多德勾勒了這個現實烏托邦的理想圖景：

掌握最高權威的執政官們可以在專供公共祭祀的場合會餐……這樣的地方也是展示統治者德行與權能的合宜場所……此最高掌權者們集會所在之下，則可以建立類似色薩利人稱之爲「自由」的廣場，此處須完全排除商貿活動，且低賤下人或農人沒有官員傳喚不得進入。讓年長的邦民在此進行競技活動，這廣場將更得其用，依據年紀做出區隔，讓部分執政官與青壯者爲伍，而

> 讓其他部分執政官與年長者爲伍⋯⋯在最高階的廣場，投注生命的閒暇，在其他的廣場，則滿足貿易的生計需求。

在這個理想圖景中，象徵民治的邦眾大會沒有位置，多數邦眾隨心所欲的放縱自由既阻隔了工匠技藝的干擾，也得到「年長邦民」經驗的陶冶；少數顯貴得以影響城邦的商貿活動（及其財富）被排除在政治中心之外，統治階層的所在地，高於貿易之所用的廣場，而正如高貴的政治生活高於滿足生計需求的生活一樣。時間也不再是政治生活終將墮落成僭主政體的見證，「年紀」的隱喻是，時間與經驗會成爲護持城邦的要素。對於最佳政體的核心問題，好人與好邦民的德行如何一致？亞里斯多德沒有正面回答，但他給出了關鍵的線索：時間與經驗的教養。所以「讓青壯年歷練許多明顯低賤的工作，依然有其高貴深意」，因爲「高貴與否並不在於所躬行的行動本身，而在於這些行動的目的與意圖」。適宜於政治生活的德行不僅理論上無法界定，實際上也會因爲城邦的種種型態無法確定，亞里斯多德請他的讀者牢記「人生命形式與舉止動態的多樣及其關連」，是爲了更高貴的動態，這是孩童以及其他還需教養的年紀所要習練的。

在卷七與卷八，亞里斯多德重新回到了理想政體的探究，其中涉及的德行與青少年教養，是現代讀者最爲困惑的主題。畢竟，它們在現代政治學的學科專業中幾乎絕跡。亞里斯多德將理想政體的理念寄託在共同體的教養，他反覆地提醒讀者狹義政治生活（也就是寡頭政體的原則）的侷限，「營生是爲了閒暇，爭戰是爲了和平」，民治或寡頭的極端原則最終都會墮落成以宰制他人爲務的僭主，但治邦者與立法者的志業不應該只是成就霸業，宰制他人。政治生活是人作爲理性動物才具有的生活形式，但其目的無法實質具體界定，更不在擁有權力的掠奪，要讓政治生活成爲教養人的高貴生活，必須要懸置狹義政治生活之用。卷八中令現代讀者困惑的讀寫、體育與音樂教養，實際上蘊含了亞里斯多德政治學的最終教誨：「始終只從用處來考量，是無以提升靈魂素質，無以教養出高貴的自由人」，特別是以「閒暇」爲務的音樂教養，更是對政治生活「目的」的隱喻，「忙碌的生命形式總是著眼於一個未竟的目的，可是幸福就其本身就是目的」，懸置忙碌生活形式的目的，才有「閒暇本身所提供的愉悅、幸福與生命的享受」，一種就其本身就是目的的生活形式。

亞里斯多德在卷七刻意模糊了沉思生活與政治生活，哲人與邦民的區別，「積極主動的生活形式將會是對於集體層次上的城邦與個體層次上的個人，都是最好的」，但它既不是如一般人所認爲，是「與他人相關」的狹義政治生活，而與世隔絕自力更生的活動也不必然就是無所作爲，這種完美的生活形式是生命「各種動態的彼此交錯」，政治生活作爲必要的教養，正如讓青壯年歷練賤業的教養，在於它能將特定德行從具體目的之用解放出來，指向更高貴的生命形式，它既不由任何特定目的所界定，也不由忙碌生命形式所追求，更高貴的生命形式既是對一切具體德行目的的懸置，也是所有生命形式都得以開展的潛能，閒暇之大義在此。

人的高貴是最至高的德行，也是人生而爲人最爲困難的歷程，它無法經由哲學的理論或抽象的規劃而養成。政治的生活意味著人能夠「有意識」地對抗生命中的痛苦與愉悅，在專制統治中，無論是主人方還是奴隸方，都無從反思此一統治關係，家計生活的愉悅與痛苦亦是如此。亞里斯多德說，德行出眾的人，「能以高貴的生命形式，與貧窮、病痛以及各種厄運泰然相處，剝極而復」，只有政治生活的必要中介，人才能有意識地經受痛苦與愉悅，只有在政治生活中，「即使經受巨大的苦難，我們還是會看到人依然堅持生存，彷彿生命本身自有其甜美與愉悅」，政治生活是生命得以經受巨大苦難與甜美愉悅的必經歷程，也是人所專屬，得以懸置特定之用，備其所用，而具備無限潛能之所在。

政治是生命的技藝，而亞里斯多德的《政治學》，正是一部反思生命潛能，「極富想像力的傑作」。

翻譯說明

翻譯主要依據三個英譯版本：Cambridge University Press 出版，Stephen Everson 編輯的 *The Politics*（顏一與秦典華譯本由此譯出）、Oxford University Press 出版，Ernest Barker 所譯的 *The Politics of Aristotle*（吳壽澎譯本由此譯出）以及 University Of Chicago Press 出版，Carnes Lord 所譯的 *The Politics*。遇有疑義則參照 W. L. Newman 所編的 *The Politics of Aristotle* 四卷本古希臘原文文本。譯者並非專研古典政治思想，也並不熟習古希臘文，翻譯此等大作實屬唐突，惟盡力對照各通用英譯本，務求通解文句，提供華文世界讀者另一個選擇，尚祈各界先進批評指正。

目次

卷一　家計的理論

第一章（1252a1-1252a23）

城邦（polis）是共同體（community）的一種。凡人類所做所爲，其目的都不外乎爲了某種善，而共同體組成的目的也是爲某種善。如果所有共同體的目的，都在於某種善，那麼就可以斷定，包羅囊括一切其他共同體的城邦（亦可稱之爲政治共同體），是所有共同體中最高一級，跟其他的共同體比起來，它的權威最高，所求之善，也是最高。

有人認爲，治邦者（statesman）、君王、家主、奴隸主，其實是同一件事。所不同者，只在於臣服的人數多寡而已。例如，奴隸主統治寥寥幾個奴隸；若受治的人再多一些，就成了家計（household）的經營管理者；受治的人再更多一些，就成了治邦者或君王，彷彿大的家計跟小的城邦之間沒有差別。而治邦者跟君王的差別，又只在於一人之治爲君王，而依政治性的法則，由公民輪流統治，既治人又受治於人，則爲治邦者。

如果依據過去一直以來指導我們的方法，對這個問題稍作思量，就很清楚：上述的說法是有謬誤的。政治學跟其他學科分支一樣，其方法都是把合成物拆解成再無法拆解的元素，也就是全體中最小的部分。是以，我們必須先看城邦組成的各種元素。爲此，我們得先看看，那些不同的統治形式之間，相異何在？以及這樣做是否對這整體論題，能夠有系統性的立論。

第二章（1252a24-1253a38）

無論研究國家或其他問題，如果先考察其開端與演進，就能有清楚的認識。首先，必然有一種缺一不可的結合，這也就是男女之間的結合。有了這樣的結合，種族就可以連綿不斷地延續下去。這樣的結果，並非刻意的算計或選擇，其實不過跟其他動植物的自然動機類似，也就是留下自己的血脈而已。接著，必然有一種雙方爲求彼此保全，統治者與受治者自然的結合。有洞燭機先心智能力的，自然而然就是主人；而爲此遠見以身體出力的，則成了受治的一方，自然而然也就成了奴隸。因此，可以說主人與奴隸之間有著同樣的利益。然而，女性與奴隸自然大有分別，不能併爲一談。自然不像德爾菲（Delphi）的鐵匠，會設計出多功能的刀（Delphian knife）[1]，一定讓所有造物都各有其用途，而只爲單一用途而非多重用途所造的器具，才爲上乘的器具。然而，在蠻族中，對女性與奴隸是沒有區別的，他們之間並無自然而生的統治者：簡直可以說，他們是男女皆奴的奴隸社會，這是爲什麼會有詩人這麼說：

[1] 由於窮人買不起足夠的刀具，所以德爾菲人專為窮人設計出一種多功能用刀具。

當由希臘人來統治蠻族[2]。

彷彿蠻族與奴隸天生沒有差別一般。從男女與主奴這兩種基本結合中，首先出現的是家計，赫西俄德（Hesiod）有云：

首爲家屋、爲妻孥、爲耕牛。

這樣的說法確實精確。耕牛可以說就是貧民的奴隸。而家計正是爲了滿足日常生活的需求，自然而生。查隆達斯（Charondas）將家計成員稱之爲「一起吃飯的伴侶」；或者，克里特島的埃庇米尼得斯（Epimenides of Crete）也有「一起圍坐在爐火邊的伴侶」這樣頗爲切實的比喻。當若干家計單位，爲了日常所需供給之外的目的而結合起來時，就成了聚落（village）。最自然的聚落，其實不過就是同一個家計單位開枝散葉，所以，有些人稱聚落成員是「同乳所哺」、「子息綿延」。這是爲什麼希臘諸邦，在彼此結合之前，都跟現今的蠻族一樣，由君王君臨統治。所有的家計單位都由年長者統治，從而，在家計組成的聚落中，王權的治理形式就依同樣的血脈原則而盛行。正如荷馬（Homer）所說：

人皆爲其妻孥，立下律法[3]。

他們在遠古時期散居各地。這也是爲什麼人們會說諸神中有王，因爲在遠古時期，他們或者自己就是王，或者被王所治。他們用自己的生活樣態，來想像諸神及其生活樣態。而當聚落日多，結合成單一個完整的共同體，其規模大到足以或近乎自足時，始於生活所必需目的，繼之爲了更好的良善生活，城邦於是就出現了。

城邦一旦肇建成立，就無法再加以廢除。如果說過去的共同體形式，都是出於自然而成，那麼城邦的肇建，必然也出於自然，可以說城邦是所有共同體的終點。我們說一個事物的自然本質，所說的就是它的發展終點。當事物完全發展而達到某個狀態，我們就可以說這就是它的自然本質。無論是人、馬，或者家計單位都是一樣。所以很清楚，城邦的肇建，乃是出於自然。除此之外，任何一個事物最初的原因與最終的結果，都是最爲完善的，所以，能夠自給自足者，就既是最終點，也是最爲完善[4]。

---

[2] 亞里斯多德（Aristotle）此處所引用的是歐里庇得斯（Euripides）的劇作《奧利斯的伊斐姬妮雅》（*Iphigeneia in Aulis*），這句話出自伊斐姬妮雅（Iphigeneia）之口，其父阿伽門農（Agamemnon）將她獻祭，以平息狩獵女神阿提米斯（Artemis）怒氣，伊斐姬妮雅接受了父王的安排，並自稱身為女性，其價值不過爾爾。亞里斯多德似乎藉此引語暗示：若是不區分女性與奴隸的思維，是希臘思想傳統，那麼，希臘人與蠻族何異？

[3] 在荷馬原詩中，此話用以描述圓目巨人的生活。

[4] 對參《尼各馬科倫理學》（*The Nicomachean Ethics*）：「自足可以被認為是最終極的善。我們所說的『自足』指的不是一個人自食其力，孤獨地生活，而是指一個人與其父母、子女、妻子還有邦民同胞一起生活。而即便人就其本性而為政治動物，但我們還是必須對此設下界線，因為若是延伸出去，上至先祖下至後裔，到朋友的朋友，那就沒有止境了……我們在此就將自足視為更值所營的生命，並且無所缺。」（1097b10-14）

因此可以證明，城邦的肇建，是自然的產物；而人也是本於自然，而成政治動物（political animal）。要是有出於自然本性非偶然際遇，而不需要城邦者，則要麼是惡徒，要麼就是超人。也就是詩人荷馬痛斥爲「無部落之屬，無律法所規，又無家可歸」的人。這樣的人生性嗜血，天地不容，說是棋盤上的孤子，一點也不爲過。

顯而易見，跟蜂群或其他群居動物比起來，人更是一種政治動物。人是唯一一種天賦具有言說（speech）能力的動物，自然造物的事功，不會虛擲徒勞。我們用聲音來表達痛苦與歡愉，這樣的本能，其他動物一樣也有，可是其知覺程度，只能達於感受與傳達苦樂。但是，言說的能力，是用以闡明利與弊，因此而能有是非曲直之分（the just and the unjust）。人的獨特之處，在於只有他們才有類似善與惡，是非曲直諸如此類的認識。具有這樣感知能力的造物，就創造出了家計與城邦。

城邦的肇建，就其本性（by nature）是先於家計與個體。他們之間的關係，就像是人整副身體與肢體之間的關係。如果身體毀損，那麼手足就無法存在。除非我們搬弄文字遊戲說這是「石頭手」，否則一旦身體毀損，手足肢體也難說完好。世上一切事物都是以其功能與能力來加以界定，如果手足失去了它固有的特質，就無法再將之視爲手足，除非指的是另一個同音但意思完全不同的東西。

城邦是自然的造物，而且先於個體。證據是，一個人離群索居，就無法自給自足，這就像是人手足肢體與整副身體之間的關係一樣。如果有人在共同體中無法立足，或者自認可以自給自足無須共同體，就不會是城邦的一分子，這樣的人如果不是野獸，不然就是神靈。自然賦予人結成共同體的本能，因此，說肇建城邦的人，功績無可限量，一點也不爲過。人如果能達到完善的境地，就可以說是動物中最爲優良者，但若是除去律法與正義（justice），則反成最爲惡劣者。畢竟，配有武裝的不義，更爲危險。而人天生具有智識慎慮與德行優異的武裝，可以爲了最惡劣的目的，而加以運用。這是爲什麼，人一旦失德，就會變成充滿無盡慾望與貪婪，最爲邪惡殘暴的造物。正義是城邦中人際之間的紐帶，用以斷定是非曲直，而這就是政治共同體秩序的原則。

第三章（1253b1-1253b22）

由於城邦是由家計單位組成，所以在討論城邦之前，最好先討論家計管理。家計管理的各個部分，相應於組成家計的個人。一個完整的家計單位，包含了奴隸與自由人。我們對一切事物的研究，應該要從最簡單的元素開始，這是基本常識。而家計單位最首要與最簡單的部分是主奴關係、配偶關係（人與其妻的結合尚未有適切命名），以及家父長與子嗣的關係（也同樣未有適切命名）。而家計單位尚有另一元素，也就是所謂「理財致富的技藝」（art of getting wealth），有些人認爲，此一技藝與家計管理並無分別；另一些人則認爲，此爲家計管理的主要部分。理財致富的技藝其本質爲何，我們也必須加以討論。

首先要討論的是主奴關係。既要看其之於實際生活的需求，也要對比當下的現狀，看看能否得出更為完備的理論。有論者認為，主人的統治是一門學問，所以一個家計單位的管理，對奴隸的駕馭，乃至於政治與君王的統治，都是同一回事，就像我們開頭所說的那樣。但也有人認定，主人對奴隸的統治違背自然，因此自由人與奴隸之別，不過約定成俗（by convention），而非自然所成，所以必定與自然扞格，從而並非正義，也是一說。

第四章（1253b23-1254a16）

家產（property）是家計的一部分，所以獲取財產的技藝，也是家計經營技藝的一部分。要是生活必需品不能俱全，則無法享受舒適的生活，甚至於無以維生。技藝一定有一個確切的範圍，而工欲善其事，必先利其器，家計管理也是如此。在各式各樣的工具中，可以分成兩類：一是具有生命者；另一則是不具生命者。以航行的技藝來說，船舵是無生命的工具，而瞭望人，則是有生命的工具。在一切的技藝中，可供人役使者（servant），都可以說是工具之一。所有物（possession）是人維持生活的工具，而在家計的經營管理上，奴隸是有生命的所有物，家產就是這些大量工具的集成，而可供人役使者，就是使用工具的工具。如果所有工具，都像是戴達洛斯（Daedalus）所雕的塑像，或者赫菲斯托斯（Hephaestus）的三足寶座那樣，能有預知人意，自動完成工作的能力，像詩人所說：自行參與諸神的集會。要是織梭能自動織布，琴弦能自己彈動，無須人動手，那麼，匠人就不需可供役使者，主人也同樣不需奴隸。

而通常稱之爲工具者，大概指爲生產製作（production; poiesis）的工具而言，而家產乃是爲活動實踐（action; praxis）的工具。以織梭爲例，其功用，不只是供人運用而已，也有賴它製成其他物品，這就是生產製作的工具。而至於衣服或床第，則除了供人使用以外，別無其他產出，而這也就是活動實踐的工具。接著，雖然生產製作與活動實踐，都有賴於工具，但它們的作用方式有所區別，其所用的工具，也必然有所區別。人的生活，是關於活動實踐的事，而不是生產製作的事，因此，奴隸是在活動實踐場域中供役使者。

此外，當我們論及「所有物」的界定時，就好像論及某個物的部分，這個部分所指的不是只有這個部分而已，也有它完全屬於另一個某物的意義。所以當說到主人，他不附屬於奴隸，單純就只是奴隸的主人；但說到奴隸，則不只是主人的奴隸，而是還有完全附屬於主人的意義在其中。據此，我們就可以理解奴隸的本質與作用。如果一個人自然而然附屬於他人，就自然而然地成爲奴隸。作爲奴隸，也就是作爲所有物，也就可以界定成能夠與其所有者分離，成爲活動實踐所用的工具。

第五章（1254b17-1255a2）

但世上眞有某種就其自然本性而爲奴隸的人？而這樣的狀況又是對什麼人合宜有益，且又正當呢？又或者，並不是所有的奴從役使（slavery），都悖於自然呢？這個問題無論是根據理性或者事實，都不難回答。有些人應該統治，而有些人應該受治，這樣的狀況不僅必要而且有利。自有生之初，人或者應該統治治人，或者應該臣服受治於人。

統治與臣服種類甚多（施加在較良較高一類臣服之上的統治，也同樣較良較高。例如，施加於人的統治，比施加於野獸的統治更良；施行功藝（work; ergon）的人若是越佳，則其功藝也就越佳，因此可以說，在有人統治而有人受治之處，就展現了某種功藝），在所有形構成一個組合整體與由部分組成的事物中，不管其性質爲連續，抑或爲個別分離，都有統治與受治的區分存在。這樣的二元性，在生物界中亦無處不見。即便是不具生命者，也有統治與受治的原則，例如樂曲就是一個例子，雖然這也許屬於更廣泛的研究領域。一個活生生的造物，必定由兩大部分所構成：一爲靈魂（soul），一爲肉體（body），而這兩者，其一天生爲統治者，另一則天生爲受治的臣服者。我們在探究自然意向時，得要從其自然本性得以保持者，而不是從其自然本性腐化敗壞者來探究。所以，對人的研究，必定要選擇其肉體靈魂均最爲完善者，才可以在其中看到兩者之間的眞正的關係。在敗壞與腐化的狀況下，往往可以看到肉體對靈魂的支配，那已經處於罪惡與背離自然的狀態。

無論如何，在所有的生靈造物中，我們都可以同時看到像是主人支配奴隸般的專制性（despotical）統治，以及像是治邦者施加於邦民同胞的政治性統治（arkhe politike）。靈魂以專制性的方式統治肉體，而理智對情欲，則以政治性的方式，或君王般的方式加以統治。由此可見，靈魂統治肉體，理智統治情慾，都是自然而且有益的。如果讓兩者處於平等地位，或者是讓較低下者反過來統治，都是有害的。這個原則，用在禽獸之於人的關係，也是妥適的，被馴服的禽獸比野獸天性更爲良善，牠們受人所統治，得以保全，從而境遇也比較好。此外，雄性天生較雌性爲優越，一者統治，一者受治，此一原則適用於所有人類。在有像是靈魂與肉體，人與獸之別的地方（對其務在肉體之使用，無法展現更佳功藝者來說也是如此），較低的一級就生爲奴隸，對他們來說，處於主人的統治更好，正如對所有低下者來說也是一樣。一個人若是能成另一個人的家計所有物（而這也正是他成爲奴隸的緣由），以及若是未有理性（logos），但能與聞其所以然者，則可說生而爲奴隸。若是更下等的動物，則連與聞其所以然都沒辦法，其一切行動，都是順著本能驅使。是故，使用奴隸與馴獸，沒有太大差別，兩者都是以其肉體，而爲人生活所用。自然傾向於讓自由人與奴隸的肉體有所區別，讓奴隸體力強健，足以服勞役；讓自由人端正挺拔，雖無益於勞役，卻適於戰時與平時的政治生活。雖然，與此相反之情事，時有所見。例如，有些奴隸具有自由人的靈魂，有些人則徒具自由人肉體。若人在肉體表象的差異，如同諸神與凡人地位般天差地別，或許就可以毋庸置疑地認定，較爲低下的等級，應該被優越的等級所奴役。假如肉體表象的狀況是這樣，那麼同樣的區別應該也在靈魂之中，不是很合理嗎？只是，肉身的美醜，可以一眼即見，但靈魂的美醜，則往往難以看見。可見，有些人自然宜為自由人者，另外有些人則自然宜為奴隸者，而對後者來說，處於奴從役使的地位，既是有利也有其理。

第六章（1255a3-1255b15）

對上述說法持相反見解的人，從某個面向來看，其立論亦言之成理，不難明白。因為奴從役使與奴隸，本來就具有兩種意義，有依法從慣例（by law or convention）而成奴，也有依自然而天成（by nature）。所謂依法，其實是就慣例而言，例如：在戰爭中被俘虜者，一般會認為歸戰勝者所有。許多法學者，如雄辯家般對這項權利提出牴觸法理之控訴，他們厭惡這樣的說法：如果有一個人，僅僅只因其具有施加暴力的力量，具有橫行強力的優勢，那麼其他人或許就應該臣服，而為其奴役。即便是在哲人之中，對這個問題，意見也頗為分歧，而讓他們相互舌戰筆戰不休，導致爭端的根源是：有一派人認為，能力上優異，如果用上適當方法，就具有施加強力的最高權力，而高位之權力，也就只在某個面向上的能力優異，因此，權力似乎就暗示能力上的優異，於是問題就只是關於正義的爭論（一派人將善良意志認定為正義，而另一派人認定正義不過強者的統治）。假如把這些觀點分開來看，反對能力優異者應該統治或應為主人的觀點，恐也無立場。

其他還有堅持某種「依法從慣例也是正義」原則的觀點，主張奴隸符合戰爭之慣例，因此也就是正當的。但這個說法立刻又站不住腳：假設戰爭的原因，大大背離正義，那又如何呢？此外，也絕對不會有人說：不值爲奴者，應當爲奴。若此說成立，要是權貴不幸變成戰敗的俘虜，被人所掠賣，豈不就世代爲奴？這是爲什麼人們不會稱自己邦民是奴隸，而只將這個字眼加於外邦人。然而，當人們使用這個說法，眞正所指的，是我們此前說的天生爲奴，人們肯定會承認，有些人無論去到哪裡都只適合爲奴，而也有些人無論何時何地都不會是奴隸。此一原則，對於顯貴，亦可適用。顯貴往往視自己無處不顯貴，而不僅僅只侷限於自家國度，而卻又認定異邦人只在他們自己的國度才堪爲顯貴。這就顯示，顯貴與自由有兩種：一爲絕對的，一爲相對的。賽奧迪克特筆下的海倫（Helen of Theodectes）這麼說：「我的雙親血脈皆爲諸神後裔，誰能喚我爲奴？」這話的含義，是在說自由人與奴隸，顯貴與奴隸，其區別只在於善好品質的有無。就像人生人，獸生獸，故具善好品質之人，也必將降生具善好品質之人，自然意欲如此，只可惜常不如願。

這些差異的觀點各有根據：一派以爲：沒有自然天生應爲奴隸者，也沒有自然天生應爲自由人者。又一派以爲：在某種狀況之下，這兩種層級，實有顯著之區別；因此讓一者爲主一者爲奴的制度，不只對雙方都有利，也有其理：一方善盡其服從，另一方依自然之所意欲，而行使發號施令之權，盡其主人之所當爲。濫用此權，則雙方皆將蒙其損害。因爲部分與全體，肉體與靈魂的利害，是一致的，而奴隸是主人的部分，只是有一個獨立的肉身形體而已。因此，在主奴關係自然形成之處，他們得有友誼[5]，並具有共同利益，若僅只依賴慣俗律法與強力維繫，則情況將會完全不同。

第七章（1255b16-1255b40）

上述種種，足以證明主人對奴隸的統治，並非政治性統治，而又可知統治之類別，彼此之間各有區別，就如部分論者所說。有受治者是自然而爲自由人的統治，也有受治者是自然而爲奴隸的統治。由於所有家計必有家父長，故家計之統治，是獨斷式統治（monarchy），而自由人與平等人的治理，則是政治性統治。而主人之爲主人，並非因擁有知識，而是因具備某種特徵，這樣的說法也適用於奴隸與自由人。當然，有主人之學亦有奴隸之學。奴隸之學，如靠指導奴隸日常職責以賺錢的敘拉古人（Syracuse）所授，這類知識，或許也可進一步擴及烹飪與其他處理枯燥瑣事技藝。有些職務爲必需而不可或缺，而有些職務則屬較爲尊貴一類。俗云：奴隸有等第之別，主人亦有高下之分。但總之，奴隸之學無論分支，均屬奴從役使之事。

同樣也有所授者爲如何善用奴隸的主人之學，畢竟這裡所談的主人，不在如何獲得奴隸，而在於如何善用奴隸。然而這學問也無偉大可觀之處，畢竟主人只需要知道如何發號施令，讓奴隸了解如何執行即可。於是那些擁有僕役以料理家計，而無需親力勞務的人，乃得以專心致力於哲學或政治。至於如何可以獲得奴隸之技能，則與爲主爲奴之技能，不能併爲一談，那也是另一種專業學科，也就是狩獵跟戰爭。主奴之間區別的討論，到此大概是足夠了。

第八章（1256a1-1256b39）

奴隸既可視爲家產的一部分，我們要接著根據「欲知全體，宜先知其部分」的通則，所加以研究的是，一般的家產問題，與獲取家產的技藝。第一個問題是，獲取家產的技藝，是否等同於家計的技藝？或者只是家計技藝的部分？又或者是家計技藝的工具？若最後一說成立，則衍生出另一個問題。也就是，家計技藝工具的性質，是像製梭技藝之於紡紗技藝？還是像鑄銅之於雕像技藝呢？雖然製梭與鑄銅這兩種技藝，對於紡織與雕像而言，都是居於工具之地位，但方式並不一樣：一個是提供器具，一個是提供質料。質料是工藝所資的原料，例如羊毛爲紡紗之質料，銅爲雕像之質料。由是觀

[5] 對照亞里斯多德在《尼各馬科倫理學》中的說法，「若是統治者與受治者之間沒有共同的事物，則不會有正義，也不會有友誼。」（1161a33-35）：「奴隸是有靈魂的工具，工具是沒有靈魂的奴隸。就其作為奴隸來說，（自由人）與之不可能有友誼；但是，既然在人與人之間似乎存在某種正義，能夠在法律與共識中結成共同體，那麼，就奴隸作為人來說，（自由人）是能夠與而有友誼。」（1161b4-8）

之，家計經營的技藝與取得家產的技藝，並非同一回事。取得家產，就像提供質料，而家計之所務，則像是運用其所提供者，對家計儲藏的運用，就只會是家計經營的技藝。

那麼獲取家產的技藝，是家計技藝的一部分？還是另一種完全不同的技藝呢？如果獲取家產不得不注意其獲得來源，而家產來源的種類又不知凡幾，那麼家畜的管理與飲食的照料與準備，是家計技藝的一部分？還是全然不同的技藝呢？又，食材的種類不知凡幾，人與動物的種類也同樣不知凡幾，他們皆需進食過活，因而人類與動物之生活方法，也多到難以列舉。從動物來看，有性喜群居者，亦有性喜獨處者，其生活都依適於維持其生命之方法而行，因而有肉食、草食與雜食之分，這些飲食習慣是大自然根據他們的方便與選擇所決定。又，同樣的食材，未必又是全體所同樣嗜食，因此，在肉食與草食兩大群體中，又各自分歧繁複。

人類的生活方式，也是千差萬別。人類營生生活中最惰者，首推終日牧遊的牧人，其生活所需之食料，取諸馴服的獸類就夠了，而無須勞苦經營。又因爲其所牧獸群，需要周遊各地以求牧場，於是牧人就像耕作活動農場一樣，易地而居。除了牧人以外，還有藉漁獵維生者。他們的生活方法，跟牧人大異其趣。其中有專以劫掠營生者，也有因爲所居之處，鄰近江河海泊，於是靠捕魚度日者。也有專事獵捕鳥獸，而營狩獵生活者。而更大多數人，則專賴土地種植之所得果腹維生。總之，人類之生活，不外乎畜牧、耕稼、劫掠、捕魚及田獵五類。這些生活方法，都是不藉外力，單靠本身而不依交換與零售的實業。有些人則兼營兩種方法，以彼有餘，補此不足，好維持舒適生活，所以牧人常兼事劫掠，而農人則常兼營狩獵，其他生活方式也同樣因人的需求而彼此結合。是故，從最簡陋的營生意義上說，「家產」一詞，有如自然賦予給人，既在有生之初，也在成長之際，無一不備。

例如，動物之中，有在繁衍其子時，就備具育幼食料的，一直供給到幼體能自行覓食爲止，爬蟲類與卵生動物，即是例證。而胎生動物，則在母體之中，有一段時間爲嬰兒備具的食料，也就是所謂的乳汁。以此類推：植物的存在，是自然供給動物爲食，而動物的存在，是自然供給人類食用。馴養動物，可以拿來運用與作爲食材，野生動物，即便並非全部，也可爲食材、衣料與各類器具。自然不造不全之物，不爲徒勞之功，從而可斷言：自然化生動物，全爲人類。所以，從某個觀點來看，戰鬥的技藝就是獲取家產的自然技藝，這樣的技藝既包含了需要時刻練習，以對付猛獸的狩獵技藝，以及對付原應處於受治地位，而竟不服從之人的技藝，這類的戰鬥很自然有其正當性。

就家計經營必須事先備齊生活必需，既能隨時所用並提供家計與城邦共同體生活來說，獲取的技藝中，就有一類就其本質是家計經營的部分，它們才眞正是財產的要素。雖然良善生活所需的家產並非全無限度，但就像索倫（Solon）所說：無以爲人的財產設下範圍。不過，財產總還是有一個限度，就像其他的技藝也有所範圍，任何技藝的工具都不會是全無限度，無論是數量或尺寸，而財產可界定爲能在家計或城邦所用的工具。所以其理至明，自然有一種爲家計經營者與治邦者所持，獲取的技藝。

第九章（1257a1-1258a18）

獲取的技藝中，有一種一般稱之爲「致富」（wealth-getting）的技藝。此一稱謂暗示財富與家產沒有限度。致富的技藝與上述技藝相關，以致經常被認作一樣。儘管並非完全相異，但終究並非相同。上述的技藝由自然賦予，而致富則由經驗與技巧而得。

現在我們根據以下的觀點來討論這個問題。我們所擁有的物必然有兩種用途，兩種用途雖同出一物，但方式並非相同，一爲本然之用途，另一非本然之用途。以鞋子爲例，鞋子可以用來穿，也可以用來交換，兩者都是鞋子的用途，把鞋子與所求者以交換金錢或糧食，雖然不能不說也是鞋子的用途，但並非鞋子本然之用途，畢竟鞋之製造，本非作物事交換之用。所有的所有物都是如此，交換之普及，首先起於自然，起於人們所有者，有些不足而有些有餘，以此有餘而補彼不足。因此或可推論，零售貿易並非致富技藝的自然部分，否則，人在生活充裕就會停止交換。

在首先形成的家計共同體中，這樣的技藝很明顯沒有用處，是在整個共同體開始增長之後，交易的功用就開始出現。畢竟，家計成員起先都是共有一切事物，當家計單位開始分枝，各部分所有者不盡相同，於是就不得不以此有餘，易彼不足，「以貨易貨」的風氣就形成了。此類物物交換之風，在現在的蠻荒民族之中，仍相當通行；或拿酒換穀，或拿穀換酒，以及其他類似之物品，這樣的交易用以滿足人類自然的欲求，因此並非致富技藝的部分，也無悖於自然。而我們也不難推測另一種交易形式的興起：當一邦之民，其生活所需越加依賴他邦時，因而進口其所需，並出口所擁有過多者，則貨幣的使用，就不可或缺。由於各種生活必需，並不是這麼容易攜帶，所以人類就公認以某種物品，作爲相互交易的媒介。這樣的物品有兩個條件，一是其本質上有用的物品；另一則易於適宜生活之所需，例如，鐵銀等物。這類貨幣之值，起初只是以其大小輕重爲衡量，而隨著歲月遷移，就在貨幣之表面，加一印記，標誌其價，以免每次都要重新度量金屬輕重，估計價值的麻煩。

起初用以交換生活所需物品的貨幣，其功用一旦被發現之後，就出現了另一種致富的技藝，也就是零售貿易。零售貿易起初非常陽春，但隨著人類越來越習慣，經驗越來越多，深知何種交易，來自何地之物，最能坐收鉅利，而變得複雜起來。致富的技藝始於貨幣的使用，所以一般認爲它關乎於貨幣的運用，其考量者爲貨幣之聚斂，因此是生產財產與財富的技藝。

確實，人對財富的看法，大致有兩種。其一，由於致富的技藝與零售貿易都與貨幣有關，因此有人認爲財富不過就是所聚斂貨幣的多寡，這是多數人的見解；其二，另外一些人則認爲，貨幣不過是一種贗物，其價值並非自然所賦予，其使用乃基於約定成俗。一旦用其他東西取代，則貨幣可視同廢物；另外，貨幣本身無法成爲生活必需，確實有人腰纏萬貫卻無法飲食，像是寓言中邁達斯王（King Midas），其貪婪的祈禱讓他能把周遭物品悉數化成燦爛黃金，但擁有這麼巨量黃金的人最後卻因飢餓而死，貨幣又如何可以視爲財富呢？

因此尋求對財富與致富技藝更好的理解是對的。自然的財富與自然的致富技藝是不一樣的東西，他們如果如實地運用，都是家計經營的部分，而零售貿易，單就交換這個面向來說是生財的技藝，其念茲在茲者，只有貨幣而已，而由於貨幣是交易單位，因此也就是其侷限所在。可是，從這個致富技藝而生的財富是沒有止境的，就像在醫療的技藝中，對健康的追求也沒有止境，一如種種永無止境，其目的在於臻於化境的技藝一樣。致富的技藝，以獲得財富爲目的，多多益善，其所追求者，爲貨幣這類「假物」，如此，則同樣永無止境。但是，存在於家計經營中的致富技藝，則是有止境、有所限度的，無限聚斂財富並非其要務。因此，從某個面向來看，凡屬財富，必有其止境。確實相反的狀況也存在，逐財者往往聚斂貨幣到毫無限度的地步。正因所用工具相同，所以兩種致富技藝常常被當成同一件事，但兩者目的畢竟不同；而雖然兩者運用的是同樣的家產，但一者以聚斂財富爲最終目的，另一則在聚斂之外，尚有更進一步的目的。兩種致富技藝如此密切地相關，成爲一切混淆的源頭，甚至讓有些人認定，致富就是家計經營的目標。而他們生命的全部意義，就在於無止境地聚斂金錢，無論如何都不可以人去財空。人之所以有此秉性，在於他們僅求生計，而不管生活的形式。他們既需索無度，則對饜足需索的方式也就同樣無度。他們所追求的好的生活，不過就是肉體的愉悅，而這樣賴於家產的享樂，因此汲汲營營，以致富爲務，第二種致富技藝也就這樣出現了。又，一旦他們貪樂過度，不免追求過度享樂的方法，若是致富技藝再無法帶來滿足，則必處心積慮，用盡各種背離自然的方法，以求樂趣。舉例來說，勇敢的品格，在於激發信心，而將帥與醫生的技藝，目的各在戰場勝利與身心健康，這些都不是爲了創造財富，但偏有把生財當作目的，認爲一切事物都要以推進此一目的的人，把這些品格與技藝，都移作生財工具。

到此，我們已經處理了並非必要的致富技藝，以及爲何會有人欲求它。也討論了必要的致富技藝，它與前者截然不同。它同時也是家計經營技藝的自然部分，而就其關注飲食的齊備與供給來說，它不像前者般沒有止境的，而是有一個限度。

第十章（1258a19-1258b8）

致富的技藝是否是家計經營者與城邦治邦者的要務呢？也就是說，財富是否是家計經營與治邦所先決預設呢？這個一開始提出的問題，現在已經有了解答。就如政治學並不創造人，而是運用取之於自然的人，自然也以大地海洋等等，供給人的營生。家計經營者的職責就此登場，他們必須料理這些自然供給的事物。不妨比作不創造羊毛，但運用羊毛的織匠，他們得要知道哪種羊毛質料爲佳，哪種羊毛品劣而不適用。若非如此，就無法理解，爲什麼致富的技藝是家計經營的部分，而醫藥的技藝卻不是。很肯定，家計的成員也需要健康，就像需要營生與其他生活必需一樣。從某個角度上來說，家計的主人與城邦的統治者必須要考慮健康問題，但從另一個角度說，這畢竟是醫師的事，所以，從某個角度上來說，致富是家計經營的技藝，但另一個角度上看，它也是其他的附屬技藝。但是，嚴格說來，就像我已經強調過，自然已預先備齊營生方法，可以說自然的要務就是爲有生者供給營生飲食，而子息的營生則取自前代所留就足夠了，這是爲什麼從果實鳥食而致財富的技藝始終都是自然的原因。

如前所述，致富有兩種，一是家計經營的部分，另一則是零售貿易。前者出於必要且體面正當，後者專務交易而受人非難，畢竟取諸他人而利己，並非自然。最堪痛恨者為高利借貸，應加痛恨之理由也相當充分。其所得之利，並非取自自然物事，而出自貨幣本身，而貨幣本用於交易，而非孳生利息。利息這個字，意指由錢生錢，而被運用在金錢的繁殖，類似雙親繁衍子息，這就是為何，它是所有致富模式中，最為不自然者。

第十一章（1258b9-1259a36）

關於致富的理論，已經說得夠多。現在我們將要進入實踐的部分。這樣的事情或當由自由人出於營生之實踐而研究。關於致富足以利用的部分，首先是畜產的知識，即何種、何地，及如何始能獲得最大之利益？例如，馬、牛、羊等等畜產，在某一地點之內，何者比何者較能獲利，又何者尤最能獲利，人們應當了解，畜養哪些動物更為划算，畜養在哪些地方最為划算，因為有些畜產適宜在某些地方，而有些則適宜在其他地方。第二是農作的知識，可能是農耕或種植，以及養殖蜂魚、禽獸等可資人利用的生物。這些都是如實妥切的致富技藝，宜先論之。

其他的致富技藝主要在於交易，最重要而應首列者為商業貿易（其中又可分為三類，即船舶之設備、貨物之運輸、貨物之陳列出售，各自又依據安全性與獲利程度而千差萬別）；二為高利貸；三為雇傭，其中，一類人因器械技術而受雇，另一類人則以非技術性的體力勞動而受雇。還有第三種致富技藝介於前兩者之間，半是自然，半是交易。也就是直接取利於土地，或者從土地所生的物產中得利的實業，這類土地，雖不能產生果實，但卻有利潤可爲。舉例來說，森林的採伐與各種礦產的開掘。我們從土地中挖掘而得的礦石，種類不知凡幾，所以採礦的技藝，也同樣分殊也有別。在此，我僅大略討論致富的幾個分支，雖然更細部的討論於實踐面向頗有裨益，但不免冗長累贅。

上述各種匠作職業中，最無僥倖空間者，是最需要眞材實料的技藝；最傷身體者，可以說是最苛刻的職業；需要最大程度運用身體者，則最爲卑屈；最不需要德行優異的，就是最不光采的職業。

這類問題古來著述者眾多。如帕羅斯島人查爾斯（Charles the Parian）與利姆若斯島人阿波羅多洛斯（Apollodorus the Lemnian），對耕耘種植問題，都做過詳盡論述。關於其他分支，討論者亦眾，若有爲研究者，不妨對於此類著述，稍加涉獵。如果有人願意蒐羅那些零散，關於成功聚斂財富的故事，倒也甚好。有一個這樣的軼事，是關於米利都城的泰勒斯（Thales the Milesian）以及他別出心裁的理財計畫，其實其中包含了某些常識原則，只因泰勒斯聲名遠播，所以才歸之於他。起先，泰勒斯因爲窮困潦倒而爲人恥笑，人們嘲諷說哲學果然毫無用途。故事的結局是，泰勒斯在冬季時分，就觀天象，並憑其天文知識，預知來年橄欖必將豐收，雖然手頭很緊，他還是壓下了所有積蓄，租用了希俄斯島（Chios）與米利都城的所有橄欖榨油房，由於此時沒人跟他競爭，所以他付的租金極低。等到豐收時分到來，市面亟需榨房，他手上的榨房也就奇貨可居，完全可以隨他高興訂價，坐收鉅利。他向世人證明，哲學家只要願意，就可以賺大錢，哲學家不過志不在此而已。泰勒斯的所做所爲，被世人認爲是其智慧過人的明證，但卻不知道其致富的方案，其實是常識原則，也不過就是創造了一種壟斷，這是各地城鎮慣用的伎倆，在需財孔急時先行壟斷糧食的供給，以待價而沽。

還有一則西西里人（the Sicilian）的軼事。他拿出積蓄買下了所有鐵礦場的所有產鐵，等到各地商人前來購鐵時，就只能跟他買鐵。而他所售之鐵，不必大增價格，就已經可以獲得兩倍鉅利。敘拉古的狄奧尼西奧斯王（King Dionysius）知道了這件事，便諭令將他驅逐出境，但可以帶走賺走的所有錢，理由是這種致富技巧會傷害王的利益。其實西西里人的發現跟泰勒斯如出一轍，就是巧妙策劃出一個壟斷的情境而已。而治邦者也應該要通曉這些事情，畢竟比之家計，城邦往往更需財孔急，更迫切需要理財方案，這也是爲什麼好些城邦的政治從業者，專事理財之學的緣故。

第十二章（1259a37-1259b17）

我們已經看到家計經營可以分成三個部分：1.主人對奴隸的統治，此前已討論；2.家父長的統治；3.丈夫的統治。家父長對子女以及丈夫對妻子的統治，雖然都是自由人之間統治，但仍有差別，家父長以君王般的方式統治子女，而丈夫則以政治性的方式統治妻子。容或有所例外，自然秩序中男性居於發號施令地位，較女性爲適宜，就像長者之於幼者，成年之於未成年者，均宜居於發號施令之地位者也。在大多數共和體制的城邦中，公民輪流統治與受治，因爲共和體制城邦的理念是公民之間本質上是平等無所分別的。雖則，若一人統治而眾人受治，人們不免於在外表、名號、爵位、崇隆等事上，加以區別，這可由阿馬西斯王（Amasis）對其腳盆所說過的格言[6]，得到證明。家父長對子女的統治，是君王式的，他以慈愛，並因年歲，而施行君王的統治，荷馬恰如其分地將宙斯（Zeus）稱爲「諸神與萬民之父」，因爲祂是所有人的王。君王或許本質上優於其臣屬，但君王與他們應該要是同出一脈，這也就是長幼父子關係。

第十三章（1259b18-1260b24）

由是觀之，比起獲取無生命的事物，家計的經營更爲關注人，對於人優異德行（aretē）[7]的關

[6] 此處典出希羅多德，阿馬西斯王將其用以盛裝穢物的金盆，打造成神像，並要求其臣民膜拜。

[7] 就亞里斯多德的用法來說，「德行」此字有一個特定器官或工具的功能，延伸到人身上，則指從事特定事情並使之成功，或履行特定活動的能力。參見亞里斯多德《尼各馬科倫理學》：「所有的德行，只要某物以之為德行，就不但要使該物狀況良好，並且使之得以履行其特有的活動。例如，眼睛的德行，由於通過它，我們可以看得清楚，是故這個德行讓眼睛得為眼睛，並且讓它得以很好地履行眼睛特有的活動。同樣的，馬的德行讓馬成好馬，善於奔馳、能夠馱物以及敢於衝向對手。如果這個說法可以普遍適用，那麼人的德行同樣也就是某種對人來說可以稱之為好的狀態，以及讓人得以很好地履行其所特有的活動。」（1106a15-20）。

注，更甚於我們稱之爲家產的豐饒；更注重自由人的優異德行，而非奴隸的德行。這就引出了一個問題：奴隸除了作爲工具與僕役的德行以外，是否尚有其他德行？是否奴隸也得能有節制、勇敢與正義的德行？還是只具有以身體服僕役的德行？而無論用什麼方式回應這個問題，都不免遭遇一進退維谷的難關，也就是說，若我們認爲奴隸也能具有德行，那麼他們與自由人又有何異？而另一方面，由於他們同樣生而爲人，從而也分受有理性，說他們全無德行，又似乎荒謬。對於女性與孩童，亦生類似的問題。也就是說，他們是否也就有德行，女性是否也應當節制、勇敢與公正？一個孩童，可以說他節制或者放縱嗎？是故，整體來說，我們問的是：是否自然的統治者，與自然的受治者之間，是具有同樣的德行？還是不同的德行？如果兩者同樣需要高貴的德行，又爲何其中一方統治，而另一方則始終受治呢？我們不能說這是程度差別的問題，統治與臣服之間的差別是種類上的差別，從來都不是誰或多誰或少的差別。可是，說一方應該要有德行，而另一方不需要有德行，這樣不是很奇怪嗎？但假如統治者放蕩不義，他如何能好好統治？而如果臣民也如此，又如何能好好服從？人若過於放肆或者過於怯懦，很肯定是成不了什麼事的。從而，很清楚統治與受治雙方必然共有某種德行，但這是變化不一的，就像各種樣態變化不一的臣服樣態。

從靈魂的構成，可以證明這種說法。當中有部分很自然地統治，而其他部分則爲臣服，而我們又堅持統治的德行不同於臣服的德行，一者是理性的德行，另一則否。既然這是一個可以普遍應用的原則，幾乎可以說，萬物都是根據自然依其本性而統治或受治。只是統治的種類不同，自由人對奴隸的統治是一種，而男性對女性的統治，或者家父長對孩童的統治，又完全是另外一種，人人身上都有扮演統治的靈魂部分，但其存在還是程度不一。奴隸全然不具慎思熟慮稟賦，而女性雖有，但卻沒有權威；孩童亦有，不過尚未成熟。所有倫理關係中雙方的德行問題料想也是如此，也就是所有人都分受有之，但因踐行其關係角色的不同要求之故，所以在分受而有德行的方式與程度就各有不同。統治者就其統治角色來說，應該要具有完善的統治者德行，這個角色肯定要求一個擅長專精統治主宰的人，而理性就是它絕對必須要有的的德行，但對臣服一方來說，只需要適切於他們各自地位的德行就夠了。顯然，關係角色所需的德行人人都共有，但就像蘇格拉底（Socrates）認定的那樣，無論是節制、勇敢與公正，都男女有別，例如男性的勇敢表現在發號施令，而女性的勇敢則表現在服從命令，若是繼續細緻追究下去，其他德行的狀況也是如此。

大抵那些認爲德行在於靈魂中良善稟賦，或者行事得宜的人，其實都不過在騙自己。比這種籠統說法更好的，是類似高爾吉亞（Gorgias）列舉各種德行的做法，不同層級的德行必定都有其專有的特徵，詩人這麼說：女性的安靜沉默，帶來妥切的秩序（kosmon）[8]。而男性的德行則與此不同，而

【8】語出索福克勒斯（Sopocles）的《艾阿斯》（*Ajax*）。此話出自艾阿斯之妻緹玫莎（Tecmessa）之口，她曾經勸阻艾阿斯的夜襲行動，但艾阿斯不聽，並斥責她女人應該做好自己本分，不要多管閒事。不過，艾阿斯的夜襲行動失敗了，導致他們全軍被俘。如果緹玫莎保持安靜與沉默，她在這個故事中的「角色」就全無地位，正是因為預見丈夫失敗的她，並沒有「保持安靜與沉默」並發出了警示。亞里斯多德在此引述此一典故，是否別有用意，頗值玩味。

尚未成熟的孩童，其德行則不與他自身有關，成人與教師，亦有連帶關係。同樣地，奴隸的德行則與主人相關，既然我們以經確認奴隸的用處在於生活必需，那麼很明顯奴隸只需要讓他能免於怯懦或失控的德行即可。

若是我說的話有道理，或許有人會問：那些經常因爲失去控制而搞砸事情的匠人奴隸，是不是也需要德行？奴隸跟匠人奴隸兩者之間，有很大差別嗎？差別是奴隸所參與的是其主人的生活，而匠人奴隸與其主人的關係則不甚緊密，故對匠人奴隸的德行要求多少，端賴其接近家計奴隸的比例多少而定。這類職業條件較爲苛刻的技工，其奴從役使，有其特殊性質與獨立地位，家計的奴隸是出於自然而存在，而類似製鞋或其他匠人就並非如此。主人應該要成爲奴隸這類德行的根源，主人之學的擁有者，不應該僅僅只會訓練奴隸盡其職責。此即那些禁止主人與奴隸交談，主張對待奴隸只要發號施令即可的人謬誤所在，畢竟，奴隸是比孩童更需要訓誡教導的。

奴隸這個問題已經談得夠多了。而丈夫與妻子的關係、家父長與孩童的關係、他們許許多多的德行、在關係中的角色互動怎樣是好？怎樣是惡？以及如何趨善避惡，在我們進一步討論治理的不同形式時，將會再加以處理。就所有的家計都是城邦的部分來說，這些家計中一部分的關係，以及部分的德行，必然關乎整體的德行。假設我們認定女性與孩童的德行會造成整體德行的差別，那麼對於女性與孩童的教養，就必須要著眼於城邦的體制[9]（constitution; politeia）。而這一定會造成差別，因爲孩童會成年成爲公民，而城邦半數的自由人則可是女性。

這些事情已經談得夠多了，餘下的擇日再說，當下的研究就暫時到此為止。接著，我們要開始探究新的問題，首先，我們先來檢視完美城邦的各種理論。

【9】*Politeia*英譯多作「constitution」，此處其意涵比之今日所稱之「憲法」、「憲政」更廣，泛指城邦中一切涉及政治權力分配、公民身分界定與法律根源的種種抽象與具體規範整體，中譯做「憲制」或「體制」為佳。

卷二　回顧理想城邦

第一章（1260b25-1261a8）

我們的目的是考究最爲優越，並對能共同營生的人來說，最爲渴求的政治共同體形式。因而我們得要檢視的，不只是自己這個城邦、自己的主張，還要檢視其他地方的體制以及其他人的主張，不管是現存治理良好的體制，還是受到推崇的理論構思，這樣或許就能夠明白，什麼可以稱得上好，什麼可以稱得上有用。同時，人們不要以爲我們做這樣的探索，是因爲我們無論如何都想要迫切地做詭辯式的炫技，之所以承擔這個探究，只是因爲，現在存在的所有城邦體制，都有缺陷。

我們要從這個主題的自然開端開始。一個城邦的成員必定要麼共有所有東西或者完全沒有共有東西；要麼共有某些東西，而某些東西並不共有。完全沒有共有東西的狀況很明顯不可能，因爲城邦的體制是一個共同體，所以必然無論如何都有一個共同的處所（place）：一個城邦一定是座落在某個處所，而邦民就是在這樣一個城邦中共享共有的人們。但是，一個良序城邦，應當要盡可能共有所有東西嗎？或者只需要共有一些東西，而其他不需要呢？像是在柏拉圖（Plato）《理想國》（*Republic*）中的蘇格拉底所構思的那樣，城邦的邦民彼此共有妻子、兒女與財產。是我們當前的狀況好一些呢？還是依循《理想國》所制定的律法比較好呢？

第二章（1261a9-1261b15）

共有妻女會遭遇很多困難。蘇格拉底並沒有妥切建立讓這個制度得爲必要原則的論證。進一步說，如何作爲手段，以達致他所賦予城邦的目的，而就這個規劃的字面意義上來說，也是窒礙難行的。對於我們應該如何詮釋這個制度，蘇格拉底也沒有細說。我現在所要談的是讓蘇格拉底得以推進論證的假定：對整個城邦來說，最好的狀況是盡可能的一致（unified）。然而，要是一個城邦最後達到了這樣一致的狀態，很明顯它就不再是一個城邦了。城邦的本質是某種多元（plurality），要是趨向更大的一致，就越遠離城邦，而更趨近於家計，甚至從家計趨向個體了，畢竟家計可以說比城邦更一致，而個體又比家計更爲一致。所以即便達的到這種更大的一致性，也不應該去做，因爲這將會摧毀城邦。此外，城邦不僅僅只是由許許多多的人所組成，還是由各種不同類型的人所組成，城邦不是軍事聯盟，單單的相似是建構不出一個城邦的。軍事聯盟勝在其數量（quanity），而無論其質類（quality）差異與否（因爲他們的目的就是互助互保），像是哪邊的重量重，天平就倒向哪邊，同樣地，城邦也不同於不在聚落定居，過著某種阿卡迪亞式（Arcadian）生活的游牧民族。讓一個一致體賴以形構的各種元素，種類是有所差別的。這是爲什麼互惠（reciprocity）是城邦賴以存續的原則，就像我在《倫理學》說過的那樣。即便是在平等的自由人之間，也必須要維持這個原則，畢竟他們無法全部一起都在統治，而是在一年或一段時間將近時，就要進入另一輪交替，互換統治與受治角色。

在這樣的規劃之下，他們所有人都在進行治理，彷彿像是鞋匠與木匠互相交換職業，同樣一批人不會一直從事鞋匠或木匠工作。既然這樣互換比較好，在政治上也應當是如此。雖然顯然可能會有同樣一批人一直掌權，然而要是考慮公民之間自然的平等，這樣的情形不太可能，同時，也正是出於此，所有人都應該要共享參政（無論參與治理是好事還是壞事），在這些個案中這可以說是一種模仿，一部分的人統治而另一部分人受治，然後交替輪流，彷彿不再是同一批人一樣。而當他們職掌官箴時，讓不同的人輪流擔任不同的官職，也是同樣的道理。城邦並非像某些人所斷定的那樣，就其本質而爲一（one），所以很清楚，他們所說的城邦最大的善，事實上摧毀了城邦，可是，事物的善好必定要是護持住它的東西。因此，從另一個角度來看，把城邦極端地一致化不是好事，因爲一個家計單位比一個個體更自足；而一個城邦又比一個家計單位更自足，只有當共同體大到能夠自足時，城邦才會出現。要是自足才是人們想要的東西，那麼，比起更大程度度的一致，更小程度的一致性，才是更可取的。

第三章（1261b16-1262a23）

尤有甚者，即便假定具有更大的一致性對共同體來說更好，這個一致性也絕對不是從人們可以同同時說「這是我的」跟「這也不是我的」來得到證成，在蘇格拉底看來，這是象徵城邦最完美一致的事實。「全部」（all）這個詞的意思是有雙重意涵的，或者指「每一個人各自地」，或者指「所有的人集體地」。假如是前者，那麼也許蘇格拉底所想要的結果某種程度上可以達成；每一個人都叫同一個人是自己的兒子，叫同一個人是自己的妻子，財產與所有歸於其名下的都是如此。然而，這卻不是共有妻子兒女的人所說的方式，他們會說「全部」，而不會說「各自」（each）。描述屬於他們的財產時，也是同樣的，不會說各有的（severally），而會說集體所有的。於是「全部」這個詞當中就有一個無法忽視的謬誤：像是其他一些同樣也有雙重意涵的詞，「兩」（both）、「奇」（odd）、「偶」（even），即便在做抽象推論，它也會變成邏輯混亂的根源。所有「每一個人都各自地」稱同樣一個東西是「我的」，某個意義上也許不是件壞事，但這是完全不可行的；要是拿這個字另一層的意思「所有的人集體地」來說，這樣的一致性也絕對無助於和諧（harmony）。

還有另一個反對這個提案的說法，一個物事要是爲最多的人共有，其所得到的關注就最少。所有的人首先都是想到自己的，只有在牽涉到自己的利益時，否則很少想到共有的利益。除了其他這些考量以外，所有人都傾向疏忽他期待會有另一個人完成的事物，就像在一個家計單位中，侍從成群並不比少數得力侍從來得更好。如果每一個公民都會有上千個個別來說是不會是他兒女的兒女，如果每一個人都平等地是任何一個人的兒女，就會同樣地被所有的人疏忽。更進一步說，在這個原則之下，不管這個兒女是看來前程似錦還是一片晦暗，每一個人都可以用「我的」這個字眼稱呼，即便他自己只是整個全體的一小部分，同樣這個人也許是我的孩子，也許是這人或那人的孩子，數以千計人中其中一人的孩子；或者不管公民的數量爲何，即便他自己也無法肯定這是誰的孩子，不可能知道誰剛好有了孩子，或者即便孩子來到世上，到底是否存活了下來。用這種方式讓每個人都說「我的」，讓一個人與數以千計數以萬計公民都是同樣關係好一些？還是我們現在在城邦中所用的「我的」好一些呢？通常，同樣這個會被一個人稱之爲兒子的人，會被其他人，或者通過自身的血緣關係，或者通過其他諸如姻親關係，而稱之爲兄弟、堂表兄弟或者男性親屬，而其他的人則是宗族成員或者聚落成員，作某人貨眞價實的堂表親，好過依柏拉圖的方式作誰誰的兒子！更何況，也沒有任何方式能阻止骨肉血親彼此相認，畢竟孩子生來就像父母，而他們也必然找得到鑑定彼此關係的跡象。地理學家斷言這是必然的事情，他們說在上利比亞（Upper Libya）的一些共有婦女的地方，小孩也依然依據相像程度而各自歸之於其父。而有些婦女，就像是其他某些雌性動物，比如說像是母牛、母馬，有一種頗爲強大，生育出酷似其父母後代的傾向，法沙立亞（Pharsalia）的母馬就被稱之爲「誠實的妻子」。

第四章（1262a24-1262b36）

還有其他一些困難會讓這類共同體的提倡者難以招架，像是蓄意或無意的傷害、殺害、爭吵或誹謗。當對雙親或近親犯下這些行爲時，大部分時候都是無法容忍的，但如果沒有親緣關係就不是同樣那麼難以容忍。此外，有些行徑在關係未明時更容易發生。當發生這些行徑時，在清楚關係時就能循倫常禮俗，施加重罪，若是不清楚關係就完全無法這麼做了。此外，詭異的是，蘇格拉底在讓小孩成爲共有之後，僅僅只禁止了愛侶之間的歡好，卻允許父子與兄弟之間的愛欲與親暱，再沒什麼會比這更不妥了。而同樣詭異的是，禁止歡好的理由不是別的，就只是因其強烈的愛欲，說的好像父子之間或兄弟之間不會有類似狀況一樣。

共有妻孥的制度似乎更適合從事莊稼的農戶，而非衛士（guardian），因爲假若共有妻孥，他們彼此維繫連帶的力量就會更弱，這有助於他們俯首聽話，不去犯上作亂。一言以蔽之，這樣一種律法所導致的結果，會跟良好律法應該要導致的結果完全背道而馳，對蘇格拉底之所以著手這些妻孥相關規定的意圖，也會適得其反。我們相信，友誼是城邦最大的善，最能護持住城邦，使之免於動盪。蘇格拉底所著意宣揚的城邦一致性，看似以友誼打造。但他所讚揚的這種一致性，會是像《會飲篇》（*Symposium*）中的愛侶那樣，據亞里斯托芬（Aristophanes）所說，他們在熱烈過剩的情感中，渴求著永遠在一起，於是就由二而融合爲一，在這種情況下，無論是任何一方或者雙方實際上都消逝了。而在共有妻孥的城邦中，愛會變得稀薄，作父親的肯定不會說「我的兒子啊」，而作兒子的也肯定不會說「我的父親」。像是一小杯甜酒滲入大量白開水，混成這樣是嘗不出味道來的。所以，在這樣的共同體中，稱謂所賴以爲基的關係將不復存在，完全沒有理由要一個所謂的父親去關懷子女，也完全沒有理由要一個所謂的子女去關懷父親，兄弟手足之間也是如此。兩種主要能夠激發關注與情感的品質是：一個我自己的東西，以及這是一個珍貴的東西，在這樣的城邦中，這兩者都不會存在。

更何況，嬰孩在出身階層上的轉移，從農戶或匠人階層轉移到衛士階層，或者從衛士階層轉移到更低一階的階層，安排起來非常困難，經手轉移的人固然會知道轉移兩端各是什麼，但由於他們不再稱他們所脫離的那個階層的成員為兄弟、子女、父親或母親，從而也就不會畏懼犯下任何因血親關係而定的罪了，此前提到的蓄意傷害、於法不容的愛侶或殺害，將會更頻繁地出現。妻孥共有制度的問題已經處理，暫且作結。

第五章（1262b37-1264b25）

讓我們接著來討論關於財產的制度安排。一個理想完美城邦的財產制度應當是什麼？公民之間是要共有財產還是私有財產呢？這是一個可以跟上述關於妻孥共有的提案切割開來的議題。假設若依據當下通行的習俗，妻孥仍為個別家計單位所有，共有或共用財產是否會有好處呢？這裡有三個可能的方案：1.耕種的土地為個別所有，但其產出則歸公共倉廩，為所有人所用，這是某些未開化部落的制度；2.第二個方案則是倒過來，土地為所有人所有，或許也可以共同耕作，只是產出依據個別所用來分配，某些未開化的外邦據說就是用這套制度；3.耕地與產出，所有與運用全部歸公。

要是耕作者與所有者並非同一人，狀況會不太一樣，也容易處理，但要是耕作者與所有者是同一人，財產的分配就會有很大的麻煩。要是不能平等同甘共苦，出力多但卻得少的人，是必然會對出力少但所得多或耗用多的人有所怨言的，著實人一起生活並有一些共同關係時始終都會有一些難處，而共有財產尤甚。一起旅遊的旅伴關係就是一個相當切合的例子，旅伴一般來說都會爲了日常事務、爲了反覆出現的繁瑣小事而爭吵。奴僕的狀況也是如此，最容易讓我們發作的人，經常就是跟我們日常生活最頻繁接觸的人。

這些都只是財產共有所帶來的一些不便。其實，若是可以用一些良好的習慣與法律來改良當前的制度安排，將會好得多，也能兼具上述兩種制度的優點，也保留公有跟私有的長處。財產整體來說應該是要個別所有，而在某些面向上公有。人要是各有其關注利益，就不會彼此互有怨懟，又因爲他們各自關注自己的事，整體利益也就能大有展境。然而，出於善（goodness）的緣故，在使用這個面向上，就像一句諺語所說「朋友，一切共有」，即便到了今天這個原則也依然還有一些蹤跡，證明了這原則並非全然無法實現，甚或，在某種意義上都還存在著的妥善治理城邦中，也能夠再被推進一步。雖然所有人都各擁其所有，但有些東西可以交給朋友處理，其他與朋友共同使用，比如說，斯巴達人（Spartan）就會使用其他人的奴隸、馬匹與犬畜，像是自己所有一樣。旅程中物資缺乏的時候，他們也會自行取用鄉間的莊稼。很明顯財產還是各歸其有的好，但其使用可以共用，立法者的一個特殊職責，就是在人之間創造這種樂善好施的民情。

再次，當人們感覺一個物事爲其所有時，其愉悅無窮，自愛（self-love）的情緒是自然所加諸，自然是不做徒勞之功的。自私（selfishness）之所以需要譴責，是因爲它並不是單純的自愛，它是過度的自愛，像是守財奴對金錢的愛，但人多多少少是愛錢，乃至於愛其他物事的。再進一步說，對朋友、賓客與同伴行舉手之勞與表達善意，也有著莫大愉悅，而這只有在一個人有他自己的所有時，才有可能。在城邦過度一致的情況下，這些愉悅都將不可得。尤有甚者，過度一致的城邦顯然也會斲傷另外兩種德行，一是情慾關係上的克制，克制對他人妻子的情慾，是值得敬重的行爲；二是在財物上的慷慨，慷慨是對所有財物的運用，若是所有東西都爲所有人共有，就無從樹立慷慨的楷模。

財產共有的立法設計或許表面上看來樂善好施，人都欣然樂見，也都多半過於輕易地被吸引，相信有一種神奇的方式，可以讓所有人，都成爲所有人的朋友。特別是當人們無處不耳聞對城邦現有弊端的譴責、因契約而來的爭訟、定讞的僞證罪乃至於對富人的巴結等等。然而，這些弊端並不是因爲少了共產制度才存在，而是因爲邪惡。我們已經看到，人們要共有一切事物，其實會有著更多的爭端，表面的爭端少，只是因爲共有財貨的人數，不比各有私產的人數多而已。

況且，我們應當考量的，不僅僅只是能挽救多少弊端，還要考量會失去多少益處。蘇格拉底的謬誤是他一開始的假定就是錯的，人們（在理想城邦中）的生活顯然窒礙難行，無論城邦或是家計，都應該要有一致性沒錯，但僅僅只在某些面向上，一個城邦要是達致理想城邦的一致性程度，就不再是城邦，即便現實上能夠存在，也將會變成低劣的城邦，像是和聲變成同音，或者退化成單一音節的旋律。我曾經說過的，城邦是一個多元體，應該藉由教養來一致化，以成共同體。詭異的是，理想城邦的設計者，設計了一套認爲可以讓城邦更有德行的教育制度，但居然就像斯巴達（Sparta）與克里特所通行，其立法者藉此讓財產共有的公共會餐制度一樣，設計者期待藉由這樣的規定，而不是藉由哲學，或者藉由習俗與法律，來改良其邦民。我們得要記得，不應該無視時代的經驗，這麼多年來，如果這些事物是好的，肯定不會不為人所知，天底下沒有新鮮事，雖然有時候他們沒有被集結在一起，其他情況則是人們知道有這回事但不會去做。要是我們看看這個政體形式在現實過程中是怎樣構建的，這個主題就會更豁然開然，若不用公共會餐的制度把城邦成員分配到各氏族與部落，則立法者是無法組建出政治體制，但所有這些立法，最終只是禁止衛士從事農耕，斯巴達人早就已經試過這種禁令了。

確實，蘇格拉底並沒有明說這樣一種城邦，其共同體的一般形式是什麼，而這個問題也著實不容易解。非衛士的邦民占了多數，但他們的地位卻沒有明確界定，從事莊稼的人也要共有財貨嗎？還是他們可以各自所有？他們的妻孥是要共有？還是個別所有？如果要跟衛士一樣，他們也得共有一切，那差別何在？他們又能從服從政體的安排中得到什麼？又，除非是像克里特人（Cretan）那樣獨具巧思的政策，給予奴隸跟他們同樣的制度，但禁止他們從事體育鍛鍊與持有武器，否則依據什麼樣的原則讓他們服從呢？另一方面，如果次等階層在婚配與財產上都跟其他城邦一樣，這樣的共同體形式又會是什麼呢？不會是一個城邦兩個階層，兩個階層彼此敵視嗎？蘇格拉底讓衛士成為唯一護衛城邦者，而農人、匠人與其他則為邦民，若果如此，則蘇格拉底所肯定，在其他城邦中會有的爭訟、爭端與弊端，同樣也會繼續存在。蘇格拉底確實說，如果有良好的教育，邦民就可以不再需要這麼多律法，比如說關於城邦的律法或者關於市場的律法，然而他卻把教育侷限在衛士階層。又，蘇格拉底以莊稼所有者的納貢狀況，來決定其財貨之所有，但這很可能會讓他們比之斯巴達人的奴隸（Helots）、次等的奴僕（Penestae）或者一般意義上的奴隸，都更難控制，讓他們更驕縱自大。無論次等階層是否必要跟上等階層一樣，共有妻孥財貨，問題還是一樣的，次等階層的教育、治理形式乃至於律法，會是什麼？蘇格拉底沒有明說，這個問題固然難解，但若衛士的共同生活要能維持，這問題絕非無關緊要。

接著，如果蘇格拉底是讓妻孥共有，只有財貨才維持個人所有，固然會有人照料耕地，但誰來照看家計呢？如果讓農耕階層的財貨與妻孥都共有，又是誰要來做這些事呢？再說一次，從動物的類比來說男女之間會有同樣的追索，這是完全謬誤的，畢竟動物無須經營家計單位。蘇格拉底所構思的政體，也包含著危險的因子，他讓同樣的人一直掌權，假如這已經在更爲低下的人之間引發騷動，在血氣更爲高張的衛士之間，狀況也會如何呢？蘇格拉底使之成爲統治者的人必然會是同一批人，上帝在這些人的靈魂中鎔入金質，就不會同時鎔入其他，所以始終就是這批人，就像他所說，上帝在一些人的靈魂中鎔入金質，在其他一些人中鎔入銀質，從他們出生的那一刻起，鎔入銅質與鐵質的靈魂就注定是匠人與農人。而且，蘇格拉底甚至還剝奪了衛士階層的幸福，並且說立法者得要讓整個城邦都幸福，可是，如果城邦的某部分、絕大部分或所有部分無從享受幸福，那麼城邦整體是無法幸福的。在這點上，幸福不像數目中或許可存在於整體，而不存在於部分的偶數原則，幸福不是這樣的，如果衛士階層不幸福，那麼誰能幸福呢？肯定不是匠人，或者其他庶民。蘇格拉底的理想國論述有著這些困難，其他沒談到也同樣如此。

第六章（1264b26-1266a30）

同樣，或者近乎同樣的反對意見也可以用在柏拉圖之後的作品《法律篇》（*Laws*），所以我們最好簡要檢視一下其中所描繪的城邦體制。在《理想國》中，蘇格拉底著實只處理了幾個問題，像是妻孥的共有、財貨的共有以及城邦的體制。整個人口被劃分成兩個層級，一個是從事莊稼的農人，另一個則是衛士，而衛士中又再分出參議政事與城邦的統治者這個層級。但蘇格拉底並沒有明說農人與匠人在政事上是否有一席之地，他們是否得要裝備武器？是否得要服兵役？蘇格拉底非常肯定衛士的教育可爲女性共享，女人也可以參與戰事等等，這部著作關於衛士的教育討論甚多，同時與正題無關的離題也太多。在《法律篇》，除了律法主題之外別無其他，關於城邦體制的部分也不多，雖然他說，他要構思的是一種現有城邦更能達到的政體形式，不過漸漸地又繞回去《理想國》的設計，除開妻孥與財貨的共有之外，兩者的體制，幾無殊異：城邦的教育是一樣的，邦民一樣都不事雜役，公共會餐的制度安排更是如出一轍。唯一的差別是，在《法律篇》中，公共會餐的制度延伸到了女性，而衛士的數量是五千，而在《理想國》中，衛士的數量則只有一千。

蘇格拉底識見不凡，論述優美，處處創見。但凡事不會十全十美，我們不能忽略剛剛提及的五千之數，要支撐這樣不事生產的邦民數量，加上其妻孥與奴僕，恐怕需要跟巴比倫（Babylon）一樣大，甚至更大的地域。我們可以盡依所願去形構理念，但無法迴避其是否可行。

而據《法律篇》所說，立法者應當聚焦兩件事：邦民與國土。但也不能完全忘記鄰邦的存在，這是因爲他爲之立法的城邦所要過的是政治的生活，而不是孤立的生活，而一個城邦必定要有足以抵禦鄰邦的軍事力量，不能僅止於安邦而已，即便這樣的生活不一定爲個人或城邦所接受，一個城邦還是得要能威嚇其敵人，無論是要進攻或者撤退。

還有一點，財產的總量難道不應該以某種方式更清楚地界定，以爲與《理想國》的分別嗎？蘇格拉底曾經說一個人應當擁有能讓他節制生活的財產，換句話說，只要「足以過上善好的生活」，而這太過籠統，一個人可以過上節制生活但窮困潦倒。更好的界定應當是一個人必須要有讓他可以不僅過上節制，同時還算寬裕的生活，把這兩者切開，寬裕成了奢侈，節制成了刻苦，寬裕與節制可以同時是財產運用的良好品格，人無法同時既溫且厲地運用財產，但卻可以既寬裕又節制地運用財產。另一個謬誤是，平均財產但對邦民數目不加調節，不需要對邦民人口加以限制，是因爲蘇格拉底認爲靠不生育子女的婚嫁就足以衡平，即便其他人生育得再多，他認爲這是許多城邦的現狀。不過，未雨綢繆是必要的，若是不論邦民數量的成長，財產或許可以平均分配而無人處於困頓，但若人口成長，還依據《法律篇》的規劃而分配，則無論超額的數目多少，終究一無所有。人們會認爲限制人口比限制財產來得必要，這些限制要由孩童的死亡率與已婚配偶的生育率來加以確定。忽視這個目前在各城邦中相當普遍的主題，將會是窮困的無盡淵藪，而窮困將催生暴亂與罪惡。最古老的立法者之一，柯林斯人菲敦（Pheidon the Corinthian）就認爲，即便邦民的數量起初規模不一，家計與邦民之間的數量應該保持平衡，可是《法律篇》卻持相反意見。我們的改革意見嗣後再論。

《法律篇》還有另一個疏失：蘇格拉底從來沒告訴我們，統治者跟臣民到底哪裡不同？他只說兩者就像由不同毛料構成的經緯，而編織起來。而他讓一個人的財產可以五倍增長，可是爲什麼其擁有的土地不能增長到這個地步呢？又，家宅的座落會有助於良好的家計經營管理嗎？畢竟蘇格拉底給每個個人兩處座落在不同地方的家宅，可是兩個家計單位的生活卻是難以照料的。

整個政體的結構看起來並非民治政體（democracy），也不是寡頭政體（oligarchy），而是居於兩者之間，一般我們稱之爲混合的政體（politeia），並由重裝武士所組成。現在，如果他所要構思的是能適用更多城邦的體制，他很可能是對的；但如果說這是最接近《理想國》的城邦體制形式，這就錯了，許多人會寧可選擇斯巴達式政體，或者某些更貴族式的政體。實際上，有些人會說最好的城邦體制是所有既有形式的結合，他們之所以推崇斯巴達式政體，是因爲它由寡頭、君主及平民三種政體所構成，王構成君主的部分，長老的參議會構成寡頭的部分，而由人民中選出來的督政官（ephor），則代表民治的要素，可是也有一些人宣稱督政官的設計是僭主政體（tyranny），只有在公共會餐與日常生活的習慣中才能發現民治政體的要素。《法律篇》堅持最好的城邦體制由民治政體與僭主政體混成，但這兩者均稱不上城邦體制，或說是最差的。一個能結合更多元素的城邦體制才是更好的，更接近於結合許多形式這個理想。《法律篇》所提出的城邦體制沒有任何君主政體的要素，而不過是寡頭與平民政體的混合，甚至更傾向寡頭。這從任命行政官員的模式就可以看出來，雖然是從被選舉出來的人中抽籤加以任命，有兩個特徵使其更接近於寡頭政體：第一，富人被法律強制出席議會選出行政官員候選，或者履行其他的政治職責，至於其他邦民，則無從涉入；第二，所任命的官員多數出自更富有的層級，最高層級則都來自收入最爲豐厚的階層。寡頭式原則也主導了參議會的組成，雖然強制所有邦民都要參與，但強制只限於預選第一層級的參議人員，以及等數的第二層級參議人員，到了第三層級的預選，就不強制的第四層級的邦民參與，再到第四層級，就只強制第一與第二層級的邦民參與預選。這樣的選法，應該會讓每個層級所選出來的人都等量，但那些收入比較豐厚的人還是占有優勢，因爲較低層級的人並沒有強制得要參與預選。這些考究以及我們檢視其他類似城邦體制時所要援引的其他事例，將會證明像是柏拉圖的理想城邦不應該由民治政體與君主政體結合，從由選舉產生的人中再選舉出行政官員也有風險，如果這樣一小部分的人結合起來，選舉將爲其左右，而這就是《法律篇》所描述的城邦體制。

第七章（1266a31-1267b21）

還有一些人提出了其他的城邦體制，有些是個別素人所提，有些則是哲人與政治家所提，跟柏拉圖的方案相比，這些都更接近既有的城邦體制。沒有人引介像是妻孥共有或者婦女公共會餐這麼新奇的東西，其他這些立法者是從必要的事物開始。在某些人看來，財產的管制是最重要的，此爲所有動亂之所生的關鍵。古風時期的政治家——迦克墩的法里亞斯（Phaleas of Chalcedon），就是第一個主張城邦邦民應該平等擁有財產的人，他認爲，在一個新的殖民地，平等或許可以毫不費力的完成，但在一個已經建立起來的城邦中，就不是這麼簡單了，而要達成這個目的的捷徑是富人只出嫁禮且不收，而窮人則只收嫁禮而不出。

柏拉圖的《法律篇》某種程度上也持這個立場，財富的聚斂可以容忍，但就像我曾經指出的，任何邦民如果擁有最小份額五倍以上，就需要加以禁止。設計這些律法的人也應該要記得他們常常忘記的事，限定財產總額的立法者也應該要限定子嗣的數量，若是子嗣過多，則法必遭破壞。除了法被破壞以外，許多出身富人階層的人也將會變得貧窮，而命運突遭變故的人更容易煽惑動亂。其實，一些過去的立法者也很清楚，財產的平均對政治體的效應之大，由索倫等人所設立的法律就禁止個人恣意擁有地產，還有一些城邦的法律禁止財產的出售，比如說，羅克里斯人（the Locrians）就有一條法律規定，一個人除非能證明他確實遭到了不可抗力的災禍，否則不能出售其資產。另外，也有一些法律規定則責令保留原初的份額，琉卡斯島（Leucas）就曾經存在這樣的法律，讓整個體制太過於平民化，人不再需要任何法律資格就可以服公職。還有，在平均財產的地方，其份額不能太大或者太小，否則所有者就會要麼過於豪奢，或者過於貧困。很清楚，立法者的目標不僅應當在財產的均等，也應當在份額的適度。再次，即便規定適切的平等份額，也是不夠的，因爲需要均等的是人的欲望，不是人的所有，而這沒有法律的教化是辦不到的。法里亞斯可能會說，這正是他的意思，他的立場正是城邦中不僅需要財產的均等，還要有教育的均等，但他得要告訴我們的是，其教育規劃的新意何在，如果是某種讓人或者貪得無厭，或者野心勃勃，甚至兩害兼具的教育，那麼就算有教無類也是沒有用的。此外，邦民的爭端不只起於財產的的不平等，還以一種完全相反的方式，起自不均等的敬譽（honor），平民會爲了財產的不平等而怨懟爭執，上層的階層則會對敬譽的均等而心生不滿，如詩人所說：

> 不分愚賢，共配敬譽

有些罪行的動機是匱乏，法里亞斯期待從財產的均等中找到解方，可以讓人不會因爲飢寒，而受誘惑落草爲寇，但匱乏不是犯罪的唯一動機，人也希望享受生活，不再欲求不滿，除了生活之必須外，他們也希望那些折磨著他們的欲求，可以得到療癒，他們或許會渴求不勞而獲地揮霍享受，於是犯下了罪。

三種混亂失序的解方爲何？第一，適切的財產所有與職業安排；第二，節制習性的培養，至於第三，如果人們欲求端賴自身的愉悅，他們將會發現，只有哲學才能滿足這種欲求，其他的愉悅都不免賴於外物。實情是，最大的罪行起於過度（excess），而非起於生活必須，人不會爲了免受飢寒，而成爲僭主（tyrant），而尊爵的榮譽，也不會授予殺死盜賊之人，而是授予誅除僭主者。這就可以看出，法里亞斯的制度規劃只能對付小奸小惡。

對這些制度規劃還有一些異議，他們的設計主要是用以促進城邦內部的福祉。但一個立法者還應該考量的是其與鄰邦，與所有外邦的關係。城邦的體制也應該著眼於軍事力量，而他對此全無著墨。就財產來說，不只是要足以應付城邦內之所需，也要得以應對從外而來的威脅。城邦的財產不應大到讓強權鄰邦垂涎，也不能小到讓城邦無法支應一場與力量均等鄰邦的戰爭，法里亞斯對此全無表態。有這麼一則軼事，當奧托拉達斯（Autophradates）準備圍攻阿塔內斯（Atarneus）時，歐布洛斯（Eubulus）請他三思這場軍事行動所要耗費的時間，並想想在這段時間因此產生的花費，然後「就這個數額拿掉零頭，我立刻雙手奉上阿塔內斯」，歐布洛斯這番話說動了奧托拉達斯而放棄圍城。

財產的平均是避免邦民內鬨的方法之一，但著實效果不大。認爲自己值得比均等敬譽更多的顯貴，必然對此有所不滿，不難發現這是騷亂與動亂的原因。人的貪慾永不饜足，有時候幾分錢就可以打發，但若是習以爲常，就會要求更多，永無止境，因爲人大多只爲饜足欲望而活。改革之初，要務不在平均財產，而在於教化顯貴者知足，避免下階層者貪得無厭，也就是，得要維持住他們，但又不至於苛待。此外，法里亞斯的均等並不全面，只在地產上均等，然而，人也可能在擁有的奴隸、牲畜、現金乃至於可以稱之爲動產的一切上產生貧富差距，那麼，要麼這些一切都必須平均，要麼必需要對之設下一些限制，或者索性完全不加管控。很顯然，如果法里亞斯讓所有的匠人都要是公共奴隸，而不是構成邦民整體的附加部分，他的立法構想就適用於小城鎮。假如要有這樣的法律，它也應當只適用於公共事務，如同在艾達諾斯（Epidamnus），或者丟番圖（Diophantus）也曾在雅典引進相關規劃。

從這些考察，人們就可以判斷法里亞斯的構思是對是錯了。

第八章（1267b22-1269a28）

希達莫（Hippodamus）是歐立馮（Euryphon）之子，米利都邦民，可說是都市規劃技藝的先驅，比雷埃港（Piraeus）即是他的手筆。這個人特立獨行，行爲怪誕，有些人認爲他浮誇做作（他一頭飄逸長髮，一身昂貴配件，卻不分寒暑都是一件溫暖廉價的長袍），他除了立志精擅自然知識之外，也是第一個追問城邦最佳體制的政治素人。

希達莫的城邦由一萬個邦民組成，邦民可以區分成三個部分：匠人、農人與城邦的衛士，他也將土地分成三個部分：奉祀之用、公有與私有，第一個部分是撥用予維持日常對諸神的敬拜，第二個部分用以支持衛士，第三部分則是農人所有的資產。而由於他認爲法律訴訟只有三個主題：侮辱、傷害與凶殺，所以法律也據此分成三種，他同樣設立了一個終審法庭，受理所有判決不妥的案件，並由一些耆老輩的人組成法庭。他進一步主張，法庭的判決不能用投票，所有的審判員都要在板子上寫下判決量刑的理由，若是無罪就讓板子空白，假如是部分有罪、部分無罪，就要分別相應處理。他反對現行的法律，理由是無論審判員怎樣投票，都犯了僞誓之罪。他還訂下法律，發現任何有益於城邦事物者，得享尊榮，而邦民若殉於戰爭，其子女之撫養則由公共負擔，說得好像都沒人聽過這種立法一樣。至於地方的執政官，他則讓他們全爲邦民選舉，由剛剛提到的三個階層去選舉，選出來的人則要關照公共利益、外邦人的利益與孤兒的利益，這大概就是希達莫所設計體制的幾個最主要的重點，暫時到此爲止。

對於這些提案，首先可以反對的是三等分邦民。匠人、農人與衛士共享參政，可是農人手上沒有武器，而匠人既沒有武器也沒有地產，於是他們通通都會變成衛士階級的奴隸，說他們可以共享所有公器是不可能的，將帥、監守以及幾乎所有重要的執政官，都出自於這個能有武器傍身的階層。那麼，假如其他這兩個階層無法共享參政，如何能是忠誠的邦民？也是可以說，能有武器傍身的階層固然會成爲其他兩個階層的主宰，但這著實不易，除非，他們人數眾多。但若是他們人數眾多，爲什麼其他兩個階層還能共享參政，或者擁有任命官員的權力呢？再接著，農人對城邦的功用是什麼？匠人必定有用，所有的城邦都需要匠人，他們可以憑藉其技藝而活，就像在其他地方一樣，農人也是如此，如果他們可以供給衛士糧食，則共享參政或許相當公平。可是，在希達莫的城邦中，他們應該只能擁有自己的地產，爲自己個別所有的利益而耕作。再次，維持衛士生計的共有地產，如果是由衛士自己耕作，那麼，即便立法者想要區隔衛士階層與農人階層，兩者還是沒有分別。如果有其他不同於擁有自己地產農人的耕作者，就會構成第四個層級，但它在城邦無立足之地也無從共享參政。或者說，如果同樣一批人既耕作自己的土地，也耕作公共的土地，供給這個同時維持兩個階層家計的生產，將讓他們陷入困頓，而如果他們可以從同樣份額的地產，既能自己飽食，又能多給衛士，那爲何一開始要分割土地呢？這裡面有太多的混亂。

法律層面上，對於司法裁決也有可議之處。希達莫規定適格的法官必須在判決中做出區隔，即便是簡易的爭訟亦是如此，這就把法官變成仲裁。在仲裁的狀況下，即便仲裁者眾多，他們也可以對於裁決彼此協商交換意見，這在法庭上是不可能的，實際上，大部分的立法者都費盡心力避免法官之間有任何交流。再次，如果法官認爲應該要有損害賠償，但沒有原告所要求得多，這樣就沒有混亂了嗎？比如說，原告要求二十米那（mina），而法官只判准十米那（總的來說就是原告要求得多，而法官判准得少），然後另一個法官認爲五米那，而再另一個法官認爲四米那，這麼一來他們就會爲了損害賠償而爭論不休，又如果有法官全數判准，其他法官全數不准呢？尤有甚者，即便訴訟是以不加區隔的方式提出，也沒有人會認爲投票無罪或有罪的法官是在做僞誓，因爲做出無罪判決的法官並不是在說被告完全沒有任何責任，只是判決他不用付上二十米那等等，這完全合理。只有在一個法官認定被告不用付出二十米那，但同時又判決他有罪時，才有僞誓罪。

至於對發現任何有益於城邦事物者，得予其尊榮的提議，乍聽之下相當有道理。但由於這既可能鼓舞改革者，也可能導致政治騷動，所以是無法穩當地由法律來執行。這個問題牽涉甚廣，對一個國家的律法做出變動，即便另一個法律更好，是否眞的可取？這頗値懷疑。要是所有的變動都是不可取的，那麼很難同意希達莫的提案，而要是有人假藉公共服務之名，引入事實上對法律或對城邦體制的破壞性措施呢？由於這是我們當前遇到的問題，所以或許可以再深入地談。正如我所說，對這個問題人們意見不一，有時候做出一些變動似乎令人心動，這些變動在其他技藝與科學中已經肯定是成果豐碩，比如說醫療以及體育鍛鍊，跟所有其他已經跟傳統慣用差別甚遠的技藝與技術。而如果政治也是一門技藝，變動也是必要的，就跟其他技藝一樣。歷史的事實已經表明變革的必要，舊時代的風俗是極爲粗鄙與野蠻的，古代的希臘人出門隨身攜帶刀械，甚至用錢買新娘。而已經過時的古風時代法律也是相當荒謬的，比如說，在庫邁（Cumae），有一條關於謀殺的法律規定，大意是假如原告可以出示自己親屬的目擊證明，那麼被告就應當獲罪。此外，人一般來說都是欲求善好，而不單只是欲求他們父祖輩所有的一切。況且，遠古的原民，無論是土生土長還是災劫的倖存者，都被認爲並不比現在的人優秀，即便是現在最愚蠢的人（根據土著所留下的各種傳說，確實就是如此），因此要完全屈就他們的各種構想，未免荒唐，所以即便法律是明文規定下來，也不能完封不動。政治這個學科就像其他學科一樣，不可能把所有一切都確切地寫下來，律法的頒布是一般性的，但具體操作卻是個殊有別的。我們因此可以推斷，有些時候在一些狀況下，法律是需要有所變動的，不過如果我們從另一個角度看這個問題，就得要非常小心。輕率改變法律不是一件好事，要是變法的效益很小，那麼既有立法與治理上的小過失，還不如保留下來，要是邦民因爲變法惡習而失去服從法律的良習，那就得不償失了。把政治類比作匠人技藝是錯的，法律的變動跟匠人技藝上的改變是完全不一樣的事，如果沒有襲用成慣，法是不會有令之服從的力量，也就是說，只能藉由時間賦予力量，隨時都準備變法會削弱法的力量，即便我們同意法是要變動的，是要全部都變？是要所有城邦都得變？是任何一個想變法的人都可以做？還是由特定一群人？這些都是非常重要的問題，在其他更合適的地方，可以再做討論。

第九章（1269a29-1271b19）

對於斯巴達人與克里特人的政治體制，必須要考量的是兩個重點，其實所有的政治體制也是如此。第一，任何特定的法律，在與理想的城邦對比時，是好還是壞？第二，這個法律，跟它當初立法者向其邦民所昭示的理念及主張，是否還是一致？在一個良序的城邦中，公民應當有閒暇，不需爲其日常生計所累，這是眾所公認的事，困難在於要如何達致這樣的閒暇。色薩利（Thessalia）的農奴「潘尼斯泰」（Penestae）就經常起身對抗他們的主人，斯巴達的「黑勞士」（Helots）也時常在造反，他們都一直埋伏著，等著主人的厄運到來，可是在克里特就沒有這樣的情事。這理由可能是，鄰近的城邦即便相互交戰，也不會跟叛亂的農奴同盟，畢竟這些農奴有他們自己的利益考量，有他們自己的人馬。然而斯巴達的所有鄰邦，無論是阿格斯人（Argives）、麥西尼亞人（Messenians）或者阿卡迪亞人（Arcadians），全都是他們的敵人。在色薩利，奴隸最初的叛亂起於色薩利人與其鄰近的亞該亞人（Achaeans）、麥西尼亞人、柏西比人（Perrhaebian）與馬格涅西人（Magnesians）陷入交戰當中。此外，即便沒有其他困難，奴隸的管理與對待，也是一件相當麻煩的事務，如果控制不好，他們就會桀驁不馴，認爲自己可與主人平起平坐，又如果他們被苛刻對待，就心懷不平進而滿腹密謀。很清楚的，會有這些後果，都是邦民沒有找到好好管理照料其從屬人口方法的後果。

而斯巴達女性的放縱，也破壞了斯巴達的政治體制，並對城邦福祉造成危害。既然每個家庭都是由丈夫與妻子組成，那麼城邦就可以看作是男女各半組成，於是，如果城邦中的女性不受管束，則等於有一半人口不受法所約制。而這就是斯巴達現在的狀況，立法者想讓整個城邦堅毅果敢，男性這邊已經遂其所願，但顯然忽略了生活放蕩與作風豪奢的女性。若邦民爲其驕妻宰制，拜金之風就會在城邦盛行，除了尚同志之風的凱爾特人（Celts）與其他邦族之外，不免都步上所有好戰民族的後塵。古代神話會把戰神阿瑞斯（Ares）跟愛神阿芙蘿（Aphrodite）湊成一對似乎是有道理的，好戰的邦族愛慾分明，或者愛好女色或者愛好男色，看看在斯巴達的鼎盛時期，女色掌控甚多，就可以證明，那麼讓女色統治，跟治邦者被女色統治，又有什麼差別呢？結果是一樣的，即便勇武（boldness），也只在戰時才有需要，在日常生活中根本全無作用，斯巴達的女色已經造成了最嚴重的影響，其惡果從底比斯（Theban）的入侵可見一斑，不像其他城邦的婦女，斯巴達女性不僅全無用處，還造成了比外敵更大的混亂，可以理解斯巴達女性的放縱不羈自古即有，人們也往往期待如此。斯巴達人經年征戰，先是對阿格斯人，再對阿卡迪亞與麥西尼亞人，長年的軍旅生活（其中有許多優異的德行），讓他們習於規訓，一旦戰後歸鄉，回歸承平生活，就很輕易地落入立法者的掌控。據說萊庫古（Lycurgus）[1]曾經想以法律約束婦女，但遭遇抵抗，只好作罷。當前的局面，可歸於這種種因素，城邦體制的缺陷，顯然也歸咎於女色。我們在此所考量的不是誰該譴責、誰可豁免，而是客觀是非，就像我所

---

〔1〕傳說中斯巴達軍政體制與教育的創始人。

說，女色的失序，不僅造成整個城邦體制的敗德風氣，也多少助長了貪婪。

提到貪婪，自然要對財富不均的問題做些評論。有些斯巴達邦民貧無立椎之地，有的則家財萬貫，地產自然落入少數人手中。這也是法律不完善所致，雖然立法者非常正確地把遺產的轉售與買賣，拉拔到會讓人覺得可恥的境地，可是卻允許人們自由讓與、饋贈，這兩個舉措都造成了同樣一個結果：邦國五分之二的地產全爲婦女所有，這自然是大量的女嗣現象，與豪奢的嫁陪習俗所導致。如果全無嫁陪，或者只許有少量或適度嫁陪，狀況會改善很多。可是現在法律規定，邦民可以將其嗣女婚配給任何他中意的人，如果邦民未行立囑便過世，這個特別權利就會轉到其繼承人身上。於是，雖然整個邦國足以維持一千五百之數的騎兵，以及三千之數的重裝步兵，但是整個斯巴達邦民卻只不到千人，這證明了斯巴達法律在財產分配上的弊病，所以這個城邦在一次戰敗後就一蹶不振，缺乏男丁導致了其衰微。傳說在斯巴達的古代先王時期，有賦予外邦人邦民權利的慣例，所以儘管常年征戰，也沒有人口匱乏的問題，有段時間斯巴達的邦民人口也有超過一千之數。無論這個傳說是否屬實，非常肯定的是，財產的平均，對維持邦民數目是比較好的。而且，關於子嗣生育的法律，也不利於導正不均，立法者希望斯巴達人越多越好，因此鼓勵更大規模的家計組成，斯巴達有條法律規定三個孩子的爸爸可以免除軍事勞役，而四個孩子的父親則可以免除一切城邦的負擔，然而很明顯的是，即便子嗣數量增多，地產的分配也依然，這必然會讓許多邦民陷入窮困。

斯巴達政治體制的弊病也在於督政官的設計。這些官員在政務上有最高的權威，但督政官是由整體邦民中所選舉出來，因此官職有很大機會落入極爲窮困的人手中，這些經濟拮据的人，爲賄賂大開方便之門。過去斯巴達就已經有不少這類弊端，晚近則是安德羅（Andros）的醜聞，某些收賄的督政官，無所不用其極地敗壞邦政，其專斷的權勢薰天，即便君王也任其予取予求，於是整個政治體制就跟著王政官箴一起退化，從貴族政體變成民治政體。這樣督政官制度設計確實讓整個城邦維持一致，因爲當邦民可以在最高政務上共同參政，其結果都有益的，無論是立法者刻意如此還是單純偶然，要讓一個政治體制能夠長治久安，城邦的所有組成，都會希望這樣的設計還能夠存在，這樣的制度安排可以繼續維持下去。斯巴達即是如此，君王可以期待王權永續，因爲他得到邦民的尊崇，而貴族得能在元老參議會（Gerousia）占一席之地，至於邦民則都有資格出任督政官。從整體邦民中選出督政官完全是對的，但不能以現在這種太過質樸的方式。而且，即便他們與聞大政，但畢竟不過尋常人等，所以不應當完全只依其判斷，而要依據成文法則以及法律。可是，這種生活方式，是跟斯巴達的政治體制精神格格不入的，他們太過放縱，耽溺於感官歡愉，律法的約束對他們而言簡直難以忍受。

而元老參議會的制度也不是全無缺失。元老本當是歷經考驗，年高德劭之輩，城邦能有這些耆老，如有一寶。可是，終身得與聞重大國政的設計就可議了，畢竟，心志會伴隨身體而老邁，人若長期以這樣的方式養成，則連立法都無法信任，這就是眞正危險了。眾所周知，許多元老收受賄賂，假公營私，這不能說只是歷史共業，但在斯巴達，元老們確實如是認爲。而所有的執政官都對督政官負責，這個特有的權力太大了，我們認爲應該以一些其他的方式加以控制。而且，斯巴達的元老選舉模式太過粗糙，讓有意參選的人四處爭取支持不太妥當，而應當任命最有價值者，無論其意願。立法者固然是希望邦民能有政治抱負，這很明顯從政治體制的其他設計可以看出，並期待在元老的選舉中可以展現此一政治抱負，畢竟怕熱的人就不會進廚房。可是，比之其他的激情、抱負與貪婪，競逐權位，往往是失去從政初衷的主要緣由。

至於君王對城邦是否有益，我會在其他地方考察這個問題。總之君王或許無論如何都該被選出來，但不是以現在這種方式，而應就其個人生活與所做所爲來立王。立法者顯然也沒有認爲他們可以眞的是合適人選，最起碼，立法者並不信任其品行，斯巴達的使團經常被奸細滲透，即是緣由所在，而雙王之間的平衡則可說是爲了拱衛城邦。

名爲「菲迪亞」（phiditia）的公共會餐制度也不是運作得很好。公共會餐的花費應當是以公款支付，像克里特那樣，但在斯巴達則是由每個人上繳，而有些人因爲過於窮困而無法支付，這麼一來立法者的意圖就遇到阻礙了。本來公共會餐應該是一個民治色彩濃厚的制度，但現行的運作方式卻完全顚倒，因爲眞正窮困的人很少參與，而依據古風習俗，無能上繳公共會餐花費的人，是不被允許保留邦民身分的。

斯巴達關於海軍元帥的任命也常被抨擊，而其理有據。這個任命制度是派系傾軋源頭，君王是陸軍的永久統帥，那麼海軍元帥的任命等於任命新王。

柏拉圖在《法律篇》中，對斯巴達體制立法者所做的指控是相當有道理的。整個體制只著重在戰士的德行，著重在能在戰爭中取勝的德行。於是，戰時他們可以緊握權力，而一旦和平到來，霸業就不免墜落，馬上無法治天下，他們對承平的治理一無所知，無能從事任何比戰爭更高貴的事業。他們還犯下一個同樣重大的錯誤，斯巴達人固然認爲，人所競逐的善好事物當由傑出德行，而非以惡行來取得，然而，他們錯在認爲這些善好事物比之德行更爲可取。

而且，城邦的財政管理也不善，即便連年爲此發動戰爭，國庫依然空虛，稅收也依然欠奉。斯巴達的邦民掌握了更大部分的地產，且毫不在意他人所上繳的稅奉，立法者讓城邦窘迫，使其邦民貪婪，這樣的惡果，與城邦利益相違。

以上即是斯巴達政治體制的弊端，討論至此夠了。

第十章（1271b20-1272b23）

克里特的政治體制與斯巴達非常相似，體制的幾個優點也與之相同，不過總的來說遜於斯巴達政體。一般來說，比較新近的政治體制比較細緻，而斯巴達政體，據說，也很可能很大程度上是對克里特政體的模仿。據說，萊庫古在不做卡里斯王（King Charillus）監國以後，就開始周遊列國，並在克里特待上很長一段時間。這兩個邦國之間如此千絲萬縷，克里特島上的呂克托城（Lyctians）就曾是斯巴達殖民地，初到呂克托的移民，就直接採用了當地居民的政治體制。直到今天，他們還是用傳說中的克里特之王米諾斯（Minos）所制定的相關法律，來管理邦國散民（perioeci）。這座島嶼似乎天生當爲希臘世界霸國，其地理得天獨厚，橫越大洋，沿海地帶幾爲希臘人定居，其一端距伯羅奔尼撒

（Peloponnese）不遠，而另一端則延伸至亞細亞的第歐庇（Triopium）與羅德（Rhodes）區，米諾斯據此建立海上霸業，征服了一些島嶼，並將這些島嶼納爲殖民地，直到進軍西西里（Sicilia），在喀米庫（Camicus）溘然長逝爲止。

克里特的制度設計與斯巴達類似。斯巴達負責耕稼的是黑勞士，克里特則是散民。兩者都有公共會餐制，斯巴達早年不叫它「菲迪亞」，而是稱之爲「安迪亞」（Andria），克里特也是這麼稱呼，用詞證明了這個制度源自克里特。這兩個體制還有相似之處，督政官可以等同克里特的「寇司莫」（Cosmi），唯一差別是督政官五人，而寇司莫則有十人。克里特也有相應於斯巴達元老參議會的制度，他們稱之爲「立法會」（boule）。而王政也一度存在於克里特，但後來被廢止。寇司莫目前有統御戰爭的職責，而所有的階層都可以出席邦民大會（ecclesia），但只能審核元老與寇司莫的提案。

克里特的公共會餐制度則肯定經營的比斯巴達好。在斯巴達，每個人都要上繳公共會餐花費，一旦做不到，法律就會禁止其行使邦民權，這我已經闡述過了。克里特還有一些更具民治色彩的制度，公地上的一切農產與畜牧，散民的上貢，除了一部分被配置給諸神的奉祀與邦國以外，其他則都用於公共會餐，於是男男女女、老幼婦孺，全都可得公糧濟助。爲了確保生計上的節約，立法者也花了不少心思，而爲了避免生育失控，立法者也鼓勵男女分居，以及男性互助，這究竟是好是壞？有機會我將再行討論。總之，克里特的公共會餐設計是比斯巴達更好，毋庸置疑。

但是，另一方面，寇司莫是一個比督政官制度更差的制度設計，有其弊端卻無其裨益。就像斯巴達的督政官，寇司莫也不過尋常人等，可是它在克里特卻沒有相對應的政治裨益，在斯巴達，邦民皆為成為督政官的資格，邦民整體共享最高權威，以讓政治體制永續長存。可是在克里特，寇司莫只能由少數門閥中選出，不是由整體邦民中選出，而元老又是從曾任寇司莫者中選出。

對於斯巴達政體中元老的批評，也可用於克里特。名實不符與終身制，都是一個過大的特權，而他們視成文法律為無物，恣意專斷的權力，也是相當危險。而邦民被排除在政治體制，卻毫無怨言，更不能說是體制的長處，畢竟寇司莫這個職位不像督政官那樣有利可圖，克里特畢竟不比斯巴達，孤島獨懸，總是比較能遠離誘惑。

克里特人用以矯治制度此一弊端的方法也頗為特別。不太像是體制的制衡，比較像是權貴寡頭的傾軋。寇司莫常常被其他密謀聯手的寇司莫，或者暗地集結的勢力所驅逐，在任期結束前逕行辭職。很肯定的是，所有這類情事，都應當由律法來約制，而不是聽任個人意志，這將會是相當不穩靠的統治。最糟糕的是寇司莫職務的擱置，當權貴不甘受制於法時，就經常訴諸此一手段。這證明克里特的政體，雖然有一些共和體制的特徵，但實質上卻是寡頭體制。

克里特的權貴還有一個惡習，拉幫結派，各立山頭後，再彼此鬥爭，相互掣肘。這除了讓城邦陷入週期性毀滅與城邦的解體，還會有什麼呢？如果加上有心人士意圖攻打，城邦就眞的危如累卵了。而就像我已經說過的，克里特島因其得天獨厚的地理而免於這樣的困境，其作用有如隔絕外邦人一樣。這是為何散民在克里特毫無怨言，而黑勞士在斯巴達卻一直叛亂的主因。克里特沒有境外屬地，其政治體制的弱點，直到外境侵略者踏足島嶼時，就會顯露出來。

關於克里特政體的討論，至此足矣。

第十一章（1272b24-1273b26）

迦太基（Carthage）的政治體制一般被認爲表現比較優越，它在很多地方不同於其他城邦，雖然有些地方與斯巴達非常相似。斯巴達、克里特與迦太基，這三個城邦表面非常相似，但又彼此各有不同。迦太基的許多制度設計是非常不錯的，其政治體制的優越，可以從其邦民忠於這個體制看出來，迦太基沒有特別值得提的叛亂，也從未落入僭主的把持。

以下是迦太基與斯巴達相似之處：有像是斯巴達菲迪亞的公共會餐制度，其一百零四人的執政官也相似於督政官，然而有別於督政官由尋常人等中選出，迦太基的執政官依據其功績加以選拔，這可以說是一種改良。他們也有相比於斯巴達的王政與元老參議，但不像斯巴達，其王位並不一直來自同樣一個家閥，但也不是尋常人家，而是來自一些顯赫的家族，並且不是僅憑衝動任命，這又更好得多。這些權位都擁有偌大權力，若是德不配位，就會造成巨大傷害，正如斯巴達所發生的那樣。

迦太基政治體制中各種偏離理想城邦的弊病，都同樣可以適用於我們提過的所有政體。而就偏離貴族政體與共和政體來說，更多是傾向民治政體，有些則向寡頭政體傾斜。若王與元老意見一致，就能夠決定是否向邦民提出議案，而若他們意見無法一致，邦民則能決斷這些事務，又對於王與元老所提出的議案，邦民還可以加以反對，這與邦民只能與聞無從反對的斯巴達與克里特有所不同。綜管許多重要事務的五人執政官是增額任命的，並挑選出一百人的最高政務會議，五人執政官的任期長於其他執政官，若是五人中有人出缺時，則再行遞補，不受任期屆滿或未任執政官影響，這些都具有寡頭特徵。而他們不支薪俸，不由抽籤選出，以及其他類似由執政官受理所有訴訟案件，不是像斯巴達那樣，一些人專處理某些訟案，另一些則處理其他，這些則都具有貴族政體色彩。而迦太基偏離貴族政體，向寡頭政體傾斜的傾向，從其社會風尚可見一斑。人們認爲執政官不應當只是以功績入列，還要看其財富，他們認爲窮人是無法妥善統治的，因爲窮人沒有閒暇的時間。如果憑財富而任命執政官是寡頭政體的特徵，憑功績而任命則是貴族政體的特徵，那麼迦太基的政治體制就可以理解成第三條路：迦太基人對執政官的選舉標準，特別是對最高層級諸如王與元帥，是既關注其功績，也關注其財富。

可是，我們必須承認，在這樣對貴族政體的偏離中，立法者犯下了一個錯誤。沒有什麼比讓素質最高的層級得有閒暇，而無需委身操持生計，讓他們得以專注政事，來得更爲必要。即便不得不考慮能確保閒暇的財富，都如果最高的公職諸如王位與元帥，都是可以用錢買到，肯定是件壞事。有讓財富說話比德行大聲如斯弊端的法律，整個城邦就不免貪婪成風。風行草偃，若城邦上位者一切皆值得敬重，則其他邦民肯定視其爲模範，在德行不是首要考量的地方，貴族政體是無從立足的。那些花大錢爬上高位的人，肯定撈上一票，一個正直的窮人固然不會想從中得利，但如果認爲已經花上一筆，人格低劣的人也不會這麼做，就是荒謬了。這是爲什麼應當讓最有能力者來統治，即便立法者不在意讓賢良之士免於貧困，至少也應當讓他們在位時得有閒暇。

而讓同樣一個人身兼數個官職，並不是個很好的主意，但這卻是迦太基人最愛做的事。一個事務還是由一個人來做比較好，立法者要看到這點，而不應當讓一個人又是樂手又是鞋匠。因此，在規模較大的城邦，最好還是更依循共和與民治原則，讓城邦的官職分配給眾多邦民。正如我所說過的，這樣的安排對所有人來說都更爲公平，而任何活動如果因爲反覆而上手，也可以處理的比較好。我們在軍務與海防事務已經看到明證，在這兩種事務中，命令與服從的責任都延伸到了所有相關人等身上。

迦太基的政治體制是寡頭制，但他們成功擺脫了因富有而來的弊病，也就是把邦民絡繹不絕地送到外邦去。這是他們讓城邦穩定的良策與方法，不過這都只是湊巧的結果，應當要由立法者立法來抵禦動亂，否則，一旦厄運臨頭，屬民叛亂一發不可收拾，就無從以法律手段重建和平了。斯巴達、克里特與迦太基，這三個爲世人所稱頌的政治體制，其特徵大抵如此。

第十二章（1273b27-1274b28）

那些終身未曾與聞政事的政治素人，其觀點值得討論的大致都已經談過了。至於其他則是律法的制定者，或者是自己的城邦，或者是在外邦，他們有些人曾經掌理政務，還有些人則只訂定法律，或者著手政治體制設計，例如萊庫古與索倫都做了這兩件事。斯巴達的政治體制我已經說過了，至於索倫，他被許多人認爲是一個優秀的立法者，終結了寡頭的專斷，解放了邦民，建立了古風時期的雅典民治政體，並讓城邦中不同的要素得以和諧共生共存。從這些人的觀點來看，約巴古（Areopagus）的議事會帶有寡頭色彩，而選舉產生的執政官則是貴族政體的要素，至於陪審法庭則是民治的要素。但實情似乎是，議事會跟執政官都在索倫之前就已經存在，只是索倫將之保留下來，並從整體邦民中組成陪審法庭，從而創造出民治政體的要素，而這也是他有時受到非難的原因。因爲將最高權力賦予由抽籤選出的陪審法庭，這被認爲破壞了政治體制中的非民治要素。當陪審法庭爲了取悅已然扮演僭主角色的邦民，以更加茁壯時，原來的政治體制就會轉變成現在這種民治政體。歐菲特（Ephialtes）與伯里克利（Pericles）都削弱了約巴古議事會的權力，伯里克利更是建立了陪審員津貼制，接著每一個煽動民粹的意見領袖都一步步增強了民治的力量，直至今天我們所看到的現狀。雖然所有這些都是環境使然，並非索倫所預期。在競逐海上霸業的波灣戰爭中，邦民由於地位提升而有了自己的想法，開始追隨被上流階層反對，身無長物的民粹領袖，索倫自己只給予雅典邦民選舉與監督執政官這樣的權力而已，而這是絕對必要的，因爲如果沒有這個權力，邦民就會處於奴役之中並與整個政治體制爲敵。而所有這些執政官，都是從權貴顯赫之人中任命，也就是從「第一等級」（Pentacosiomedimni）、「第三等級」（Zeugitae），或者從有能力負擔騎兵裝備的階層中選出。主要從事勞役的第四等級，則無從與聞執政官職。

其他還有像是給艾比哲菲（Epizephyrian）的羅克理斯人立法的札留庫斯（Zaleucus），還有爲自己的城邦卡塔那（Catana），以及義大利與西西里的查西迪亞（Chalcidian）諸邦立法的查隆達斯。有些人說奧隆馬克利（Onomacritus）是第一個專擅立法的人，他雖然是羅克理斯人，卻在克里特留學成長，他在那裡研習預言術，而泰勒斯是他的同窗，至於萊庫古跟札留庫斯則都是泰勒斯的導生，不過，這些說法都跟年代不太相符就是了。

還有柯林斯人菲洛勞（Philolaus）爲底比斯人立法，這位菲洛勞是巴齊斯（Bacchiadae）家閥的一員，也是奧林匹克優勝者迪奧克利（Diocles）的愛人，迪奧克利爲了躲避他母親哈爾瓊（Halcyone）對他所懷有的亂倫激情，而離開柯林斯（Corinth），遠避底比斯，這對愛侶在底比斯共渡餘生。當地居民到現在都還指得出他們彼此對望的墓塚，其中一座面向柯林斯，據說這是他們生前的安排，迪奧克利生前的不幸遭遇，讓他身後也不願再望故土。這是他們住到底比斯的原因，菲洛勞因此成了底比斯人的立法者，除了一些其他法律以外，還立了子女生育相關的法律，可以稱爲「收養法」，這是爲了避免邦民人數的膨脹。

至於查隆達斯的立法，除了對僞證罪的訴訟外，其他沒有什麼特別的。查隆達斯是第一個設計僞證告發的人，他所立之法，簡練明確，更優於現代的立法者。

法里亞斯立法的特色是財產的平均，柏拉圖則是妻孥與財產的共有、婦女的公共會餐設計，以及關於宴飲的法律，規定只有清醒者可以做宴會主人，還有訓練戰士，雙手都能熟練某些技能。

德拉柯（Draco）也曾經制定過一些律法，並能使之適用於當前的政治體制，但其立法構想，除了嚴刑以外，沒有什麼值得特別提的地方。

畢達庫（Pittacus）也是一個只制定法律，但不著手政治體制的人。他有一個頗有意思的立法，就是假如醉後滋事，將加重論罰。他看的不是酒醉者為自己所提出的開脫理由，而是非常手段，畢竟比之清醒之人，酒醉之人更容易做出暴力滋擾情事。

勒基雍的安卓達（Androdamas of Rhegium）也曾為色雷斯（Thrace）的查西迪亞人立法，是有一些關於殺人罪與女性繼承人的法律，但也沒有特別可觀之處。

就此，對那些或者確實存在，或者理論家所構思的，種種政治體制的探究，就到此吧。

卷三　邦民身分與城邦體制

第一章（1274b32-1275b20）

要探究各種不同城邦體制的本質與屬性，首先必須要確定城邦是什麼。目前，這是一個爭論不休的論題。有人會說，城邦的舉措使之得爲城邦；有些人則說是寡頭或僭主定義了城邦。立法者跟治邦者，與城邦密切相關；而對城邦居民的制度安排，則是城邦的體制。而就像所有其他由部分組合而成的整體，城邦也是組合體，由其邦民所組成。所以很清楚，我們必須先問誰是邦民？這個詞的意義又是什麼？對此一樣意見分歧，民治政體下的邦民，經常跟寡頭政體下的邦民不一樣，先不考慮那些偶然得到邦民身分的人，例如特許入籍者。首先可以說，邦民之爲邦民，並不是因爲生活居住在這個地方，畢竟僑居者與奴隸也是如此；而具有某種程度上的提起訴訟，與被控告的法律權利，也不能說是邦民，畢竟依據一些條款，就享有這種權利。僑居者在許多事情上需要有擔保人，才能擁有邦民權利，就其並非完全地參與共同體這點，我們只有在限定意義上才會稱之爲邦民，就像年紀不到的孩童，或者已經免除城邦職責的老年人一樣，我們不會簡單就說他們是邦民，而會附加一些條件，像是不足齡、上了年紀或者其他等等。對此，我們所說的意思已經很清楚了，不需要再做更精確的表述。對於被褫奪權利的邦民與被放逐者的邦民身分問題，也有上述的困難，也可以同樣的方式解答。而我們這邊所要嘗試的是，嚴謹且無所限定地界定邦民。排除一些例外的狀況，邦民所特有的就是參與司法審理，以及服官職這個特徵。有些官職有任期限制，同樣一個人不能連任，或者只能在一定的時間間隔之後，才能再任；其他官職則沒有這種限制，比如說陪審員或者參與邦民大會。確實，有人會說這並不能算是服官職，這些職能並沒有讓他們參與城邦的治理，但是，說這些擁有至高權力的人不治理，著實荒謬，無需再糾結於這些術語問題，我們需要的是一個可以含括陪審員身分與邦民大會成員身分的通稱詞，而爲了有所區隔，我們可以稱之爲「不定的官職」（indefinite office），我們認爲，能夠享有這樣官職的人就是邦民。這是邦民最爲全面的界定，且適用於所有一般會被稱作邦民的人。

但不能忘記事物在根本原則之下，還是會有種類上的差異，有第一類的差異，再往下有第二類、第三類的差異，就這個關係來看，幾乎是不會有共同之處。現在我們看到城邦體制在種類上是有差異的，有些種類在先，有些在後，有所缺陷或者墮落的種類必然後於完美的種類（往後我們會解釋墮落的意思）。每一個城邦體制形式中的邦民必然有所差異，我們的界定最適合用於民治政體的邦民，並不必然適用於其他城邦，畢竟，在某些城邦，邦民大眾並不被認定可以參加邦民大會，甚至邦民大會也沒有定期舉行，只臨時召開，法律訴訟也是由執政官依部門分配審理。例如在斯巴達，督政官自行分配處理關於契約的訴訟，而元老則是負責凶殺的審理，其他案件則由其他官員審理。迦太基通行的也是這個原則，一些官員裁斷所有的案件。實際上我們可以把我們對邦民的界定，稍作變通，以含括這些城邦。在這些城邦中，能成爲陪審員或參與邦民大會的人，是有所限定（definite），而對於審議與裁定部分或所有政務的權利，則保留給持具這些有所限定官職，部分或全部的人。這樣對邦民身分的解釋就很清楚了。

任何城邦中，具有參與審議與司法政務權力的人，我們就可以說他是這個城邦的邦民，總的來說，一個城邦就是足堪自給生活的邦民整體。

第二章（1275b25-1276a5）

但目前習慣上，邦民是由其雙親的邦民身分所界定（不能只有雙親一人是邦民），有些人則堅持上溯得更遠，兩代、三代，甚至更多代。這個界定固然簡短通俗，但有些人就提出了進一步的質疑：上三代、上四代的先祖，是怎樣成爲邦民的？倫蒂尼的高吉亞（Gorgias of Leontini），半是因爲處境艱難，半是因爲嘲諷，曾經說水泥漿是泥匠所造，則拉里薩（Larissa）的邦民，是拉里薩的官員所造，「造拉里薩人」就是他們的生意。然而，如果依據前述的定義，參與城邦政事的人就是邦民，那麼這問題就能輕鬆解決，所以這是個更好的定義，要說邦民所生即爲邦民，無論是父親或母親，恐怕都無法適用於第一代住民或者城邦的肇建者。

那些在政體變更之後，而成爲邦民的狀況更複雜一點，雅典的克萊斯提（Cleisthenes）在放逐僭主之後，曾經把許多外邦人、僑居者與奴隸，編戶到各個家族中。在這些狀況中，問題不在誰是邦民，而在於其是否應當成爲邦民？進一步的質疑是，是否因爲不應當則不承認？不應當成爲邦民者，是否事實上還是邦民？現在，既然有一些具有官職，但不應當具有官職的人，我們還是會說他們在統治，無論是不是正義的統治，如果邦民是由其承擔某種統治，具備某些官職的資格來界定，那麼能持具這些官職，就滿足了我們邦民的界定。所以，很清楚，這些資格引起質疑的邦民，無疑還是可以稱作邦民。

第三章（1276a10-1276b15）

是否應當成爲邦民，與先前的提問密切相關。一個相對應的問題關乎城邦，比如說，城邦從寡頭或僭主轉型爲民治政體，那麼城邦先前的作爲，是否還可以算城邦的作爲？在這樣的狀況中，有人論稱，可以拒絕履行契約或者其他義務，理由是與之訂約的是僭主而不是城邦，或者前些城邦體制的建立是靠強力，而不是共善的考量，可是，如果發現民治政體也是靠強力而存續，那麼就因它不過跟寡頭或僭主一樣，城邦的作爲不就也不算數了？這就進入到另一個問題：基於什麼樣的原則，我們可以說這個城邦是同樣一個城邦，還是不同的城邦？單純就城邦所在與其居民的變動來考慮這個問題，未免太過膚淺（邦土與人口是可以切割開來的，可以讓一些住民定居在一地，其他則在他地）。不過，只要注意到「城邦」一詞是多義的，就並不是什麼太嚴重的難題。

進一步說，居住在同一個地方的人們，什麼時候可以被當作一個獨立的城邦？界線又何在？答案很肯定不是城邦的圍牆，用一道牆把整個伯羅奔尼撒都圍起來，一點意義都沒有，巴比倫可以說就像這樣。但圍起來了的與其說是城邦，不如說是一個種族，據說巴比倫在淪陷的頭三天，一些地方的居民還對此無所知悉。這個問題還是壓到往後的場合再討論。倒是治邦者得要考慮城邦的規模，以及是否由一個或多個種族組成會比較好。

接著，我們是否應該要說，雖然邦民始終有生有死，只要居民族裔一脈相承，城邦就也還是同樣一個？就像我們說儘管水流進進出出，還是同一條河川溪流這樣？或者，我們要說，人的世代交替固然就像同一個河水那樣，但城邦已經改變了？因爲城邦是一種結社形式，是邦民在一個城邦體制下結社的形式，所以體制的形式改變了，結社形式也就變得不一樣了，就像肅劇的合唱隊跟諧劇的合唱隊並不一樣，即便還是同樣一批人。用同樣這個方式，我們可以說如果要素的結合形式改變了，那麼其結社的一致性也就改變了。比如說，由同樣一些音符可以有不同音階的組合，用多利亞調（Dorian）或者用弗里幾亞調（Phrygian）等等。假如此說成立，那麼城邦是否還是一樣，就主要在於其城邦體制是否還是一樣，無論是否還叫同一個名字，無論居民是否還是同樣一批人。而至於體制的形式改變了，一個城邦是否還要履行此前的約定，就是另外一個問題了。

第四章（1276b20-1277b32）

接下來所要討論的重點是：一個好人的德行，與一個好邦民的德行是否一樣？但在進入討論之前，我們首先得要對邦民的德行有一些一般性的認識。邦民是共同體中的一員，而就像海員，海員有各自不同的職能，有的划槳、有的駕駛、有負責瞭望的水手，也有其他不同稱呼等等的海員。而對每一個個別個體的德行，都有專屬於其德行的精確界定，同時，也會有一種適用於全體的共同界定，畢竟他們有著共同的目標，就是安全地航行。同樣的，邦民之間各有不同，但保全整個共同體是他們所有人的共同要務。這個共同體就是他們的城邦體制，一個邦民的德行，從而必然與其作爲成員的城邦體制相關。那麼，如果說有許多的體制形式，顯然就不會只有一種好邦民的完美德行，而我們會說好人是擁有一種完美德行的人。因此，顯然好邦民並不必然擁有讓一個人成爲好人的德行。

同樣的這個問題，或許也可以從對最佳政體的考量，這另一個角度來切入。要是一個城邦無法完全由好人來組成，而每一個邦民都被期待做好自己的要務，這必然要邦民各有其德行，而又所有邦民不可能都一模一樣，那麼邦民的德行與好人的德行就不會相合。城邦中所有人都各司其務，各有其德行，只有這樣城邦才是完美的；但這並不是說他們擁有好人的德行，除非我們假設在好的城邦中，所有的邦民都是好人。

再次，由全然不同的部分組合而成的城邦，或許可以比做能分爲靈魂與肉體的造物，比做由理智法則與感官法則組成的靈魂。家計由家主與妻子而成，而家產之所有，則由主與奴所構成，城邦就像是這些由各不相同要素的組成一樣，從而所有邦民的德行不可能全部一樣，如同合唱隊的指揮，與其身旁唱者的德行一樣。這兩類德行是全然不會相同，對此我已經說得夠多了。

但難道就沒有好邦民的德行，與好人的德行相符的狀況嗎？我們會說好的統治者是「好人」與「明智」之人，而好的治邦者也應當要「明智」。確實有些人認為統治者應當有特別的教育，王室子弟的騎術與戰技特別需要訓練，歐里庇得斯曾藉君王之口，說王室的教育：

不作奇技淫巧，務邦國之亟需。

這意味著統治者或需特殊教育。在統治者的狀況中，我們或許可以說好邦民的德行跟好人的德行一樣，可是得要記住，臣民也是邦民，這就是另一種狀況了。所以結論是，好邦民的德行，不會在所有狀況下，都等同於好人的德行，雖然有些特別的狀況，在邦民得要作為統治者時會是如此，而一般邦民的德行，是與統治者遠遠不同的。此間差別或許可用費萊的傑森（Jason of Pherae）的話：「不為僭主，便覺飢渴」來說，意指無法忍受籍籍無名的生活。或許該說人會因為知道如何統治，與如何服從而得到讚賞，可以說一個好邦民的德行就是兩者都能做得好。現在，要是我們認為好人的德行該是統治者的德行，而邦民的德行則含括了統治與服從，而這兩者是無法等量觀之的，因為有時候治人者與受治者必須要學習不同的東西，兩者完全不同，而邦民得要通曉且共享兩者，這推論理所當然。

實際上，在關注日常瑣務的主人式統治中，主人並不需要知道如何去做這些事，而是運用其他人去執行，這類的知識具有奴僕性特徵，而做好這類日常瑣務的能力，也各有所別，由不同的奴隸階層來執行。比如說，手工匠人就如其名，是以其手藝維生，技師也屬這個階層。古風時代，工匠階層在許多城邦是不能與聞政事的，只有在完全的民治政體下，他們才得有此一特權。無疑，好人與治邦者，以及好邦民，除了一時所需之外，無須習此次等技藝，若是他們習慣性地從事於此，就無從區隔主人與奴隸了。

而還有另一種統治，在生而自由平等的人之間的統治，一種共和式統治，其統治者必須學會服從，正如騎兵將領的職責，要從服從騎兵將領的命令中習得，步兵將領的職責，要從服從步兵將領的命令，藉由領受軍團與連隊命令而習得。可以說，無法習得服從者，是無法成爲好的命令者。這兩類德行並不相同，但好的邦民應當得能兩者：當知如何像是一個自由民般治理，像是一個自由民般服從，這些就是邦民的德行。儘管統治者的節制與正義，不同於臣民的節制與正義，一個好人的德行或許是包含兩者；但對一個既是自由，又是臣民的好人來說，其德行，比如說其正義，將不會是其中一種，而是由不同種類組合而成，有的讓他足堪統治，有的讓他得以服從，其差別就像城邦男女的節制與勇敢大不相同。一個男人所具有的勇氣，若是不過與勇敢的女人相等，不免被視爲懦夫；一個女人對其言語交談的自制，若是與自持的男人一樣，不免被認爲多話，而城邦男女在家計經管上的地位也是不同，一者務在獲取，另一則務在持守。統治者所應特有的德行是審慎，而其他諸如節制、正義與勇敢似乎必然是治邦者與受治者共享，臣民的德行肯定不是審慎的智慧，而是眞切的輿論意見，或許可以比做笛子的製造者，而主人就像是吹笛手或笛子的使用者。

第五章（1277b33-1278b5）

關於邦民還有另外一個問題：只有能參與政事的人才是眞正的邦民嗎？像是技工之類的人要被排除在外嗎？若是無從與聞政務者不能算邦民，那麼我們就會看到有一些邦民無論如何都無法獲得好邦民的德行，因爲這要求治人與受治的經驗；而如果這些技工匠人，不能稱作邦民，那麼，既不是僑居者，也不是外邦人的他們，又該歸入哪一個階層？我們是否可以說，如果奴隸從奴隸身分中得到解放者一樣是被排除，那麼技工匠人沒有可歸屬的階層並不足以爲奇。實情是無法把所有維繫城邦之必然存續的所有人，都納入邦民中。孩童「幾近要是邦民」的邦民身分，就與成人的邦民身分意義不同。成人絕對是邦民無誤，而孩童只在限定意義上可以說是邦民，這個保留著眼於其尚未成年。有一些城邦在古風時期，匠人階層完全由奴隸與外邦人組成，因此至今仍有許多匠人仍屬奴隸階層。最好的城邦體制不會把匠人視爲邦民，若是匠人可是爲某種邦民身分，則我們對邦民德行的定義就無法適用於所有邦民，無法只適用於那些擺脫日常瑣務，從而單純不過是自由人的邦民，對人來說，照料個別需求的奴隸是不可或缺；手工匠人的勞役對整個共同體也是有所必要，這些進一步的反思就能說明他們的地位，而要是理解目前已經討論的這些，也就足夠解釋了。

可是，城邦有各式各樣的體制形式，就一定會有各式各樣的邦民身分，特別是涉及邦民被作爲臣民而受治這個面向來說。是故，在某些體制中，匠人與勞役者會是邦民，而在其他體制則不會是，比如說，在所謂的貴族政體就不是。貴族政體依據德行與功績來授予名器殊榮，而以匠技或勞役營生的人是無從得此德行與功績的。而在對官職資格限定頗高的寡頭政體中，勞役者是不能成爲邦民的，不過多數身家頗豐的匠人或許是可以。在底比斯有一條法律規定，離開商界超過十年始得服官職。還有一些城邦則不惜給予外邦人邦民身分，在一些民治政體中，只要生母是邦民即可，許多城邦對於生父不詳的孩童也是採類似的原則。之所以如此是因爲本來的邦民人口短缺不足，要是邦民數目回升，立法就會緊縮，先是生父、生母其中之一是奴隸者就會被排除在邦民之外，接著是只承認生母爲邦民者具邦民身分，最後就會限於生父、生母都需有邦民身分。

因此，雖然有各式各樣的邦民身分再清楚不過，但一個人只有在與聞城邦政事，得享名器殊榮的意義上，才完全可以說是邦民。荷馬有言：「外邦之人，不得名器。」也就是說，被排除在邦國名器之外的人，幾乎就是外邦人。遮掩這樣的排除，不過是在欺騙世人。

而就好人的德行是等同好邦民的德行這個論題，上述的引證已經說明，在一些城邦，好人與好邦民是同一回事，而在其他城邦則不然。而在好人等於好邦民的地方，也不是所有邦民都要是好人，只要治邦者，以及那些或者單獨一人或者與其他人一起負責公共事務的人是好人即可。

第六章（1278b6-1279a21）

在這些問題得到論斷之後，我們接著要討論的是：城邦是只有一種體制形式嗎？還是有許多形式？如果是有許多形式的話，各是什麼？能達多少？彼此之間的差異又何在？

城邦的體制是對一個城邦中政事的制度安排，特別是最高的政事職掌。城邦的政事治理有至高地位，而城邦的體制實際上就是政事的治理。舉例來說，在民治政體中，邦民大眾是至高的；而在寡頭政體中，則是少數人執掌政事的治理，我們就會說這兩種體制是全然不同的，其他的狀況也是如此。

讓我們思考一下城邦的目的，以及人各種不同統治形式的結社。我們此前在討論家計管理與主人的統治時，就已經說過人本於自然而成政治動物，所以人即便不要求他人之助，也得群居生活，更別說，爲了企求各自的良善生活，共同的利益會把他們都聚合起來，這無論對個人還是城邦來說，都肯定是主要的目的。就算僅僅只爲了單純的生存，人也得聚合起來並護持政治共同體，畢竟只有在生存的苦難不至於壓倒生存的善好時，才可能會有更高貴的東西。即使經受巨大的苦難，我們還是都看到人依然堅持生存，彷彿生活本身自有其甜美與愉悅。

區別各種不同的統治並不困難，日常一般的大眾討論已經都對此有所界定。雖然主與奴本於自然，事實上利益相同，但主人的統治基本上著眼於主人的利益，偶有考慮奴隸，這是因爲若奴隸不繼，則主人的統治也無以爲繼。另一方面，妻孥與家計的治理，我們稱之爲家計的經營管理，則是著眼於受治者，以及各方之攸關緊要，不過基本上是爲了受治者，就像醫藥、鍛鍊與一般意義上的技藝，都只是偶然地關注技師自身一樣。訓練師當然偶爾也可以加入受訓，而舵手則一直都是海員團隊一員，訓練師與舵手固然都只致力於其所照看事務的善好，若他們偶爲受照看者一方，則也就分受其益處，舵手也是海員，訓練師亦成受訓者一員。政治的狀況就是如此，若是城邦的建制原則是邦民之間比肩平等，他們就會認爲應當輪流執掌官職，自然不過，而輪流掌政也會讓人們相信，其他人掌政時也會兼顧自己的利益，就像自己在掌政時也會兼顧他人一樣。然而今天，有些人因爲從經理公產與官職中得到好處，就想要持續職掌官職。我們可以想像這些統治者像是成癮一樣，得像不知道競逐什麼一樣繼續執掌政務，才會感到身體舒暢。結論顯而易見：關注共同利益的城邦體制，依據嚴肅自持的正義原則而建構；至於那些僅僅只關注統治者利益的城邦體制，都是有所缺陷，而且墮落的形式，可以說都是專制的體制，然而，城邦是自由人的共同體。

第七章（1279a22-1279b10）

在確定這些重點後，我們接下來要處理，政事的治理有多少種形式，以及他們各是什麼。首先要確定的是正道的形式，那麼其墮落形式也就清楚了。城邦的體制與政事的治理意義相同，政事的治理作爲城邦中至高的權威，必然是或爲一人所執，或爲少數人所執，或者由多數人所執。城邦體制的正道形式，從而就是著眼於共同利益而治的一人之治、少數人之治與多數人之治；但若是著眼於私人個別利益，則無論一人之治、少數人之治與多數人之治，都會是墮落的形式，畢竟城邦的成員若果爲邦民，則當分受城邦之益。一人統治而著眼共同利益的體制，是君主政體（kinship）；著眼共同利益而超過一人統治，但非多數的體制，則爲貴族政體（aristocracy），而之所以這麼稱呼，要麼因爲治邦者是最好的人，要麼因爲他們把城邦與邦民的最佳利益常存心中；而若是多數人出於共同利益職掌城邦，這樣的城邦體制就可以用通用的名稱來稱呼：共和政體。這樣的術語使用還有一個理由，一個人或者少數人，或能德行超卓，可是，一旦統治人數增加，就很難在各種德行上都臻於完美，軍戰之事或許是例外，因爲其德行在於戰士大眾。所以在共和政體中，擁有最高權力的是能務軍戰之事的人，也就是說，得能操持武器的人即是邦民。

上述的形式，各有其墮落的變體。就君主政體來說，其變體是僭主；貴族政體的變體則是寡頭；而共和政體的變體則是民治政體。僭主政體是一種只關注統治者自己利益的君主政體；寡頭政體則只關注富人利益；民治政體則只爲窮困之人效力。這些墮落的城邦體制無一爲邦民共同之善。

第八章（1279b11-1280a6）

然而對於這些城邦體制，還有一些疑難，需要再對其各自的本質進一步詳說。從事各種學科哲思性探究的人，不能僅僅只關注具體的形式，不應當掛一漏萬，而應當闡明每一個個殊的眞理。僭主政體，正如我反覆所說，是以一種主人式的方式來統治政治共同體；寡頭則是富人掌握了城邦體制；民治政體則是相反，由既無恆產，又別無手段的窮人（aporoi）成爲統治者。這裡就出現了第一個涉及剛剛所提出分類的疑難，如果民治政體是多數人的城邦體制，那麼如果此多數皆爲富人而掌握權力呢？同樣地，寡頭政體是少數人的統治，那如果窮人的數目比之富人要少，且因爲他們更爲強大所以掌握城邦權力呢？我們所提出對於城邦體制的分類，在遇到這些狀況時，恐怕不太能適用。

我們或許可以把兩個要素結合在一起，來避免這個理論困難：將富人限於少數，而用多數來界定窮人，據此來爲城邦體制定名：由少數富人掌握權力的就是寡頭，而多數自由窮人作爲統治者的即是民治政體，但這仍然會有困難。如果方才所提的城邦分類已經窮盡了城邦體制，那麼要怎麼去界定我們剛剛所說的城邦？也就是也就是富人比較多數，以及窮人比較少數，而各自掌握城邦的體制呢？

我們這個論證所要闡述的是，有鑑於富有者始終是少數，而窮困者始終比較多數這個事實，所以無論是寡頭或民治體制，統治者的數目，不管是民治政體中的多數還是寡頭政體中的少數，其實都只是偶然。若是如此，對形成兩種政體差異原因的理解，人們可能有所誤解，民治與寡頭的眞正差異是貧與富，在人們以財富而統治的地方，無論其數目是多數還是少數，都是寡頭政體；反之，民治政體則始終都是由窮人統治。經濟寬裕者一直都是少數，而多數人都是身無恆產所以無所牽掛的窮人，富人的恆產，窮人無所牽掛的自由，才是雙方在城邦各自宣稱其權力的根據。

第九章（1280a7-1281a10）

下一步，我們必須接著討論各自擁護寡頭與民治所特有的理據，以及寡頭與民治對正義各自的構思。所有人，無論是支持寡頭或民治，都堅持某種形式的正義，但他們的構思是不夠的，無法表述理念的全部。比如說，民治派認爲正義應該是，而且是平等地參與政務，然而這卻不是對所有人的平等，而只是平等人之間的平等；而寡頭派則認爲政務參與的不平等，既應該而且也是正義，可是這樣的正義卻也不是對所有人如此，僅對不對等的部分人如此。他們各有疏忽，所以判斷有誤，原因是他們都各執一端，而大部分人，在自身的利益牽扯進來時，都會做出糟糕的判斷。正義關乎對人或物的分配，我在《倫理學》中說過，正義的分配指的是人與人之間，物與物之間，一個均等的份額。民治派與寡頭派對分配物的正義並無異議，所爭執的是對人與人之間的分配，理由主要是我剛剛說過的，人對攸關自己的事會判斷失誤，也因爲論辯雙方所說的都是有所限且局部性的正義，但卻自己把對正義的構思想像成絕對。對論辯一方來說，如果某種不平等可以證成人與政務分配上的正義，比如說財富，那麼他們就逕自認定在所有事情上的不平等，都是正義；而對民治政體的擁護者來說，他們認定人生而無恆產，所以都是自由無所牽掛，這樣的平等是正義，據此就主張所有事情上的平等。一個關鍵的重點被遺漏了，擁護寡頭政體的這般理據是，人僅僅只就財富而彼此遭遇並結合在一起，而他們在城邦中參與政務的份額，應當與其財富等比例。這似乎言之成理，出一米那的人，無論是本金還是利息，要跟另外出九十九米那的人均分，似乎不太正義。可是，城邦的存在是爲了某種高貴生活，而不是爲了活著本身，假如活著本身就是目的，那麼奴隸跟野蠻的獸類也就都可以組成城邦了，但他們無法，因爲他們無從共享幸福，無從依其選擇生活。而一個城邦也不是爲了免於侵害，而出於結盟與安全之故而存在，同樣也不是爲了交換與彼此交流而存在，不然彼此有商業貿易協定的第勒尼人（Tyrrhenian）與迦太基人，就成了同一個城邦的邦民。他們確實在進出口事務上有所協定，彼此約定不損對方利益，也有成文的同盟條約，但交易雙方沒有共同的執政官員，也不像關注己方邦民那樣，關注對方城邦的邦民應該怎樣，也不會看對方是錯咎敗德與否，而只看其是否傷害雙方利益。可是，關注良善政治體制的人，會把政治德行與體制缺陷考慮進去，所以可以進一步推論的是，城邦要名副其實，必然會關注德行問題，沒有這個目的，整個共同體不過就只是成員在空間上靠得比較近的同盟，而法律也不過就是一紙合約，用智術師理高馮（Lycophron）的話來說，「彼此正義對待的擔保」，這並沒有能讓邦民得爲善好與正直的現實力量。

這事再清楚不過，假如把像是柯林斯（Corinth）跟墨伽拉（Megara）兩座城糾合在一起，使之比牆相鄰，依然不能把他們稱作一個城邦，就算通婚可說是城邦內共同生活的一個象徵，可是即便讓邦民通婚，雙城一家親，也不能說這是一個城邦。此外，如果人們彼此相隔一段距離而居，卻又沒有遠至全無往來，且又有法律讓彼此的交易不致生麻煩，這也不能說是城邦。若說有一個木匠，另一個農人，再一個鞋匠等等諸如此類，而總數達萬人之譜，但除交易與結盟等等，別無所共，並無法構成城邦。爲何如此？原因肯定不是因爲彼此之間的距離遠近，假設有一個共同體在一個地方聚合起來，其中成員就像是城邦一樣各有其家產，而他們之間僅止於彼此互助結成同盟，以應對侵犯行爲，彷彿問題只是防衛性地彼此結盟在一起而已，也就是說，假設他們在聚合起來，並據以互相往來的精神跟他們之前彼此有段距離相隔而往來的精神還是一樣，即便立基不同，依然沒有任何一個敏銳的思想家，會把這樣的共同體稱之爲城邦。於是很清楚，並不是居住在一個共同空間就可以稱作城邦，僅僅爲了避免彼此之間的侵害，與便捷交流也算不上城邦，雖然他們著實都是一個城邦要能存在的條件，但有了這些全部的條件，就其本身還不足以構成城邦。城邦是狀態良好的家計與聚落，爲了達致完美且自足的存在所構成的，而除非成員共居於一地並相互通婚，否則是無從完備達致城邦狀態的。有了這些必要條件，才有各種不同結社生活的制度：婚姻的連結、聚落宗族的形成、宗教性的集會以及娛樂消遣活動等等的出現。不過，這些制度都是自友誼而生，選擇一起生活就表現了某種友誼，但城邦的目的是高貴的生活，這些制度都只是達到目標的方法。因此，城邦是家計與聚落，處於一種完善且自足狀態的結合，我們以之所指的是一種愉悅且體面可敬的生活。

我們的結論是，政治共同體是爲了高貴的活動之故，而不是僅僅只爲了一起共同生活之故而存在。因此，對共同體卓具貢獻的人，比之擁有同樣或更多自由的人，比之同樣出身但政治德行稍遜的人，或者比之擁有財富更多但德行略欠的人，都應享有更大的份額。從以上所說，可以清楚看到，所有不同城邦體制的擁護者，在談及正義時都有所褊狹。

第十章（1281a11-1281a38）

對於城邦至高權力是什麼，也還有疑難：是邦眾嗎？還是富人？還是善好之人？抑或一個僭主？所有這些選項似乎都包含了令人無法接受的後果。比如說，若是窮人執至高權力，以其多數瓜分富人恆產，豈非不義？民治論者或許會說，不會的，諸神在上，至高權力當如是。可是如果這不是極端的不義，那什麼才是？若是不管怎樣的多數，去瓜分了少數成員的恆產，這樣的多數顯然會毀掉城邦，可是就像德行不會毀掉其擁有者，正義也不會毀掉城邦，所以這類充公的律法顯然不可能會是正義的，若這是正義，那麼正如強凌富人的邦眾，只憑其較高權力就強凌其他人的僭主，其一切所爲也就必然正義了。那麼，就讓少數的富人來掌權會是正義嗎？若是他們用同樣的方式掠奪邦民，這會是正義嗎？這若是可以接受，讓邦眾掌權也就可以接受了。毫無疑義，所有這些事情都不當如此而且是不義的。

那麼讓善好之人執掌至高權力呢？可是若是如此，所有被排除在權力之外的人也就無從得獲名器殊榮，城邦的官職是榮譽的名器，若是讓一組人一直持有，其他的人就無從得配榮譽。所以，讓最好的那個人統治呢？這依然會傾向寡頭，因爲無法得配榮譽的人數增多了。有些人會說，把至高主權授予個人、少數人或眾人都會出問題，就像人的靈魂會爲激情所惱一樣，所以授予人統治，不如授予法統治。可是律法本身也或者傾向寡頭，或者傾向民治，讓法律具至高權力，是又要如何讓我們擺脫上述困難呢？恐怕難免重蹈上述的結局。

第十一章（1281a39-1282b13）

大部分這些問題或許再論。但由邦眾，而非少數或個別秀異人等執至高權力，似乎更有正當理由，即便它有一些困難，但畢竟有其道理。對多數來說，即便不是各個人都是善好之人，但若從集體而非個別來看，他們聚集起來，就好過少數的善好秀異之人，就像多人各獻其力的饗宴，好過一人出資的饗宴。多數中的每一個個人，都具有一些德行，各擅長一些實踐上的智慧，倘若集結起來，就像是以某種方式化作一個多手多足，感官全能的人一樣，其性格與思想也同樣變化萬千。所以，比之單一個人，多數對詩藝與音樂的評判更佳，有些人懂這個部分，另外一些人則懂那個部分，合起來他們就懂了全部。一個善好秀異之人，像美之有別於不美，或者藝術作品有別於現實那樣的與眾不同，也是因爲在它身上有類似的結合現象，能把零散的要素結合爲一個整體，如果個別來看，藝術方式的呈現並不會比個別人的眼睛或其他部分來得更美。

雖然，這種造成多數與少數個別秀異有所別，品質結合的現象，能否適用所有民治政體，適用於所有邦眾的集結，還有待觀察。諸神在上，有一些狀況上是無法適用的，否則這個立論就也能適用於獸群了。因此，需要追問的是，人群與獸群之別何在？但確實對於一些人的群體來說，我們的命題是眞切無疑的，這麼一來，上述所提到的困難就可以得到解決了：多數並非富有，個別也沒有足堪一提德行的自由民邦眾，應當賦予他們什麼樣的權力？讓他們擁有城邦多數官職仍然有其危險，他們的愚蠢讓他們犯錯，他們的不入流會衍生罪惡，可是把他們排除在外的危險更大，一個城邦若是占多數的窮人被排除在官職之外，難免動輒得咎，唯一的出路就是授予他們審議政事與司法審判職能。因此索倫及其他一些立法者，就賦予他們選舉官職，問責執政官的權力，不過不允許邦眾獨立職掌官職。多數的集結讓他們的感知更爲全面，如能結合更佳的階層，就會對城邦有益，就像糙食如能與精緻飲食結合，比之少量精緻飲食，會讓身體更爲強健一樣，而讓個體個別去做，是無法形成完美的評判的。然而，民治的政體形式還是會遇上一些疑難。首先，持反對立論者會說，能判斷如何治療的人，也會是能自理其病讓自己健康的人，換言之，這裡說的固然是醫師，但所有的專業與技藝也都如是。因此，醫師當由醫師來問責，人一般來說也當由其同儕來問責。可是，醫師有三種，有一般從事醫療行爲的人、專精此項技藝的人，以及對此稍具素養的人，所有的技藝都有這樣一個稍具素養的階層，我們同樣也會像賦予專精技藝者一樣，賦予他們評判的權力。接著，同樣這個民治原則也適用於選舉嗎？持反對論者會說，一場選舉要是正義的，就要由具備相關知識的人來選，比如說，讓懂幾何的人選出幾何家；懂航行的人選出領航人，是故，即便個別的人在一些行業與技藝擁有一些選擇的能力，他們可能沒能比眞正懂的人更會選。因此，根據這種論調，無論是執政官的選拔，還是對他們的問責，都不應該交給多數人。然而這些反對意見，在很大程度上，我們之前給過的解答是可以回應的。如果邦眾不是完全墮落到底的話，即便個別人的判斷遜於專精人士，作爲一個群體整體他們的判斷選擇是同樣好甚至更好的。尤有甚者，有些技藝的產物並不是單單由，或者最好由擁有技藝的人來評判，也即那些其產物是由其實並不具有這種技藝的人來認可的技藝，比如說，居家住房的知識並不只限於建造者，換句話說，家居的使用者或其主人，實際上是比建造者更好的評判者，專司航行的人比木匠更識船舵好壞，而較之廚師，賓客是宴會上更好的評判者。

這個疑難現在似乎可以充分解答了，但還有一個類似的疑難。素質較次的人比之善好秀異之人，應該在相對較多的事務上擁有權力，聽起來似乎是件奇怪的事，特別是像選舉與問責執政官這麼重大的事。可是就像我所說過的，在一些城邦這些職能是授予邦民的，因爲邦民大會在所有這些事情是具有最高權力的。而人無論年紀，只要符合小小的財產規定資格，就能在邦民大會中有一席之地，而審議政事與裁決司法案件，雖然城邦中一些重大官職，像是財政官員或軍事將領，有更高的資格要求。上述疑難可以用同樣的方式來解決，民治政體目前的一些做法是有它的道理的，權力並不在陪審人、政務顧問或者邦民大會中的特定成員身上，而是在法庭、參議會與大會身上，前述的這些陪審人、政務顧問或者大會特定人，都只是整體的部分與成員而已。正是因爲這個理由，多數可以聲稱比少數擁有更高的權威，因爲由許多人所構成的邦民、參議會與法庭，他們的財產，集體來說大過一個或少數幾個執重大官職的人，這問題到此足矣。

在討論第一個問題時，已經再明白不過地指出，律法若是良好，就應該要是至高，而執政者或執政官所應該處理的只有那些法律因其是含括所有個殊的一般性原則，所以無法鉅細靡遺的事務。可是要是沒有清楚解釋什麼是良好的律法，老問題就依然繼續。法的好或壞，正義或不義，都必然伴隨城邦體制的變化而變，無論如何都一定會應城邦體制而變，若是如此，正道的政體形式必然有正義的律法，而變體墮落的政體形式，則必有不義的律法。

第十二章（1282b14-1283a22）

所有學問與技藝最終的目的都是某種善好，而所有學問與技藝當中最爲至高者，即爲政治這門學問與技藝，故其所追求之善好乃是最爲至高的善好。政治場域中的善好是正義，此即共同的利益。所有人都會認爲正義是某種平等，相當程度上也會同意我們對倫理的哲學探究：給予人當有之分配，以及平等者當得平等之對待。但這還遺留了一個問題：是什麼樣的平等？又是什麼樣的不平等？這個難題要求政治學上的思辨。有些人主張，城邦的官職應當依據邦民的優秀程度做不平等的分配，不論是哪一個特定面向上的優秀，也不管這樣的優秀邦民在其他面向上跟共同體其他人並無差異。也就是說，人們在某個面向上的差異，等比例地決定了另一個面向上不平等的分配，而這樣的分配是正義的。但若是此說成立，那麼一個人的膚色或者出身，乃至於其他優勢，都會是他得到更多政治性份額，擁有更大權力的理由。這謬誤一目了然，不妨用其他的技藝或學問來闡述。一群在技藝上是平等不分高下的笛藝手，沒有理由只因爲一個人的出身比較高貴，就得到比較精良的笛具，既然其笛藝並沒有比較出色，那麼比較精良的笛具應當留給笛藝更爲精良的笛手。若是這樣還不夠清楚，我們就再繼續推進。若是一個更爲優秀的笛藝手，可是容貌與出身卻遠遠不及，雖然比起笛藝，容貌或出身或許才是更大的善好，在這兩者上的優勢，也勝過在笛藝上的優勢，不過，還是應當把最好的笛具給他，除非財富與出身的優勢有助於笛藝上的優越，而顯然沒有。再者，若是此說成立，那麼，人的任何一種品質，或許都可以拿來與其他品質相互度量兌換。那麼，或許人的身形挺拔，也可以拿來與財富或更爲無所牽掛的自由相互度量，於是身形挺拔者較德行優越者更優，整體上的德行優越，恐還不及身形上的優勢，某種品質上的份額優於等量的其他品質，那麼非屬該品質者，也就能爲該品質的份額所衡量。顯然，並無法做這樣的換算。在政治上，人們不應當訴諸任何一種不平等，作爲職掌政治權力之緣由。理由很清楚，有遲緩的人，有敏捷的人，沒有理由爲什麼有些人得到的權力多，其他人得到的權力少，即便在競技賽事上，這樣的優越或許可以得到殊榮。確實，各種關於城邦官職權力的主張，都必須要基於有助於城邦之建構的要素，從而，良好的出身、自由的邦民或者財富都是有其道理的主張，一個城邦既不能完全由奴隸所構成，也就不完全由窮人所構成，所以執城邦權柄者，當爲自由民與身有恆產而能納稅的人。可是，如果財富與無所牽掛的自由是必要的要素，正義與果敢同樣也是，沒有前者，城邦將不復存在；沒有後者，城邦將無從營高貴的生活。

第十三章（1383a23-1284b34）

如果只考慮城邦的存在，上述的所有主張都是合理的，至少部分如此。但是如果我們考慮的是高貴的生活，那麼，就像我說過的，對教養與德行有更高的要求。然而，就像只在某個面向上的平等，不當訴求所有面向的平等一樣，僅在某個面相上的不平等，也不能要求所有面向上的不平等，所有依循這兩個原則的政體形式都是墮落的變體。我承認，所有相關主張都有其部分理據，但無一具有完全的正當。富人的主張是他們在城邦據有較多的土地，而土地是城邦共同生活的要素，此外他們一般來說也較爲信守契約；自由的邦民與出身良好邦民由於近乎相同，所以主張也是相近，比之出身低微者，出身良好者活得更像城邦邦民，而且好的出身往往在鄉里之間更受尊崇。另一個理由是，優秀先輩的後裔可能會是更好的人，好的出身可以說是門第上的優越。同樣地，來自德行的主張也是如此，我們已經認知到正義是一種社會性的德行，且它蘊含了所有其他德行，所以，多數就可以據此主張，跟少數相比，當多數集體聚集起來，他們更爲強大、富有與優秀。但是，如果更優秀的多數、富人、出身良好者或者其他組成城邦的階層，共同生活在同樣一個城邦中，那麼誰應當統治這個問題，還能毫無爭議嗎？在上述提到的各種政體形式中，確定誰應當統治是沒有疑問的，城邦政治體制的差別就在於其統治者：富人的統治或良善者的統治等等。可是當這些要素共存一地時，困難就來了，我們如何決定統治者？假設良善之人在數量上非常少，是否考慮到其人數與統治所涉及的職責，問問他們的足以管治整個城邦嗎？還是他們的人數足以構成一個城邦？這個問題不單針對訴求良善者的統治，對其他政治權力歸屬的主張也同樣成立。財富或出身的主張也不能說是合理，因爲如果根據這個原則，假如有一個人富冠城邦，那很清楚他就會是統治者。同樣地，出身優越於其他的人，也可以主張統治其他自由邦民了。在貴族政體中，也會有關於德行的類似困難，儘管其他人或許也是善好之人，但最爲秀異者也可基於同樣的正義原則，而主張應當統治他們。若是說邦民因爲比少數更爲強大，所以應當擁有最高權力，那麼假如有一個人，超過一個人，一群並非多數的人，強大過多數，就應該讓他們，而非讓多數來統治。

上述這些思考都證明，這些主張統治權力並使其他所有人盡皆臣服的主張，無一是對的。對那些基於其德行或財富而聲稱當是城邦統治者的人而言，多數或許可以回應說他們自身經常比少數更爲優秀與富有，這裡指的不是個別邦民，而是集體加總。另一個經常被提出來的問題，或許也可以以同樣的方式來看待，有些人會問，當想要制定最優秀法律的立法者面對我們曾經提過的例子時，應當著眼優秀者的利益，還是多數者的利益？我們或許可以如此答覆：正道應當理解爲不偏頗，平等的正道，而正道的平等應當從城邦的利益來考量，也就是邦民的共同利益，而邦民則是同時統治與受治的人，邦民在不同的政治體制中有不同的界定，而在最佳政體中，他是能夠且願意被統治，同時又能著眼德行生活而統治的人。

所以，假如有這一個或一群人，雖然數量不足以組成整個城邦，但其德行之出眾，讓其他人的德行與政治能力都不足堪比，這樣的一個或一群人就不能再視爲城邦一分子，畢竟如果把他跟德行與政治能力遠遠遜於他的人平等一視同仁，這對如此秀異者來說難稱正義，畢竟這樣的一個人簡直可以當成人中之神了。我們知道立法必然只涉及在出身與能力上平等的人，對這樣一個德行出眾的人來說，法律是沒有意義的：可以說他們自身就是法律，任何嘗試爲之立法的人都顯得荒謬。這裡或許可以援引安提西（Antisthenes）的寓言，群獸集會時，野兔開始高談闊論並呼籲所有獸類的平等，而獅子的答覆是：您的利爪與牙何在？也是出於這個理由，民治的城邦建立了放逐的制度，平等是他們最爲看重的東西，所以他們一段時間就會驅逐流放那些因爲財富、因爲受擁戴的程度或因爲政治影響力而顯得出眾的人。神話中所說，阿爾戈英雄（Argonauts）也是出於類似理由，而丟下海力克士（Hercules），之所以不讓海力克士上阿爾戈號，是因爲畏懼他一個人就遠勝船上所有人。這也是爲什麼人們譴責僭主培理安（Periander），怪罪他給同爲僭主的色拉敘布洛（Thrasybulus）的建言不甚公允的原因。據說當使者被派去徵詢培理安的意見時，培理安一言不發，只是叫人把黍田最爲高大的黍穗裁平，直至黍田一片平整爲止。使者對此動作百思不得其解，回報色拉敘布洛時，他悟出了對方是要他剷除城邦中最爲出眾之人。這不僅僅是僭主的便宜之計，類似舉措也不限於他們，在寡頭與民治政體中同樣也是必然如此。放逐的制度是同樣類似的舉措，它阻卻並放逐了最爲秀異的邦民。強權對於整個城邦世界也是如此，像是雅典人對撒摩斯人（Samians）、契歐斯人（Chians）、列斯博人（Lesbians）所做的事，雅典人一旦掌握帝國，就迫不及待撕毀條約踐踏盟友；也像當美迪亞人（Medians）、巴比倫人與其他邦國爲先祖的榮光記憶而鼓舞時，大流士王（King Darius）就會反覆鎮壓。

不論對錯，這個問題是普遍存在的，所有不同政治體制的城邦都會關注，只關注統治者利益，變體的政體會採取這類政策，那些尋求共同利益的政體也不例外。同樣的狀況也見於其他的技藝與學科，畫家不能給畫中的人物配上一隻不成比例的腳，即便這隻腳非常美麗；造船匠也不能讓船尾或船的其他部分過分地大；更不用說合唱隊的指揮者不能讓任何唱得特別大聲蓋過其他人。與其他城邦和睦共處的君主，如果其統治要著眼城邦利益，也難免用上類似強制舉措。因此，針對城邦公認的優越者，施以放逐的論據有其政治上的道理。當然立法者最好一開始就讓他的城邦無須這樣的補救措施，但假若有所必要，退而求其次就應當是藉由這類舉措，來加以匡正。確實，有些城邦並不是秉持這種精神，並不是爲了整個政治體制的良善而施行放逐，而是出於褊狹的考量。可是在政治體制的變體中，褊狹的利益考量即爲其正義，所以這類舉措也是正當而且合宜，雖然很清楚這並不是完全正當的。在完美的城邦中，放逐的做法存在很大的疑慮，無論是針對有超人力量者、鉅富者還是特有民望者，還是針對所有在特定德行上的優越者，那麼，對這樣的人應該怎麼辦呢？人們一方面說不能放逐或驅離，另一方面又無法使之爲臣民：這簡直就像是說人類宣布統治宙斯，然後一派輕鬆跟神人一起輪流統治，唯一的結果只會是人們依循自然法則，自在地服從統治者，而這樣一個神人在城邦中則終生爲王。

第十四章（1284b35-1285b32）

上述的討論自然引向了對君主制的討論，我們說這是正道政治體制中的一種。讓我們來看看，如果一個城邦或邦國要能良善地治理，是否應當要由君主來治理？還是應當由其他的政治體制來治理？以及是否君主體制只對部分城邦有益，而對其他城邦則不然？但首先我們要先確定是只有一種君主制，還是有許多種。不難看出，有許多種君主制，而其統治方式也各有不同。

就依據法律統治的君主制來說，斯巴達可以說是最好的例子。其王權只有在出征時才絕對無上，全權掌握。祭祀的事務也同樣由君主負責。王權事實上是一種統帥權，至高無上且終生掌握。斯巴達的君主沒有生殺大權，除了在戰時，像是古風時期君主出征時可以將人處死。荷馬就描述過，阿伽門農在邦民大會受到攻訐時還須忍受，但當軍隊開拔出征，他就掌生殺大權。他是這麼說：

> 誰若膽敢棄戰潛逃，屍身難逃犬狼禿鷲之口，但看我之定奪。

這是一種君主制的類型，終生的統帥之權，有些是世襲而來，有些則是選舉。

還有另一種在外邦常見，很像是僭主的君主體制，不過同樣依據法律統治，而且是世襲的。比之希臘各邦，外邦人奴性更強，不會對專制的統治造反，而亞細亞外邦的奴隸更甚於歐洲外邦。由於人民本質上是奴隸，所以這樣的君主制有僭主的本質，而且又因爲是依法且世襲，所以也沒有被推翻的危險，也因此君主的衛士像是君主制，由邦民所組成，而不是像僭主體制，是由傭兵組成，這是因爲君主制根據法律而統治自願服從的臣民，反之僭主所統治的是不甘願服從的臣民，所以前者可以從邦民中挑選衛士，後者則要防著邦民。

除了這兩種類型，還有第三種存在於古風希臘世界，可以稱爲民選邦主（Aesymnetia）。總的來說可以看作民選的僭主，跟外邦的君主體制一樣是依據法律，差別是它不是世襲。王位有時候是終生制，有時候是任期制，或者於完成某些職責時終結。比如說，密提林人（Mytilenians）就曾經在安提米人（Antimenides）與詩人阿喀烏斯（Alcaeus）進犯時，選出畢達庫爲領袖抵禦入侵，阿喀烏斯後來在自己的醉宴賦就說，密提林人選出這位僭主，並且痛斥：

> 既窮途末路，也無計可施，竟就齊聲擁載，奉低賤的畢達庫爲主。

由於都具有專制的權力，所以這些政治體制的形式都有僭主的特徵，可是就他們是通過選舉，而且得到臣民默認這點來說，他們基本上都是君主式的政體。

第四種君主體制見於史詩英雄時期，既依據法律而且世襲，其運作並得邦民的自願臣服。開基的君主往往在文明技藝或軍事作戰卓有貢獻，所以邦民得聚合成共同體，也或者君主開疆闢土，從而成爲邦民擁載的君主，權力得以爲其後裔繼承。他們統掌軍戰事務，若沒有祭司之設則也掌管祭祀之務。同時也裁斷法律糾紛，有的需要高舉其權杖宣誓，有的則否。古風時期他們的權力遍及城邦與邦國角落，甚至越出疆界。爾後這些君主漸漸不甘地放棄了這些特權，改由其他人執掌，在一些城邦甚至只保留了祭祀的權力，保留更多的話也就只有本邦疆域以外的領導權力。

以上就是四種君主制。首先是史詩英雄時期的君主政體，受到臣民擁戴但權力有所侷限，君主是軍事上的將領與司法上的首席，並且掌管祭祀事務；第二種是外邦人的君主政體，這是依據法律的世襲式專制政體；第三種則是所謂的民選邦主，這是選舉出來的僭主；第四種則是斯巴達的君主，終生掌權且世襲的軍事首腦。這四種形式的差異就如我此前所描述。

還有第五種君主統治，一個人掌管所有事務，可以說是讓掌理城邦或邦民的所有公共事務，這種形式可以比作家計的管理。家計的管理可以說就是一個家計單位的君主體制，而這樣的家邦君主即是對邦民或者多個城邦的家計式管理。

第十五章（1285b33-1286b40）

上述這些形式我們只需要討論兩種，斯巴達的王權與絕對的王權，其他大部分都落在兩者之間，比後者更少一點權力，或者比前者更多一點權力。可以歸結成兩個問題：第一，終生任職的統帥對城邦有益嗎？還是應該要把統帥官職限定在一個特定的家族，或者由所有邦民輪流？第二，讓單一個人擁有對所有事務的至高權力是好的嗎？第一個問題更多是法律的問題，而不是城邦體制的問題，終生的統帥制度或許可以同樣存在於各種政治體制中，因此目前可以忽略。王權的其他問題則是政治體制的問題，既是我們現在得要討論的，也是我們要看看其中的困難何在。我們可以從追問這個問題開始：讓一個最爲優秀的人來統治，是否比由最好的律法來統治更爲有益？

王權的擁護者認爲，法律只規定了一般性事項，而無法臨機應變，而任何一種墨守成文規範的學科都是謬誤的。在埃及，醫生被允許在處方開定之後的第四天變更處方，在此之前都會有風險。所以，一個依據成文法律而行事的政治體制很難說得上是最好的。不過，統治者肯定無法拋開存在於法當中的一般性原則，而且能免於激情的統治，較之無法擺脫激情的統治爲佳。法律不受激情干擾，而人的心性則難免爲激情所擺盪。然而，這或許會有人這麼回應，對於個別狀況的考量，個別的個人可是表現得更好。

這麼說的話，就會是一個最爲優秀的人應當要立法，但法律在未能切中要害解決問題時，就失去了權威，即便在其他面向上還保有權威。但是，若是法律未能全盤解決問題，或者解決得不是很好，那麼應該讓最優秀的人來決斷？還是由所有人來決斷？依據我們目前的邦民集會的現狀，是由邦民坐在一起審判、審議與決斷，而他們的裁決都是關乎個別事項。現在看來，集會中任何一個單獨個體，確實略遜於明智的人，可是整個城邦是由許許多多的個體組成，就像一場由所有賓客共同籌辦的宴會好過一個人張羅的宴會，所以跟任何個別人士相比，邦眾在許多事務上都會是更佳的裁決者。

而且，比之少數，多數更難腐化，就像比之大量的水比之少量的水更不易腐敗。個別的人易受憤怒或其他激情所擄，其裁決必然有所偏誤，但是很難設想一大群人會同時被激情所困，然後同時出錯，且假設他們全是自由的邦民，並且其行爲舉止從未犯法，並且只在法律有所疏漏之處加以塡補。如果要說邦眾很難有此德行，那麼，且假設城邦多數都是良善的人與良善的邦民，試問：是一個好的統治者比較不會腐化？還是良善的多數不易腐化呢？難道不是多數嗎？或許會有人說，邦眾之間難免黨派之爭，而單一個人就不會分裂。對此，我們可以回應，邦眾集體的品性是跟單一個人一樣的。如果我們把由許多良善之人的統治稱之爲貴族政體，若是可以找到一群在德行上約略等同的人，那麼其對城邦來說好過君主政體，無論政府體制是否藉由武力來維持。

政治體制之所以一開始會是君主政體，多半是出於其原始未開化之故，城邦聚眾既少，則優越德行者就相當罕見。也只有秀異者能廣被福祉，所以接著，他們因爲卓有功績所以被立爲王。但是當越來越多同樣在功業上可堪相比的人崛起，單一個人原有的優越就不再出眾，大家開始希望集眾成邦，並且建立政治體制。統治階層很快地開始變質，並且越來越搜刮公共財產自肥，財富成爲尊貴象徵，因此寡頭體制很自然就會出現，統治階層的聚斂成性，導致他們的數目不斷減少，這就助長了窮苦邦眾的增加，最終倒頭指向騎在他們頭上的人，建立了民治政體。因此，寡頭政體會變成僭主政體，而僭主政體又再變成民治政體。當城邦的規模已大，其他形式的政治體制就很難再出現。

即使要認定王權對城邦最好，那麼君主的後裔呢？繼承王位的子嗣呢？如果他們並不比任何人優秀，那麼豈非不幸。而若君主可以傳賢不傳子呢？這很難期待，畢竟有違人性。關於君王所雇用的武力也是一大難題，君主是否應該要組織一支近身武力，以鎮壓不順從者？若不如此，他要如何管治他的王國呢？即便他是恪守法律，不專斷行事，正正當當的君主，他也一定需要一支武力部隊來護持法律。在一個權力受限的君主體制中，這個問題不難解決：君主所擁有的武力應當勝過一個個體或更多個體，但不能大到與整個邦民匹敵，古人在任命民選邦主或僭主時，就確定了這個原則。所以，當狄奧尼西奧斯王要求敘拉古人給他一支衛隊時，有人就提議只該給他一定人數。

第十六章（1287a1-1287b35）

這裡得要迫切討論的是完全憑藉其意志行事的君主。就如我已經指出，所謂依據法律而治的君主政體，不是一種政治體制的形式，因爲在所有的政治體制，比如說在民治政體或貴族政體，可能都會有一個終生掌權的統帥，至高的一個人統掌整個城邦。這樣一種執政官存在於艾達諾斯，也存在奧帕斯（Opus），但後者的權力比較限縮。現在，很多人認爲，絕對的君主體制，在一個由平等人所構成的城邦，有一個凌駕所有邦民的專斷統治者，是有違自然的，其立論是，就自然而言平等的人，其就自然而言的權力與價值，也必然是平等的，因此，在城邦的官職分配上，對於不平等者給予同樣平等的份額，或者對於平等者給予不平等的份額，就像是對不同體質的城邦給予同樣的衣食一樣糟糕。這是爲什麼有人會認爲在平等人之間，所有人既統治也受治是正當的，因此，所有人都應當輪流統治。在此我們就來到了法律的問題，輪替的制度預設了法律。而法的統治，據稱是比任何個人的統治都更可取得，同樣這個原則，即便讓某一些人來統治是比較好的，他們也應該只是法律的守衛與監護。說所有人都是平等，那麼賦予任何一個人權威都是不正當的，因此城邦應該要廣設執政官職。確實也會有法律無從裁決的狀況，但同樣的狀況一個人也是無法裁決，而法律可以訓練執掌官職的人應對這種突發狀況，任命他們依據其最好的判斷，來裁決法律未所決斷之處。此外，經驗也讓我們可以對現有的法律做出修改。所以說，遵奉法律統治的人，更被認爲是遵奉神主與理性，而遵奉個人統治則多加了獸性，欲望是一頭野獸，激情往往誤導了統治者的心智，法律是不爲欲望所動的理性。其他技藝的類比是不恰當的，以醫病的技藝來說，有人說照著醫書治病的醫師不是好醫師，但沒有醫師會出於偏私的動機而背離理性：他們單純就收錢看病。但在位的政客不然，他們的作爲往往出於偏私與怨恨。而要是一個人懷疑他的醫師與其敵人勾結，而被賄賂來傷害他的身體，他還可以回頭翻查醫書典籍；醫生自己生病時，也會求助其他醫師；訓練師在自己進行訓練時，也會彷彿像是無法眞正判斷好壞，而且會被自己的情緒影響般地求助其他的訓練師。很明顯，正義就是不偏私，而法律就是不受情緒影響的中立。而因襲成俗的習慣法更有份量，且比之成文法律，它涉及更多重要的事務，單一個人的統治或許比之成文法律的統治更穩靠，但不會比習慣法的統治來得更穩靠。

況且，單一個人要監管這麼多的事務也絕非易事，他得要任命一些部屬，那麼，讓這些掌理政務的部屬一直存在著，跟君主因爲需要而任命他們，兩者的差別又在哪呢？正如我之前所說，如果一個人因爲更爲優秀而掌統治權柄，可是兩個優秀的人加起來好過一個，古諺有云：

兩人並肩同行。

阿伽門農的禱詞如是說：

願得如此良謀者十。

即便在現在這種有一些執政官負責裁決某些法律無法斷定事務的情況下，也沒有人質疑法律的權威，以及法律是決斷的最好方式，無論它事實上是否能如此。只是有些事情可以含括在法律之下，有些事情不能，而這就是最好的人統治好，還是最好的法統治好這個問題困擾之所在，人們所考慮的各種細節是無法含括在法律當中的。沒有人會否認這類事務的裁斷得要人來做，但應該要論述的是，不應該只有一個人來裁斷，而是由多人一起來裁斷。每一個曾經爲法律所訓練的統治者都能做出良好的裁定。說用雙眼看、用雙耳聽，雙手雙腳動起來的一個人，會遜於具有眾多眼耳手足的眾多人，未免太過奇怪。而事實上也已經有很多君主，致力於讓自己有很多眼耳手足，他們讓自己許多的朋友成爲自己治理邦國的同僚，這些人肯定是君主的朋友，若否，是無法探求君主心意的。可是，友誼也就暗示了相似與平等，所以，若是君主認爲其朋友當爲治國同僚，也就必然認爲他與之平等且與之相似，所以應當平等地與自己一起統治，這些就是關於君主體制一些主要的爭論。

第十七章（1287b36-1288a31）

但上述這些是不是只在某些狀況適用，而其他狀況不適用呢？就自然本身而有主人的統治、君主的統治或共和式的統治，是正義而且有其益處的，但僭主或其他變體的政治體制，就不是如此，因爲其存在悖於自然。現在，至少從我們上述所說的來論斷，在人們彼此相似與平等的地方，讓一個人爲所有人之主既不妥切也不正當，無論是否有法律，還是他自身即爲法律，也無論是優秀的人統治優秀的人，還是壞的人統治壞的人。即便一個人德行出眾，也不應當掌統治權柄，除非是特殊的狀況，這我此前已經略爲提過，現在要再加以說明。但首先，我必須要先確定，什麼樣的共同體適合君主體制、貴族體制與共和體制。

一群自然創造一個政治性統治所需要，在德行上優越群體的人，適合王權的統治；一群作爲自由邦民且能服從統治，而可以讓德行適足的一些人掌政治權柄，適合貴族統治；而一群擁有軍戰精神的邦眾，則適合共和體制的統治，邦眾輪流統治與受治，並根據法律，依其功績，授予官職給經濟寬裕的人，而若是一個家族或者某一些人，正好德行出眾勝過其他人，從而被授予至高王權，或者這樣一個邦民成爲君主，這也是正當的。畢竟，就像我此前提過，賦予他們權威不僅合所有城邦肇建者通常所提出的，對正義的構思，無論是貴族政體、寡頭政體還是民治政體；再者，也符合我們現在所確定的原則，畢竟殺掉、放逐或驅離這樣的一個人，或者讓他被統治都不太對。一般就自然來說，整體是優於部分，但這樣一個優越出眾的人卻偏偏不是如此，如果是這樣，唯一的辦法就是讓他擁有至高的權力，而且人們應當服從，不再是輪流，而是始終如此。這些即是考察君主體制及其各種形式我們所得到的結論，以及對它是否有利於城邦，對哪一種城邦以及如何有益這些問題的解答。

第十八章（1288a32-1288b5）

我們認爲，正道的政治體制形式有三種，而最好的政體必定是由最優秀者所掌治，有一個人、一個家族或者一群人，在德行上優越於其他所有的人，統治者與臣服者各得其所，並以此達致可欲的生活。在討論的一開頭，我們就指出一個善好之人的德行，必定與完美城邦中的邦民德行相同，一個人能夠通過教養與習慣，而眞正成爲善好之人，那麼，一個由貴族或君主統治的城邦，也能以同樣的方式與方法，培養出治邦者或者君主。

在得到這些結論後，我們得要進一步討論完美城邦，以及它是如何出現與建立的，而假如我們要以適切的方式探究，我們必須……

卷四　現行的政治體制及其各種形式

第一章（1288b10-1289a25）

所有學科與技藝，如果不是僅只著眼於某一部分，零碎片段的探究，而是對某一類別主題的完整關切，就會有專屬部分主題，特定專屬技藝與學科。比如說，鍛鍊的技藝所探究的不只是適合各種不同身體的不同最佳模式（最佳的鍛鍊模式必然適合資質最佳，且生活條件最佳的身體），也要探究適合多數人的一般鍛鍊模式。而如果一個人所要的不是他們無法達致的，適於競技的身體狀態與神乎其技，那麼就會有能夠傳授較爲低階鍛鍊的訓練者或導師。同樣這個原則也適用於醫藥、造船與製衣，以及一般所有的技藝。

因此，很明顯治理也是專屬特定主題的學科，它得要探究最佳的治理，以及假如沒有外在干擾，這樣的治理應當爲何，最能符合我們的熱切期盼，還有哪一種治理最適合特定的城邦。然而現實常常無法達致最佳的治理，所以，眞正的立法者與治邦者所得要熟習的不僅僅只是抽象論理上的最佳治理，也要懂得相對於特定環境最佳的治理。我們得要更進一步去討論一個城邦在特定環境是如何建構起來的，它一開始是如何形成以及當它形成之後要如何才能永續長存，這樣的城邦沒有最佳的體質，也沒有最佳治理的必要條件，甚至在特定環境之下稱不上是最佳，而只是一種次階的城邦型態。

再次，我們應當理解最適合一般城邦的治理形式，對一些政論者來說，雖然他們有絕妙的構思，但經常是無法付諸實行。所以，我們所要探究不只是哪一種治理形式最佳，也應當探究最有可能的形式以及最能爲所有城邦達致的形式。有些人只論最佳的城邦形式，可是這需要許多天成條件；有些人討論更能達致的城邦形式，但他們貶斥他們當下所有的城邦體制，而特別讚揚像是斯巴達這種外邦體制。從當下的體制著手引入任何體制的變革，都要是能讓人願意接受，並且能夠採行的變革，改革舊體制的困難度，並不下於創建一個新的體制，就如溫習並不比重頭學起容易一樣。因此，除了此前提過的素質以外，對於現有體制的弊端，治邦者也應當要有應對能力，這此前也已說過，但治邦者除非通曉各式各樣的城邦體制，而不是人云亦云說只有民治與寡頭兩種體制，否則也是辦不到的。對於這個應當要避免的誤解，我們必須確定城邦體制中的差異，以及其各自構成的不同方式。同樣這個政治洞見會讓人知道哪一種律法是最佳的，以及哪一種律法是適合各種不同的體制，畢竟律法既是也應當要是參照體制而架構出來，而不是倒過來讓體制參照律法。政治體制是對一個城邦中掌握權力之官職的安排與組織，並確定統治主體之所在以及共同體的目的。可是律法不能跟體制的原則混淆，它們是執政官據以掌治城邦，用以懲治違法的法則。單只爲了創建律法，我們就得要了解各種不同的治理形式，有多少變體以及各自有哪些形式，同樣一種律法不能等同觀之，用在一切的寡頭與民治政體上，畢竟，不管是民治還是寡頭，都肯定不止一種樣態。

第二章（1289a26-1289b26）

在一開始對政治體制的討論中，我們將之區分成三種正道的形式：君主政體、貴族政體與共和政體，以及三種相應的墮落形式：僭主政體、寡頭政體與民治政體。我們此前已經說過君主政體與貴族政體的統治，探究最佳城邦跟討論這兩種如是命名的政體形式是同一件事，因爲這兩者都蘊含了外在條件所提供的德行原則。我們也已經確定貴族的統治與君主的統治彼此差異之處，以及什麼時候可以著手打造君主政體。接下來，我們得要開始勾勒所謂的共和政體，它也同時是所有一切政體的通稱，以及其他的僭主、寡頭與民治。

很清楚上述三種墮落政體哪一種是最糟糕的，而哪一種是次壞之的。最爲原初與神聖政體的墮落形式必然是最糟糕的，王權的統治，如果不是虛君而治的話，就必定憑據某些個人性的卓越而存在，所以僭主是最糟糕的政治體制，與良善的政治體制形式的落差必然最大；寡頭稍微好一些，但與貴族政體仍有一段距離，而民治政體是三者之中相對可以忍受的。

前人已經做過這些區分，但其觀點與我們不甚相同。其主張是，所有的政體皆有好與壞，而在所有好的政體中，民治是最糟糕的政體，但它卻是所有壞政體中的最好的政體。對此，我們認爲，所有的政體無論如何都是有缺陷的，與其說一個寡頭政體好過其他政體，不如說它相對來說沒有那麼壞。

當下這個問題不用再繼續深入，我們先來確定政治體制有多少種類（民治與寡頭也都有好些類型）；哪一種政治體制是一般最能接受的、哪一種次於最佳城邦的政治體制是可以接受的。此外，還有其他具有貴族色彩並能良善統治，且同時能爲一般城邦所接受的政治體制，以及也必須追問不同邦民各自最適合的其他政治體制形式，畢竟對一些人來說，民治政體或許更能滿足需求，而對另一些人來說則是寡頭政體。接著，我們得要探究一個期待特定政治體制形式的人，要以什麼方式進行，無論是民治還是寡頭政體。最後，在盡力簡短討論這些主題之後，我們還要確定政治體制得以存續，以及崩潰的一般以及各自分別的模式，以及所要歸咎的原因。

第三章（1289b27-1290a29）

政治體制之所以具有許多形式的原因在於一個城邦包含了許許多多的要素。首先，我們看到所有的城邦都是由家計單位構成，而在邦眾當中必然有富有者與窮困者，以及中產階層。富有者擁有重裝武力，而窮困者無；而在一般邦眾當中，則有從事莊稼農事的人、行貿易通有無的人以及具有特殊技藝的人。顯要在財富與家產之間也有所差別，比如說，飼養的馬匹數量有別，畢竟如果不夠富有，是無法負擔。所以舊時，主力在於騎兵，以之與鄰邦抗衡的城邦都是寡頭制，像是埃利斯人（Eretrians）與卡西迪人（Chalcidians）、門德雷斯河（Maeander River）上的馬格涅西人，以及亞細亞的一些民族。除了財富上的差距，還有門第與功績上的差別，有一些要素我們在處理貴族政體，詳述一個城邦的基本要素時我們已經提過。這些要素或多或少地由城邦所共有，由於彼此各自的組成有所不同，所以很明顯必定有許許多多種體制形式。政治體制是對掌握權力之官職的安排與組織，邦民依據不同階層所擁有的權力（比如富人與窮人），或者依據某些含括兩者的原則，而彼此分配權力的體制。所以，有多少種依據優越與城邦各部差異以安排官職的模式，就會有多少種體制的形式。

而一般認爲有兩個主要的形式，就像人們會說風有兩種，北風與南風，其他的風都只是其變體，因此政治體制也可以說只有兩種形式：民治與寡頭形式。而作爲少數人的統治，貴族政體可以當作某種寡頭；而所謂的共和政體實際上是民治政體，就像西風是北風的變體，而東風是南風的變體那樣。類似的說法還有，曲調只有多利亞調與弗里幾亞調兩種，所有的曲調組合都可歸於其中之一。關於政治體制這是一個相當廣爲接受的說法，但無論是曲調還是政治體制，更好與更適切的做法是如我所做的，先區分出一或兩種正道的形式，其他的形式則都是墮落的變體，不論是最爲動聽的曲調還是最爲優良的體制：越是緊繃逼人的是寡頭，而越是鬆散溫和的則是民治。

第四章（1290a30-1292a38）

不能像某些人所好論的那樣，說民治政體單純只是多數人當政的體制形式，畢竟在寡頭政體，實際上在所有政體中，都是多數人當政；同樣也不能說寡頭政體就是少數當政的政體。假若一個城邦的人口總數爲一千三百人，有一千人富有，且不讓剩下窮困但自由無所牽掛三百之數與聞政務，是不會有人說這是民治政體的。同樣地，在窮困者爲少數，而富有的家計之主數量多於他們的情況下，若是富有的多數無從與聞政務，也不會有人稱這樣的政體是寡頭。所以，我們應該要說，自由無所牽掛的邦民爲統治者的政體是民治的政體形式，而寡頭則是富人當政的政體形式，而自由無所牽掛的邦民爲多，富人爲少純屬偶然。否則，若是有一個體制依據身高分配官職，有人說艾塞比亞（Ethiopia）就是如此，或者依據容貌分配官職，就都算是寡頭了，畢竟身高高與容貌好都是少數。然而寡頭與民治不能單以財富與無拘自由這兩個特徵來充分區分，兩者都包含了其他許多要素，所以我們得要進一步分析；而如果在一個體制當中，少數無牽掛的邦民統治多數並不如此的邦民，這樣的體制也不能說是民治政體，就像愛奧尼灣上的阿波羅尼亞（Apollonia），還有錫拉（Thera）的狀況（在這些城邦中，是由顯貴，也就是第一批的移民執掌政務，雖然如此他們仍是少數）。而若是數量較多的富人執掌政務，也不能說是民治，如同過去克羅豐（Colophon）的狀況，當地大多數居民在利底亞戰爭前都身懷鉅富。於是，一個體制由自由無所牽掛、窮困且多數的邦民統治時，才是民治政體；而由富有的同時是少數的顯貴所統治，才是寡頭政體。

我已經指出，有許許多多種的體制形式，並解釋了其緣由何在，爲什麼會有比前所提及更多的類型，各是什麼以及爲何而生等等。現在我要從得到公認的原則開始繼續探究，也就是每一個城邦都包含不僅僅一個，而是多個部分。如果我們要說動物的不同類屬，首先要說對所有動物來說不可或缺的官能，比如說一些感官官能以及接受與消化食物的器官，像是嘴與胃，還有運動的官能。假設現在就有這麼多種官能，而他們各自有所不同，我指的是不同類型的嘴與胃，以及感官與運動官能，那麼這些差異的可能組合，就必然會造成許許多多種類的動物（畢竟有著不同種類的嘴巴與耳朵的動物不會是同種）。窮盡所有這些組合後，有多少種必要官能的組合，就會有多少種動物。政治體制的形式同樣也是如此，我一再指出，城邦是由許許多多，而非一種要素所組合而成。有一個要素是生產糧食，可以稱之爲農事階層，還有一個階層是從事各種技藝的匠人階層，沒有這個階層城邦就無法存續，這些技藝有些是絕對必要的，而有些則是奢華或優雅生活所需。第三種是貿易階層，指的是那些從事買進賣出的人，無論是商業還是零售貿易。勞動階層是第四種，而軍戰階層則是第五種，如果一個邦國不願成爲入侵者的奴隸，他們就都跟其他階層一樣不可或缺，畢竟怎麼會有一個城邦甘負其名，寧爲奴隸呢？城邦是獨立而且自足的，但奴隸是獨立的反義。所以儘管《理想國》別出心裁地處理了這個主題，但我們可以發現這並不令人滿意。蘇格拉底說一個城邦由四種絕對必要的邦民所構成，這些是織匠、農人、鞋匠與築匠，後來，發現這樣並不足夠，所以他又加了鐵匠以及看照必要牲口的牧人，然後是商人還有零售商。所有這些構成了初始的城邦，彷彿這些有待鞋匠與農人的城邦，只是爲了生活之必須，而非爲了善好而起造。直到家邦的規模擴張，開始侵擾鄰邦疆土，彼此陷入戰事時，蘇格拉底才意識到需要軍戰階層。然而，即便一開始的四種邦民階層，無論後來附加進城邦的階層有多少，都一定要有一個專事裁斷，斷定是非的基層，而就像比之肉身，靈魂才是任何動物之爲動物的部分，城邦更爲高階的衛士階層、專事司法裁決的階層，以及專屬政治特殊事務的政務審議階層，比之城邦其他職司生活之必需的部分，對城邦來說更爲重要。無論這些事務分屬不同邦民，還是單屬同一階層邦民，並無關緊要，經常可以發現同樣一批人既是軍人又是農人。高階與低階的要素同樣都是城邦的部分，而無論如何，軍戰階層這個部分都必須要被含括進來。

還有以其財產資助城邦的富人，這構成了第七個階層。第八個階層則是公共事務的管理者，沒有這些實際的統治城邦就無法存續，於是就必要有一些能夠執掌官職，爲城邦效力的人，無論是永久職還是輪流。還剩下一個審議裁決爭端的階層，我們現在就要更清楚地闡述這個階層。如果所有這些要素的存在，其妥切與同樣不可或缺的組織，對城邦來說是必要的，那麼就必定會有一些身兼治邦者能力的人，而城邦不同的機能經常會結合在同一個人身，例如，軍人或許也是農人或是匠人，參議者同時也身兼裁決者，而所有人都聲稱具備政治能力，認爲自己可以勝任大部分的官職。不過，同一批人不會同時是富人又是窮人，而出於這個理由，富人與窮人就特別被視爲城邦的部分。再次，因爲富人一般來說數目較少，而窮人占多，而他們又似乎彼此對立，彷彿誰占優勢誰就決定體制形式，所以才會有城邦體制有民治與寡頭兩種這樣的通說。

我已經解釋過許許多多的政治體制形式及其原因。現在我要說明，民治與寡頭同樣有許許多多種類型，實際上，從先前已說過的，不難得知。在一般邦民與顯貴者中，包含了許許多多的階層，就一般邦民來說，一個階層是農人，另外還有匠人，接著還有從事買進賣出的貿易商人，再次還有專務遠航的階層，無論是爲了進行戰爭還是進行貿易，也無論是專事擺渡還是漁獲，在許多地方，這樣的階層構成了相當數量的人口，例如塔林敦（Tarentum）與拜占庭（Byzantium）的漁民、雅典船艦上的水手、埃伊納（Aegina）與希俄斯的貿易商人以及提涅多（Tenedos）的擺渡人。除了上述提到這些，還要加上終日勞動的人、因爲汲汲營生而沒有閒暇的人、雙親都並非自由邦民的人，以及其他類似等不同類型的階層。而顯貴者則因財富、出身、德行、教育與其他類似的差異，也有所分別。

所有民治政體中首先出現的，可說是嚴格立基於平等的形式。在這樣的民治政體中，法律主張富人與窮人誰都沒有占優，彼此也不主宰對方，雙方平等。就像某些人所認爲，自由與平等是民治政體的主要原則，那麼所有邦民同樣都能最大程度地與聞政務，就能達致自由與平等。而由於邦民是多數，多數的意見至關緊要，所以這樣的政體必然就是民治政體。還有另一種民治政體，執政官依據一些低度的財產資格而被選拔，具備所要求財產額度的邦民就能與聞政事，而失去這樣財產額度的人就會失去其權利。另外一種形式則是所有合格的邦民都能與聞政事，但律法才具有至高地位。還有一種形式，所有人只要是邦民，就被允許參與政務，而法律同樣具有至高地位。第五種民治政體形式，則是其他面向一樣，但具有至高權力的是邦眾而非律法，邦民的裁定取代律法，這是煽動人心的民粹領袖所造成的結果。在一個以律法爲準的民治政體中，最佳的邦民占據首要地位，沒有民粹領袖的空間，一旦律法不再具有至高地位，民粹領袖也就趁勢而起。邦眾成爲一人的統治，多合成爲一，多數並不是作爲個別個人而掌有權力，而是集體掌有權力。荷馬有云，「多人之治不爲善」，固然他所指的是這種統合爲一的統治，還是指許多個體的統治，並無法確定，但總之，這類不再能由律法控制的民治政體，實可謂一人統治的政體，將會往一人統治的方向擺盪，並漸漸變成專制主，奸佞得道，這類民治政體之於其他民治政體，就像僭主政體之於君主政體一樣。兩者的精神是一樣的，同樣都對更好的邦民施加專制的統治，邦眾如一人統治般的裁決就相當於僭主的敕令，民粹領袖就好比僭主的奸佞寵臣，與僭主同出的佞臣，以及與此一民治政體同出的民粹領袖，兩者都具有巨大的權力，民粹領袖挾邦眾大會凌駕律法，砲製出邦民的裁決。於是他們的權勢就越加坐大，因爲邦民以爲掌握一切，以爲他們的投票掌握一切，其實全爲民粹領袖所操縱。這些對執政官有所怨懟的人會說，「就讓人民來公斷吧！」而邦民自然也樂於接受，這就折損了所有官職的權威。這樣一種民治政體飽受抨擊，被認爲根本不能算是一種政治體制，畢竟，律法應當具有至高地位，而執政官應當裁決個殊狀況，只有這樣才能算得上政治體制。如果民治政體確是一種體制形式，那麼這樣一種所有事務都由邦眾裁決的體制，甚至不能說是眞正意義上的民治，畢竟邦眾的裁決只應關於個殊狀況。

此即民治政體的不同類型。

第五章（1292a39-1292b21）

至於寡頭政體，同樣也有不同的類型。一種是爲官職訂下財產資格，如此則即便窮人具有多數，也無從參與政務，只有符合財產資格要求的人才能與聞政事。另一種則是官職設下頗高的資格要求，而統治集團的空缺則由內部選拔來填補。若是這類選拔限於合格的邦民，這類寡頭體制就傾向於貴族政體，若是只由特選的階層中選拔，則近於寡頭政體。還有一種寡頭政體是父死子繼，這第四種像是世襲的形式，執政官至高而非律法，這樣的寡頭政體之於其他寡頭政體，就像僭主政體之於君主政體，也像上述最後一種民治政體之於其他民治政體，事實上這類寡頭政體實在應當稱之爲「世襲」。

其他還有一些不同種類的寡頭與民治政體。然而，應該要記住的是，許多依據律法而創建政治體制的城邦，雖然並非民治式，但由於邦民的教養與慣習，卻具有民治色彩，反之，在其他政治體制偏向民治的城邦，也同樣因城邦的教養與慣習，而具有寡頭色彩。在城邦體制大舉變革之後，經常發生的狀況是，政治體制的氣質不會立即改變，起初主導占優勢的黨派，只要能稍微兼併其反對派，也就心滿意足了，即便主導變革的人掌握權力，但過去的律法仍然持續發揮影響力。

第六章（1292b22-1293a34）

從上述所說，我們可以穩健地推論，有許許多多的民治與寡頭政體。必然要麼上述所提的所有階層都能與聞政務，要麼只限於部分階層，而其他無從參與。若是農事階層與擁有適度恆產的階層掌握至高權力，政治體制就能依據律法治理。因爲勞碌生活的邦民沒有閒暇，只能在必要之時參與邦眾大會，於是就奠定了律法的權威。取得法律規定資格的人都能得到參與政務的資格，所有取得財產規定資格的人都能被允許參與政治體制。對任何一個特定階層的完全排除固然具有寡頭色彩，但除非有收入的支持，否則沒有支撐參與政務的閒暇，這是民治政體的一種類型，其產生原因也如上述。另一種類型基於次序上自然出現的區分，在這類民治政體中，每一個出生無疑義的邦民都有資格，但實際上只有閒暇的人才會與聞政務，因此在這樣一個民治政體中，由於城邦無法給付邦民的公職服務，律法被授予至高權力。第三種類型是所有的自由邦民都有權與聞政務，但出於上述理由事實上並非如此，而在這種形式中同樣也是必須由律法來統治。第四種民治政體在城邦歷史上最晚出現，當城邦的成長超出原本的規模時，其收入增加，所有的邦民於是都在城邦中占一席之地，邦眾得到了巨大優勢，包含得到津貼的窮人，他們都得有閒暇行使與聞政事的權利。事實上，如果窮人可以得到津貼，不再爲操心生活而受阻，邦民共有的閒暇就會最大化，而這經常抑制了富人，無從在邦民大會或法庭上得有其位，於是整個體制慢慢爲多數的窮人所控，而不再爲律法所控制。此即如此多種類的民治政體，及其勢所必然的原因。

而就寡頭政體來說，第一種形式是，邦民大多數都有不算太多，但足以達到參與政務要求的私產，也由於能與聞政務的人數眾多，所以必然是依據法律，而非依據人來統治，由於執掌政務人數的比例遠遠低過君主形式的政體，而所擁有的私產水平又沒有讓邦民得以無須謀業維生，可是也沒有少到需要城邦接濟，所以，他們必然得要承認法的統治，而不是宣稱他們自己在統治。但是，如果城邦中的財產分配向有產者傾斜，導致擁有一定份額私產的邦民人數減少，擁有的私產比例增多，那麼就會出現第二種寡頭政體，他們權勢越大，所要求的權力就更多，他們既以此爲目標，其他階層的人要進入體制，就得先得層峰恩准，不過，他們還是得藉由法律才能遂其意志，畢竟還沒勢強到足以擺脫法律而治。當這樣的權力，因爲其他邦民擁有的私產比例減少，掌握權力的人數減少，而進一步集中時，就會再出現第三階段的寡頭政體，統治階層一手掌握官職，另一方面立法，讓子嗣可以承襲父業，統治者若然擄獲如此巨大財富，而朋黨聚集，這類的家族專制就已經接近王權了，而且是個別的個人來統治而非法的統治了，這是最末一種寡頭，可類比作最末一種民治政體。

第七章（1293a35-1293b21）

除了民治與寡頭，還有兩種政體形式。其中之一是一般公認，在寡頭、民治與貴族政體之外，可以算作第四種主要政體形式的君主王政。然後還有第五種政體，它保留了城邦政治體制的通用性名稱，這個分類並不常見，所以往往被嘗試囊括所有政體分類的人所忽略，像是柏拉圖在他關於城邦的著作中，就只說到四種分類。「貴族政體」這個分類相當適合用來描述我們此前所說過的一種城邦政體形式，一個政治體制只有在完全由最優秀的人職掌政務，而不是一般所謂的好人，才算得上貴族政體。在完美的城邦中，好人必然會是好的邦民，而在其他城邦，這就要看其城邦政體形式。有一些城邦體制既不同於寡頭，也與所謂的共和政體不盡相同，它們可以稱之爲貴族政體，其中執政官是依據其身家財富以及功績來選拔，這樣的政體形式就有別於前述兩者。城邦中著實不乏德行功績優越，因而聲名卓具的人士，不過不是所有城邦都單把德行視爲共同體目標，像是迦太基會把財產、德行與民望列入考慮，這也可以算是貴族政體；而也有考量三者其二的城邦，像是斯巴達就考量德行與民望，讓民治與德行兩個原則彼此混合。除了上述第一種形式與完美城邦這兩種政體形式以外，還有第三種，比之一般所謂的共和政體更傾向於寡頭的政體形式。

第八章（1293b22-1294a29）

接下來要談談一般所謂的共和政體以及僭主政體。之所以這樣安排次序，並不是因爲一般所謂的共和政體是上述貴族政體的墮落形式，實情是相較於最完美的政體形式，它們或多或少都有缺陷，所以才被歸入墮落的形式中，這些實際上是我一開始所討論的那些政體的墮落形式。最後我會討論僭主政體，我將之列到最後是因爲我探究的是城邦的政治體制，而僭主是政治體制中最爲反常的一種。

在解釋了爲什麼採取這樣的順序後，接著要進一步討論共和政體，在界定寡頭與民治之後，可以更清楚此一政體的本質，它一般來說可以看作寡頭與民治的混合，不過一般用這個分類指的是更偏向民治的政體，而貴族政體則指更傾向寡頭的混合政體，畢竟出身與教養良好一般來說是伴隨家產而有之，也由於富人已經擁有了會誘使人犯罪的一切，這是他們被視爲高貴與縉紳之士的原因。人們會說貴族政體是給予最優秀的邦民顯要優勢的地位，可是寡頭也同樣是由高貴與縉紳之士所組成。既然有人說一個城邦不由最優秀的邦民統治，而由糟糕的邦民統治，是不可能治理得好的，那麼也必須記住，良善的律法如果沒有邦民眞心願意遵守，也不可能創造良好的城邦體制。因此治理得好的政治體制在於兩者，一是邦民眞心願意服從律法；二是其所遵守的律法也是良好的，因爲人們會遵守良好的律法，但也同樣會遵守差勁的律法，而遵守良好的律法又可以再細分爲二，或者他們遵守其能力所及的最佳律法，又或者遵守絕對意義上的最佳律法。

貴族政體所特有的一個特徵是依據德行來分配官職，由於貴族政體的原則是德行，就像寡頭政體的原則是財富，而民治政體的原則是無所牽掛的自由一般。無論是寡頭、貴族還是民治政體，都是由得與聞政事的多數掌握權力，擁有權威。當前還有許多城邦存在所謂的共和政體，其也不過就是混合窮人無所牽掛的自由，以及一般來說取代高貴人士地位的富人財富。人們在一個政治體制中宣稱得要平等共享的不外乎自由、財富與德行（至於第四種身家良好，其實後兩者，父祖輩的財富與德行的結果），窮與富的這兩個要素的混合就可以稱之爲共和政體，而如果是三者的混合就可以稱之爲貴族政體，比之其他政體形式，也除開正道與理念上的政體形式外，這類混合政體更爲名實相符。

至此我們已經闡述了除了君主、民治與寡頭之外的其他城邦政體形式，以及貴族政體之異於其他的緣由，還有共和政體之異於貴族政體之處，很明顯後兩者並沒有非常大的差別。

第九章（1294a30-1294b41）

往下要繼續討論的是，有別於寡頭與民治的共和政體是如何出現的，以及應當如何加以組織。其本質可以同時由與寡頭政體以及民治政體的比較來理解，我們得要確認其各自不同的特徵，並從之各自擷取部分，使之像契約信符般可以合併起來。政體這樣的混合可以採取三種模式，第一種模式是結合兩種政體的律法，例如就司法審理來說，寡頭政體對於不出席審理的富人加以罰款，而對窮人則不提供津貼；但民治政體則給予窮人津貼，而對不出席審理的富人則不罰。兩種政體形式的結合是於其中取折衷，兩者的混合可以說就是共和政體的特徵，這是一種結合兩者的模式。還有一種兩類政體取其折衷的方法，民治政體對於邦眾大會的參與，並不要求財產資格，或只有很低門檻的要求，寡頭政體則有很高的要求，兩者固然全無共同之處，但可以取其折衷。還有第三種結合模式，它從寡頭政體的原則借用一些，再從民治政體的原則取用一些。比如說，抽籤任命執政官可以說是具有民治風格的，而以選拔的方式則是寡頭政體的作風；沒有財產門檻要求的是民治政體，寡頭政體則有。在貴族或者共和政體的城邦，其政體的組成可以各自從兩類城邦擷取，從寡頭那邊擷取選拔原則，而從民治那邊擷取低門檻的財產要求。此及各種不同的混合模式。

如果同樣一個城邦，既可以看作民治政體，也可以被歸類於寡頭政體，就是兩類政體眞正的結合了，兩種分類都說得通就代表其完全的結合，這樣的結合在同樣的一個折衷都可以看到被結合起來的兩端。比如說，斯巴達的政治體制由於具有許多民治特徵，經常被說是民治政體，首先其青年的教養頗具民治風氣，窮人的子嗣是跟著婦人的子嗣一起被撫養，他們所受的教養方式是一樣的，而在往後直到長大成人的成長過程中，也可以發現同樣的平等風氣，窮與富之間並無差別。同樣地，在公餐桌上他們吃同樣的食物，富家子弟也只能穿著窮人子弟所能負擔的衣著。至於城邦中兩種最高的官職，元老一職由邦民選舉出來，而監察官一職則由邦民共享。但斯巴達的政治體制也因爲有許多寡頭的要素，故也可以說是寡頭政體。例如，所有的官職都是由選舉而非抽籤甄補，這是寡頭的一個特徵，判處死刑或宣告流放的權力只賦予少數人也是另一個寡頭政體特徵，還有等等其他。在一個調和良好的共和政治體制中，應該要麼明顯具有兩類政體的特徵，或者兩類政體原則大化爲無，這類政體的維繫端賴自身，無須外力，但卻不是借助多數邦民的善意，畢竟在糟糕邪惡的政治體制中也存在這樣的好意，其維繫端賴城邦中所有階層維繫政治體制的整體意願。

以上說明了共和政體，以及所謂的貴族政體會用什麼方式而構造出來。

第十章（1295a1-1295a24）

還需要討論的是僭主政體的本質。既然僭主都被我們算入一種政治體制形式了，那麼我們的探究還是要保留位置給它，雖然對之沒有太多可說。前面我已經說過君主政體是依據這個詞最爲通常的意義來分類，以及其是否對城邦有利，還有應該要打造哪一種形式的君主政體、其根源何在與如何打造等等。

在提到王權時我們也討論兩種僭主形式，它們都依據律法，所以可以輕易轉進成爲君主政體。未開化的部落中會推舉出擁有專制權力的君主；古風時代則推舉出稱作民選邦主的專制統治者。這些王權如果彼此相比，會有一些差異，就它們依據加諸於心甘情願臣服臣民之上的律法而統治來說，它們都是君主政體；但就他們都是專斷，並憑其好惡統治這點來說，它們也都是僭主政體。還有第三種僭主政體類型，與最完全的王權相對應，是最爲典型的形式。這樣的僭主政體全是一個個體專斷獨行的權力，無須向任何人負責，他統治所有人，不管是與之平等還是比之優越的人，而且全然只著眼自己的利益，不顧其臣民利益，甚至違逆其臣民意志。沒有一個自由的邦民會甘願忍受這樣的政體。

出於上述我所說明的理由，僭主政體就是這些形式。

第十一章（1295a25-1296b12）

我們現在得要探討的是，對大部分的城邦來說，最好的政治體制是什麼，以及對大部分人來說最好的生活是什麼，既不能預設一個常人不能及的德行標準，也不能假定一種爲天賦本性或環境所獨厚的教養，更不能是一種僅僅只有熱切渴望的理想城邦，而必須要著眼於大多數人都得以共享的生活，著眼於城邦一般來說都可以達致的政體形式。就那些我們剛剛所討論過，或可稱之爲貴族政體的形式來說，它們一方面要麼超乎多數城邦之所能，可是另一方面又非常接近所謂的共和政體，所以也就不需要分開討論，其實，我們就所有不同政體形式所得到的結論，都是基於同樣一個論理基礎。假若我在《尼各馬科倫理學》中所說無誤，愉悅的生活是一種能盡其德行，且隨心所欲地活著，而這樣的德行是取其中道，過猶不及地活著，既是最佳的生命形式，也能爲所有人都達到。城邦與政體也有同樣的德行與敗壞特徵，因爲政治體制可以說就是城邦的生命形式。

所有的城邦都有三種要素：一個階層非常富裕，另一個階層則非常貧困，還有一個階層則介於其中。人們一般認爲適度與適中是最好的，顯然擁有適中的財產是最好的，處於這種狀態下的生命最能依循理性的原則。在容貌、氣力、出身或財富上具有巨大優勢的人，或者另一個極端，非常貧困、弱勢、地位低落的人，都很難依循理性的原則。前者容易滋長出暴虐的脾性，大盜不止；後者則目無法紀，容易成爲無賴與地痞流氓（再次強調，中間階層最不可能撤手統治事務，或者對之別具野心），兩者都會對城邦造成傷害。再者，擁有過多幸運、力量、財產與朋友等等的人，不願也不甘受制於權威。這種弊端從他們還是幼童，在家庭中的生活就可見一斑，由於平日的教養驕縱慣了，自然不願學習服從，即便在學校也是如此。至於一切皆窮的人則是另一種極端，他們被貶抑慣了。所以，有一個階層不甘服從，只想專斷地統治；又一個階層不知如何施加統治，而只能像是奴隸般被統治，於是就出現了一個一方蔑視鄙夷，一方心懷妒恨，主奴共存的城邦，再不是自由民的城邦，對城邦中的友愛與同胞情誼的傷害，莫此爲甚。同胞情誼來自於友愛，若人們彼此之間相互敵視，就無法同道而行。而一個城邦應該盡可能由平等與相似者組成，而這一般來說是中間階層。所以，一個能由中間階層邦民組成的城邦，就我們所提的城邦自然組成結構的要素來說，肯定會是最好的。這個階層也是穩定城邦最大的力量，因爲只求安穩生活的他們，不會像窮困之人那樣覬覦其他人；其他人也不會像窮人那樣覬覦富人；更不會密謀陷害其他人，自己也就不會落於被密謀的境地。弗西尼德（Phocylides）的禱詞就卓有洞見：

萬事莫善於執中，惟願家邦如是

所以很清楚最好的政治共同體是由中間階層所組成。而在中間階層壯大，勢強過其他兩個階層，或者至少勝過其中單一階層，中間階層的加入可以改變平衡，避免任何一端宰制的城邦，是更可能得以治理良好的。一個邦民擁有適切充分財產的城邦，可以說是極爲幸運，在一方身懷鉅產，一方幾無所有之處，要麼出現極端的民治政體，要麼出現純粹的寡頭政體，或者由該兩者演變而來的僭主政體：要麼出自最肆無忌憚的民治政體，要麼自寡頭脫胎而出，總之少有自中道或類似的政治體制而出，往下在討論城邦的動亂時，我會解釋理由。城邦這種中間狀態可以說是最好的，再沒有其他政體可以免於集團分裂。在中間階層勢強之處，少有集團鬥爭與傾軋。出於類似的理由，大的城邦比小的城邦更能免於集團分裂，因爲在大的城邦中，中間階層的力量是比較大的，可是在小城邦中，邦民之間很容易分裂成富有與窮困的兩個階層，而兩者之間沒有任何中間階層的空間。而民治政體也是比寡頭更安全與永續的，因爲它擁有數量較多的中間階層，有更多人與聞政務，共享政治體制。要是沒有中間階層，窮困者的人數在數量上壓過其他階層，則內亂不息，城邦很快就會走向盡頭。中間階層優越性的明證是最好的立法者都來自中間階層，索倫的出身可以從其詩作得證；而萊庫古自己則並非君王；還有加隆達，這可幾乎是所有的立法者了。

這些討論可以幫助我們理解爲什麼大部分的政治體制要麼是民治，要麼是寡頭。原因是中間階層的數量很少壓過他們，而無論是富有一方還是窮困一方，都會欺壓中間階層，主導政治體制往他們的方向走，於是就出現了民治或寡頭政體。此外，還有另一個原因，就是富人與窮人相互爭鬥，而無論哪一方得勢，都把其政治上的優勢視爲勝利的獎賞，而非建立一個公道或者共享的政治體制，於是一方建立民治政體，另一方就建立寡頭。尤有甚者，雙方無論哪一方在希臘世界得勢，都會僅只著眼於自身政體形式的利益，而在諸邦建立民治或者寡頭政體，只顧及自身利益，而全然不顧其他諸邦利益。出於這些緣由，政治體制的中間形式非常少見，僅見於少數城邦，希臘世界也只有一個統治者曾經呼籲在各邦建立中間體制，然而各邦邦民已是積重難返，甚至對平等也不加關注，所有人都力求宰制他人，而若然被征服則甘願服從。

什麼是最佳的政治體制，以及何者使之最佳的緣由已經很清楚了。而至於其他政治體制，我們說過有許許多多種的民治與寡頭政體，既然已經確定最佳政體，就不難排列出其優劣序位。最接近最佳政體的必然是比較好的政體，而最遠離中間形式的則必然最差，這是從絕對意義上的優劣所做的判斷，而相對於特定前提的優劣，所謂的「相對於特定前提」，說的是有些政體對有些人更爲可取，可是，對另外一些人來說，更可取的是其他形式的政體。

第十二章（1296b13-1297a13）

我們現在得要探究哪一種政治體制適合哪一種城邦，哪一種類型的政治體制適合哪一種類型的邦民。或許可以先從一個適用於所有政治體制的一般性原則開始，城邦中希望政治體制可以永續長存的比例應該要多過持相反意見者。而所有城邦的構成都有質與量兩個面向，質的面相指的是自由、財富、教養與出身；而量指的是數量的優勢。質的優勢會存在於構成城邦的某一階層，而量的優勢則會在另一個階層，例如，出生低微者在數量上優於出身良好者；窮人多過富人，然而量的優勢不一定抵得過質的劣勢，所以必須要同時對比量與質。窮人的數量如果超過一定比例，很自然就會出現民治政體，不同個案的形式爲何則端賴構成者的類型，比如說，如果是農民的數量占優，就會出現第一種形式的民治政體；如果是匠人與勞動階層占優，就會出現最後一種民治政體，以此類推中間的各種民治政體形式。而如果富人權貴在質上的優勢可以抵過其在量的劣勢，就會出現寡頭政體，同樣地，採取哪一種形式端賴寡占的階層具有哪一種優勢。

立法者則始終應該要把中間階層納入政治體制。若是所創建之律法具有寡頭色彩，也應該顧及中間階層；若是要讓律法有民治傾向，也應當借助律法把這個階層同樣納入城邦中。只有在中間階層勢壓過其他一個階層，或者同時壓過兩個階層的狀況下政治體制才能夠穩定，也只有如此才無須畏懼富人與窮人攜手對抗統治者。由於這兩個階層誰也不服誰，所以如果可以有某些政治體制的形式，是雙方都可以接受的，那再好不過，畢竟雙方彼此不信任，不會同意輪流共治。仲裁者始終要得到信任，而中間階層的角色即在此。各種政治要素的混合越是完美，則政治體制就越能持久。許多貴族政體的擁護者其實犯了大錯，不只是在給了富人太多權力，也在於欺騙邦民，一時的口惠會帶來實質的惡果，比之邦民，富人階層對政治體制的侵蝕更甚。

第十三章（1297a14-1297b34）

寡占權力的階層，以虛幻的權力來欺騙邦民的手法，表現在五個面向上：邦民大會、執政官、法律的審判、武裝與競技的訓練上。邦民大會向所有邦民開放，但只有富人才會因爲不出席而被罰款，或者裁罰更多的款項；至於執政官，因家產資格而得官職者不能憑宣誓而辭去官職，但窮人則沒有此一限制；而在法庭，只有富人會因爲拒服陪審義務而被罰款，窮人則可豁免，查隆達斯的法律就規定了對富人更高量度的罰款，窮人則較低，在一些城邦，事先登記的邦民可以參與邦民大會或陪審，但若登記卻不出席，就會被重罰，其意圖是通過罰款威嚇邦民，如此一來他們就無法現身於大會或法庭；而就武裝持有與競技訓練來說，也是同樣的立法限制精神，窮人沒有被要求需要持有武裝，但富人會因此而被罰款；同樣地，窮人不會因爲不出席競技場合而被罰款，結果是，富人因爲更受法律裁罰，所以更在意出席，而窮人則因爲無所可懼，所以不出席。

這些是寡頭風格立法者的手法，而在民治政體則有相對的手法。民治政體給與窮人出席邦民大會與法庭陪審的津貼，對於不出席的富人，則不予以裁罰。若是要妥切地混合這兩個原則，自然得要結合這兩種做法，給與出席的窮人津貼並對缺席的富人罰緩，如果沒有諸如此類的結合，權力就會往其中一方傾斜。而參與政治體制者則應該限於持有武裝者；至於財產資格，則沒有絕對的規範，但一個充分且全面的最低水平，可以確保擁有邦民權利的人數多過被排除的數量。即便窮人無從與聞政事，只要他們不被剝奪財產，或因此而橫遭凌辱，也會安分守己。

但要確保平和對待窮人不是一件容易的事，統治階層並不總是善良仁慈的。在戰事期間，除非窮人得以溫飽，否則容易裹足不前，如果衣食無虞，自然願意奔赴戰場。在一些城邦，不僅僅目前的服役者得與聞政事，已經免除邦民義務者也能參與，例如馬里安人（the Malians）職司統治的群體就包含後者，但執政官是由目前服役者中選拔出來。希臘人最早的城邦在推翻王權之後，統治的群體就主要就由衛士階層所構成，這些衛士起初出自於騎兵，彼時戰事的優勢主要在裝甲騎兵，確實古代的步兵團缺乏紀律，也沒有軍事作戰上的經驗與戰略，因此軍隊主力也就主要在裝甲騎兵。而當城邦進一步擴張，重裝步兵實力進一步成長，就更能在政治體制中占一席之地，而這也是爲什麼我們稱之爲共和政體的城邦，過去會被視爲民治政體。古風時期的政治體制，一如預料，或是寡頭或是王治，人口少也就缺乏中間階層，邦民的勢力數量上尚弱且缺乏組織，由是更傾向於受治。

我已經解釋了爲何會有這麼多的政治體制形式，以及爲何它們比一般所認定更多，民治政體就像其他的政治體制，都不只有一種；也闡述了他們的差異，以及何以致此的緣由；也說明了一般而言最佳的政治體制形式，以及各種最合適的形式，

第十四章（1297b35-1299a2）

以上我們已經爲接下來要依序討論的主題，取得了穩妥的基礎，接著要討論的主題不僅僅是一般性的，也會參酌個別的政治體制。所有的政治體制都有三個部分，優秀的立法者得要通盤考量，以求對城邦最有利的組合。如果這三個部分可以有條理地組織起來，政治體制就會順暢運作；而不同的組織方式也就會有不同的政治體制。第一個部分是關於公共事務的審議；第二個部分是關於執政官，包括當由誰出任、對什麼事務掌理權威，以及選舉執政官的模式等等；第三個部分則是關於誰擁有司法審理的權力。

公共事務的審議這個部分執掌戰爭與媾和，締結與解除盟約；通過立法、判處死刑、流放、沒收財產、選舉執政官以及審查其相關事務也是由此部分執掌。這些權力要麼被賦予所有邦民，要麼被賦予部分邦民（例如分配給一個或數個執政官，或者不同的事務分配給不同的執政官），抑或一些權力授予全部邦民，而另一些則只授予部分邦民。所有的事務由所有邦民決斷是民治政體的特徵，但所有

人共享政治體制也有一些不同的方式，邦民或許並不一定全員一體審議公共事務，而是輪流，就像是米利都城的泰勒斯所擘劃的政治體制那樣。其他一些政體是執政官全體集會審議，輪流擔任官職，並從各部落乃至於城邦最小的單位中選拔，直到每一個人都擔任過官職爲止，另一方面，邦民則只有在立法事務需求時才會集會，諮詢政體相關問題以及聽取執政官發布政令等等。在另一種民治政體中，邦民大會的召開只爲了選舉執政官、通過律法、對戰爭與媾和事務提出諮詢，以及做出考核等等，其他事務則分別委派給通過投票或者抽籤，從邦民全體中選出的個別執政官。又或者，邦民集會處理官職的選任與考核、戰爭與結盟事務的審議，至於其他事務，則由執政官掌理，他們則盡可能通過投票產生，這裡提到的執政官是需要專業知識的。第四種形式的民治政體，則是所有的邦民集會以審議一切事務，執政官不做決斷只做一些預備性的調查，所有的形式都民治政體，而我們一直認定，這最後一種民治政體形式，對應於寡頭政體中的世襲形式，以及王治政體中的僭主形式。

另一方面，由部分的邦民審議所有事務的政體是寡頭，它跟民治政體一樣有許多種形式。如果審議政務的階層是以中等的財產資格要求，由符合資格的多數中選拔，而他們也尊重並服從法律的規範，沒有去修改，所有符合資格的邦民都能夠參與政務的審議，因爲中等的資格要求，這樣的寡頭就會近於共和政體。但如果只有少數被挑選的個人，而非邦民全體可以參與政務的審議，即便像前一種形式那樣遵循法律規範，這樣的政體還是會傾向純粹的寡頭。接著，要是掌握審議政務的權力，全由集團內部自選，並且父死子繼，具有至高地位的是集團本身而非律法，那麼這樣的政體就肯定是寡頭無誤了。又有一種形式是由特定的個人專職掌理特定的事務，例如，所有的邦民決斷媾和與戰爭事務，並處理考核事務，但透過投票或者抽籤而產生的執政官則綜理其他一切，這樣的政體則是貴族政體或者共和政體。如果有一些問題是由透過選舉產生的執政官來裁決，其他事務則由透過抽籤產生的執政官來處理，或者完全抽籤或者從特定候選人中抽籤，又或者部分抽籤產生部分投票產生，這些政體的設計就部分具有貴族政體色彩，部分具有典型的共和政體色彩。

這些是公共事務的審議這個部分的各種形式，它們各自對應各種不同的政治體制形式，每一個城邦的政治體制又是依據此前界定的民治或寡頭原則。就民治政體，也即最爲通行的那種構思（邦民至高甚至凌駕於法的極端形式）來說，要改良其公共審議部分，不妨借鑑寡頭政體關於法庭審判的規範，在寡頭政體中意欲擔任裁判官的富人，在罰款壓力下將不得不出席，而在民治政體中窮人的出席則可以得到津貼。民治政體應該在其邦民大會採用寡頭政體這個做法，若所有人都能一起審議，邦民與城邦聞人攜手，成果自然更爲妥善。參與審議者應當從各階層中，或者投票或者抽籤，選出同樣數目的代表而組成，這也不失是個妥善的規劃，因爲如果邦民的人數成長壓過了深具政治事務素養的人，也能確保出席津貼只會給跟城邦聞人數目相當從而取得平衡的那些人，或者說數量多過於此的人會透過抽籤而篩選掉。

而就寡頭政體來說，或者統治集團從平民群眾中拔擢新人，或者應該在公職階層中任命類似在一些城邦中被稱之爲監法官之類的官職，邦民對公共事務的審議，則僅限於監法官所預先審議過的事務，如此則邦民得以與聞城邦事務的審議，但沒有動搖政治體制的原則。再次，在寡頭政體中，邦民要麼接受體制中統治集團的施政舉措，要麼不得通過與之扞格的議案；而若是邦民得以參與審議，決斷也應當只授予執政官。各種與共和體制反其道而行的設計都可以在寡頭政體中採用，邦民的多數可以有否決權，但沒有最終的決定權，其提案須由執政官再行參詳。所以在共和體制中就是相反的設計了，少數有否決權，但沒有決定權，決斷的權力在於邦民大眾。

以上這些是我們關於公共審議這個部分的一些討論，這是城邦中最爲至高的部分。

第十五章（1299a3-1300b12）

接著要討論的是官職的分配，作爲政治討論的一部分，涉及到許多的問題：官職的數量多少？應當掌理什麼事務？以及任期多長等等。任期有的是六個月，有的更少，有任期一年，也有任期更長的官職。那麼任期是終身制還是稍長的數年？抑或短時間的任期呢？而同樣一批人是否可以一直連任？還是以一次爲限呢？還有關於任命的問題，應當由哪些人之中選拔？由哪些人選拔？以及如何選拔呢？我們首先應當討論各種可能的變異，接著來確定什麼是最適合不同形式的政治體制。但什麼可以被稱作「官職」呢？這個問題並非表面上容易回答。一個政治共同體需要許許多多的官職，然而不是所有透過投票或者抽籤產生的都可以算作統治者。首先，祭司之類的官職就必須跟政治官職區隔開來，合唱隊與傳令團的指揮官，甚至是透過選舉產生的使節，也都要區隔開來。政治上監督管理的職務有時候是在一個特定的行爲場域上，延伸到所有邦民，例如軍事將領的職務，主職戰場上的事務；或者僅限於特定的邦民群體，像是督導婦女或兒少事務的官職。還有一些官職專司城邦的經濟與家計事務，像是許多城邦會有通過選舉產生的糧食事務主管，還有一些專職瑣碎事務的官職，富人經常任命奴隸去處理。總的來說，只有某些被授予審議政策舉措與任命的職務，才是我們所關注的官職，特別是後者，負責任命是執政官所特有的職務。所以問題並不在於官職在現實上的重要性，沒有人會爲了官職一詞的意涵而上法庭爭論，雖然這類問題具有思辨上的旨趣。

而對城邦來說，哪一類的官職，有多少官職是必須的？以及哪些官職或許並非必要，可是卻有助於城邦福祉，對所有政治體制都舉足輕重，特別是小型城邦，所以也必須加以考量的呢？在大型城邦中，所有的官職都會有專職事務，這也是必要的，官職的數量夠多，才能提供人數眾多的邦民任職。因此，有些官職規定一個人要卸任一段時間之後才能再任，這是常有的事，還有一些官職規定只能擔任一次，而可以肯定的是，所有的職務都有人專職，會比兼任更好些。而在小型城邦，將許多官職統整到部分人手上是無可避免的，畢竟城邦人口較少，無法容納這麼多的官職，是誰要繼續接任呢？有時候小型城邦對於官職與律法的需求，跟大型城邦一樣，差別在於大型城邦的需求是常設性，小型城邦則否。所以，沒有理由不能把許多彼此並無衝突的官職，合併在同一人身上，城邦人口較小時，官職不免像多用途的器物般結合於一。

我們首先要確定的是，在所有的城邦中，有多少執政官是必要的，以及有多少執政官確切來說並非必要但卻有用的，這就可以知道哪些官職是可以合併而無窒礙的。我們也需要了解，哪些事務是在地官員就可以裁量，而哪些事務必須中央集權，以維持市場秩序爲例，是應該在各地設立區域主管，還是由中央官員統籌主管？再次，官職的分配是要依據處理業務，還是依據負責官員來做劃分呢？我指的是，應當由一個人來統籌處理整體的秩序問題，還是一個人負責兒少事務，另一個人負責婦女事務諸如此類。接著，在不同的政治體制之下，執政官的配置是要一樣還是有所差異呢？比如說，在民治、寡頭、貴族、王治等等不同政治體制之下，執政官的配置會是一樣的嗎？即便在不同政體之中，他們不一定是從平等或者相似的階層中選出任職：例如，在貴族政體中，他們是由教養良好的階層中選任，寡頭政體中則是從富人中選任，而民治政體則從自由無所牽掛的邦民中選任。是否對應不同的政治體制，而有不同的官職配置？是否有些官職的配置對一些政治體制來說都是適切的，而有些配置則視個別政體而定呢？在一些城邦中，有些官職具有比較廣泛的權力，是比較適宜的，而在其他城邦，限縮職掌範圍可能比較好些。有一些官職特屬某種政治體制形式，例如，監法官就不是民治風格的官職，民治政體慣用的設計是審議大會，確實應當要有一個職司預先審議事務的集團，讓邦民不至於荒廢本業，但如人數過少，城邦就不免偏向寡頭；又或者說，專職預審的集團本就少數，這種設計本就具有寡頭色彩。如果預先審議制度與邦民議事會兩種制度共存，就能彼此制衡，邦民的議事會具有民治色彩，而預審的制度則具有寡頭色彩。如果民治政體演變至極端形式，議事會的制度將不復存，因爲彼時邦民會自己集會並審議所有事務，這就是在出席邦民大會可以得到優渥酬勞的狀況，邦民趨之若鶩於是反覆集會來裁決所有事情。而相較於民治政體，一個專職教化兒少或婦女的官職，對於貴族政體是更適合的，畢竟執政官也無從阻止窮苦邦民的妻孥出外工作，這樣的官職也不是寡頭風格的，畢竟寡頭集團的官夫人與紈褲子弟已經驕縱慣了。

以上的討論足矣。接下來要討論官職的任命問題。其變異形式端賴三個變項，不同的組合就會有各種可能的變異形式。第一，由誰任命？第二，從哪些人中選任？第三，選任的方式爲何？每一個變項又可以再拉出兩端光譜，由所有邦民任命還是只由部分邦民任命？執政官是從全體邦民中選任還是某一個以財產資格、出身、德行或者其他特殊理由所特定區隔出來的階層中選任？例如，在墨伽拉只有放逐歸來以及曾經與民治政體對抗的人才有被選任的資格。最後，他們是透過投票還是抽籤而任命？這些不同的變異形式還有彼此交疊的狀況，我所指的是，有些官職是由部分邦民所任命，而有些官職則由全體邦民任命；有些官職從全體邦民中選任，而有些官職則從部分特定人等中選任；以及有些以抽籤的形式，有些依投票的形式。

有所有官職都由所有邦民任命並依投票產生的形式，也有通過抽籤產生的形式；或者所有官職都由部分人等中，依投票選任，也有以抽籤產生的形式。再次，如果是只由某些人來任命，就會有從全體邦民中依據投票或抽籤選任的狀況，也會有從部分邦民中依據投票或抽籤選任的狀況。而如果是從全體邦民中選任，要麼是依據城邦中的小單位，例如部落、氏族或行政區開始輪流，直到所有邦民都輪過一次；又或者所有符合資格的邦民都能無差別地被選任。至於選任方式則有全部用投票與全部用抽籤兩種。除開彼此交疊的狀況外，這些不同的模式總數達十二種，在這些體制中，有兩種是民治傾向的：所有的官職都由全體邦民任命並從全體邦民中依投票、抽籤或混合而任命。而如果是部分官職由邦民全體任命，部分則由特定人等任命，或依抽籤或依投票不論；或者部分官職由邦民全體中選任，部分官職則從特定邦民中選任，同樣無論投票、抽籤或混合，則具有共和政體的特徵。若是由特定人等，任命從邦民全體中選任者，就具有寡頭色彩，若是混合抽籤與投票，則寡頭色彩更甚。再次，如果部分官職的任命來自邦民全體，部分則來自於特定人等，就是一個具有貴族色彩的政體了，同樣無論抽籤還是投票。若是只能從特定人等中選任，並由部分人等任命，就是典型的寡頭，也同樣無論抽籤、投票或混合，即便全以抽籤的方式產生，儘管這種做法沒有現實個案，但無損其寡頭性格。至於部分官職從特定人等中依據投票選任，或者所有官職都從特定人等中依據投票選任，則是貴族政體的風格。

這些就是各式各樣，對應於不同政治體制形式，組成執政官的模式。而至於哪一種配置比較適切，以及應當如何建立，在確定其權力本質後，就會更清楚。這裡所指的權力本質是執政官的具體執掌，例如財政或防務，所有權力的本質種類殊異，例如，軍事將領的權力本質，就完全不同於市場契約的管理。

第十六章（1300b13-1301a15）

政治體制的三個部分中，還剩下司法審理要討論，而這也可以依據同樣的原則加以區分。法庭的不同形式是依據三個變項來分別：從哪些人中選任？他們所審理的是什麼樣的事務？以及任命的方式爲何？也就是說，職司司法審理的法官是來從全體邦民還是從特定人等中選出？職司司法審理的法庭有多少種類？以及是由投票還是由抽籤選出？

先行確認有多少種類的法庭。總數有八，一是公共事務官員的考核審理；二是審理違背城邦公共利益的一般犯罪；三是審理背離體制的叛邦行徑；四是裁決由執政官或個人告發的刑罰；五則是處理不可不謂重要的民事案件裁決；第六種專職兇殺案件，其往下的分類甚多，有預謀殺人與過失殺人，以及嫌犯已經招供但法官對具體求刑尚待定奪者，還有一種專事潛逃出境後返邦者的刑事審理，例如雅典過去曾經有過的弗瑞托（Phreatto）法庭，然而這類案件在大型城邦中是比較罕見的，合併類型的兇殺案或者會在同一個法庭審理，或者在不同法庭審理。第七類法庭專職涉外案件，有兩個分支，一者審理僑民之間的糾紛，另一審理僑民與邦民之間的糾紛。還有第八種是簡易庭，受理爭訟金額低的輕微民事案件，這些案件的裁決不需要用上好幾個法官。

對於簡易庭、兇殺庭與涉外庭都無須多言，而其他公共事務相關的法庭，若是審理不當，就會引起政治體制的對立與紛擾。

所有司法審理法庭的法官，可由全體邦民中，全部依據投票或抽籤，或者部分投票部分抽籤。又或者，從全體邦民中任命的法官，只負責審理特定類別的案件，同樣也是依據投票或抽籤產生，這樣從全體邦民中任命法官的形式就會有四種。而若是法官只由特定邦民出任，依據是否負責所有類別法庭，以及依據投票還是抽籤產生，同樣會有四種形式，以及混合抽籤跟投票的次類型。

此外，任命法官的模式也可以混合。也就是部分法官從全體邦民中選任，部分則是由特定邦民中選任，或者部分法官是由兩者混合組成，例如，同一個法庭可以由從邦民全體中選任的法官，以及由特定邦民中選任的法官混合組成，同樣可以全由抽籤、全由投票或混合產生。

討論了上述的法庭組成模式後，全由邦民全體中產生，負責所有案件的形式是民治式的；而全由特定邦民中產生，負責所有審理的形式則是寡頭式；而混合的形式則具有貴族政體或共和政體的色彩。

卷五　政治體制變革與動亂的緣由

第一章（1301a19-1302a15）

我們自己所提出的論述布局已經快要到尾聲了。按序接下來要討論的是城邦中政體更迭的原因，其有多少種類？本質爲何？還有個別城邦政體崩潰的各種模式，以及它們最有可能轉變成什麼等等。還要討論的是，在一般意義上，如何護持城邦？以及個別城邦可以藉由哪些方法而得到護持？這些都是接下來所要探討的問題。

首先，一個必須要先行假設的起點是，現行出現的各種形式政治體制，都各有其對正義以及其所相應對平等的認知，著實如我所曾解釋，這些構思都是不夠的，無法表述理念的全部。例如，民治政體對平等的構思是在某個面向平等的人，在所有的面向上也都平等，所以，因爲所有人都同樣是無拘束的自由邦民，因此可以宣稱各方面絕對平等的。民治政體的構思是，既然邦民人人平等，那麼所有事情就應該也要平等。而寡頭政體則基於某個面向的不等，因此其他所有面向也必然不等的理念。例如，有財產上的不等，就應當要認爲完全沒有平等的可能。民治論者認爲，既然邦民人人平等，則所有事情也都要平等；寡頭論者則持既存在不平等的面向，則此不等形式將延伸其他面向的理念。所有這些政治體制的形式都有其正義的理念，若用絕對的標準檢視，則各有弊病，於是，若然邦民與權貴兩方，對在政治體制所分有的權力不符其所預期，就會引起騷亂。在德行上優越的人最有理由起身叛亂，他們最有理由主張不平等，可是他們卻是最不傾向這麼做的人。出身顯赫的人，也同樣可以認爲他們的尊貴乃來自於財富以及先祖輩的功業，藉此宣稱優越。這可說是政體更迭的起因與源頭，由此而生兩種政治體制的變革樣態，一是嘗試變更政治體制，嘗試將其從現存的體制轉變成另外一種形式，例如從民治政體轉變爲寡頭，或者從寡頭轉變爲民治，又或者從這兩者轉變成共和政體或貴族政體，或是倒過來；另一種變革樣態不在於改變既有的體制，而是嘗試不要讓既有的體制有所變動，無論是寡頭、君主政體或者其他，嘗試牢牢掌握住整個體制的動態。此外，這也有程度上的問題，比如說，一個寡頭政體可以變得更寡頭一點或者更不寡頭一點，一個民治政體可以變得更民治一點或者更不民治一點，各種政體形式的特徵或多或少以類似方式得到維持或妥協。而政體內部的騷動也可能只針對體制中的某一個部分，設立或者廢除某一種官職，例如在斯巴達，呂山德（Lysander）就嘗試罷黜王政；或如波薩尼亞斯王（King Pausanias）嘗試廢除督政官制度。在艾達諾斯就有類似的政治體制局部性變革，受任命的議事會取代了部落首領的會議，可是直到今天，各級執政官也只有在選舉時才需要出席最高法庭，而只任命一位執政官也是具有寡頭色彩的設計。無論在什麼地方，不平等都是動亂的起因，但也是有一種在比例上完全不對等的不平等政治體制形式，例如，平等人之間的永久王政。總之，在各種動亂中始終都可以看到對平等的欲求。

而平等有兩種，數量上的平等以及依特定比例的平等。前者所指的是在數量或者規模上的相同或等量；後者所指的是依據特定比例的平等。例如，說三多於二與二多於一是同樣的，指的就是數量上的平等；若說四大於二等同於二大於一是同樣的，指的就是比例上的平等，因爲二之於四與一之於二，同樣都是占半數的比例。正如我之前所說，人們都同意理念上正義是依據特定比例的平等，可是實際上，有些人認爲既然人在某個面向是平等的，那麼在所有事情上也應該要絕對的平等；而有些人則認爲既然人有不平等的面向，那麼這個不平等的面向就可以延伸到其他，也因此就有民治與寡頭兩種政治體制的主要形式，畢竟出身良好與德行優越較少見，而財富與數目上的差別則更爲普遍，要在哪一個城邦可以找到上百個出身良好且德行優越的人呢？找出上百個富人倒是容易些。想完全靠單一一種平等形式，來妥善治理城邦，不是好主意，證據就是這類的政治體制沒有一個能夠長治久安，它們從一開始就犯下錯誤，先天不良的結果，很難不以失敗作終。由此可以推論出，兩種平等的形式都要採用，在一些設計上採用數量上的平等，其他則採用比例上的平等。

即便如此，民治政體還是比寡頭政體更爲穩靠，更不至於引起動亂。因爲寡頭政體存在著雙重危險，有寡頭之間的鬥爭，也有寡頭與邦民之間的鬥爭；但在民治政體中，就只有邦民與寡頭之間的爭鬥，邦民之間的傾軋倒是沒有特別的記載。更進一步說，由中間階層所組成，雖不完美但卻最爲穩靠的政治體制形式，也比較接近於民治政體。

第二章（1302a16-1302b4）

既然要討論黨派的傾軋與政治上的動亂是如何發生的，首先要先確定其在一般意義上影響政治體制的起因與緣由。總的來說可以歸結於三個，我們現在可以大略勾勒。我們得要先從了解掀起傾軋與動亂的人的心態、其動機以及都從什麼事情上開始。這種興風作浪心態最主要與普遍的緣由，之前已經提過，即對平等的欲求，也就是人們對於其他人居然擁有的更多而感受到不平等；或者欲求不平等與優越，也就是自認更加優越的人，認爲其他人不值平等對待，這類訴求平等或不平等的要求，有些是正當的，有些則不是那麼正當。低下階層爲了平等而掀起動亂，而與其他人平等者則爲了優越而掀起動亂，這些就是政治體制產生變革的心態。而掀起動亂的動機則是對利益與名譽的欲求，或者反過來，對於恥辱與損失的恐懼，其始作俑者往往是爲了讓自己或親友，逃避懲罰或者城邦加諸的恥辱。人們因爲受到波動，而就上述緣由掀起動亂。導致政治體制變革的起因與緣由，在某個意義上可以歸結爲七個，如果從其他角度來看可能更多。其中兩個剛剛已經提過了，雖然作用方式不太一樣，也就是人之所以因爲利益與名譽而與其他人對抗，並不是單單就其本身來考量，就像我剛剛所指出的，是因爲認爲其他人對利益與名譽，有著無論正當還是不正當的壟斷。其他的因素則有專橫、恐懼、過度的僭越、輕蔑、城邦中某一部分不成比例的增長，而再其他的因素，則有選舉上的舞弊密謀、無所謂的鬆懈心態、見微卻不知著的輕忽，以及城邦比例上的失調等等。

第三章（1302b5-1303b16）

暴虐與貪婪爲何會導致動亂，其理至明。執政官如果張狂傲慢且需索無度，就會圖謀其他人，也會對他們藉以取得權力的政治體制出手，其利益所得要麼來自於邦民個體的需索，要麼來自對公共事務的裹脅。而名譽的影響，以及它何以是動亂緣由，原因也很清楚，自認受辱並認爲他人因此得利的人們，就會掀起動亂，不當的名譽與恥辱是不義的，只有依據某些價值衡量而賞罰才是正義的。就僭越作爲動亂緣由來說，當一個或多個人擁有了對城邦與政治體制的權力分布來說過度的權力時，這樣的事態發展就會導致君王體制，或者某種家計式寡頭。所以，在一些地方，像是雅典與阿戈斯（Argos），就會採取放逐法。然而，或許一開始就不讓這類人有機會僭越，會好過在他們出現時，才事後補救來得好。恐懼則是動亂之所生的另一個緣由，人要麼因爲犯了過錯而恐懼懲罰，或者預料將蒙受對手的不義對待，而搶先發難。就像羅德島的顯貴們，因爲恐懼被提起訴訟，於是搶先對邦民出手。輕蔑也是動亂與騷動的緣由，例如，在寡頭政體中，無從與聞政務但卻多數的邦民之所以造反，是因爲他們認爲自己勢力比較大；或者，在民治政體中，富人對於整個城邦因爲民治所導致的無序狀態而生鄙視心態，例如，底比斯在經歷恩諾斐塔（Oenophyta）之戰後，民治政體的敗壞治理導致了其覆滅；而在墨伽拉，民治所導致的無序狀態也讓它在一場戰敗後傾覆；敘拉古的僭主蓋洛（Gelo）崛起之前，早生對民治政體的輕蔑；而羅德島則在動亂之前，民治政體就已經失去尊重。

政治的動亂也來自於城邦任一部分不成比例的增長。就像身體是由不同部分所組成，而每一個部分都應該等比例成長，以維持平衡。若是一足有四肘之長而身體其他部分卻只有雙足之長，就不復爲身體。異常的增長除了是在數量面向上以外，也有性質上的，比如說，身體的某個部分長成了動物的樣子。由許多部分所構成的城邦，其中某些部分常常會暗自增長，例如，在民治政體與共和政體中，窮人的數目就會暗自增長。而這類不成比例的增長偶爾是因爲意外導致，就像塔林敦的顯貴階層在波希戰爭後與雅皮吉亞人（Iapygian）的一場戰役中，近乎被戮盡，結果是共和政體變成民治政體；或者像是阿戈斯的狀況，阿戈斯人在經歷斯巴達王克理門斯王（King Cleomenes）七日之役後軍隊幾乎解體，只好被迫授予農奴邦民身分；而在雅典，其步兵在伯羅奔尼撒戰爭期間節節敗退，導致顯貴階層的數量銳減，因爲戰士都是從邦民中招募。在民治政體，動亂也會出自同樣這個原因，只是程度沒有這麼大。若是富人的數量或比例增長，政治體制的形式就會轉變成寡頭政體，甚至是家族的統治。政體的形式有時候也會因爲選舉方式上的變動，而在沒有動亂的情況下產生改變，就像赫里亞（Heraea），一直有任人唯親的現象，於是改以抽籤而非推選來任命執政官。無所謂的鬆懈心態也會導致政體的改變，就像在奧林（Oreum），赫拉克奧多（Heracleodorus）一上台就推倒了寡頭，親手把政體轉變成共和與民主政體。微小的變動也可能會促成城邦體制的變動，不能忽略小細節的變動，它同樣會造成體制的重大變動。比如說，阿爾塔（Ambracia）對於官職的資格要求，從起初很小的要求，到最後完全取消，因爲阿爾塔人認爲這個變動微乎其微。

在城邦的各邦族還未能齊心同德的情況下，也會導致動亂，城邦畢竟不是一日長成，也不是烏合之眾集結可成。因此接納移居的外邦人，無論是建邦之際還是之後，都會引起動亂。亞該亞人在錫巴里斯（Sybaris）建邦之時加入了托洛森人（Troezenian），而後在人數漸多之後，就驅除了托洛森人，這是錫巴里斯現在遭惡名的原因。在圖利（Thurii）這個地方，錫巴里斯也與同居該地的部落時有齟齬，因爲錫巴里斯認爲這塊土地歸屬於他們，並打算把對方驅逐以獲有更大利益。拜占庭的狀況是，後至的遷居民族在野心暴露之後，就被以武力驅逐；安提薩人（Antissa）原先接納來自契歐斯的流亡者，隨後又與之內戰，最後將之驅逐；至於贊克利人（Zancleans）則是在接納撒摩斯人，反被驅逐；黑海上的阿波羅尼亞邦民，則在接納新的移居人口後，爆發了動亂；敘拉古人在驅逐僭主後，賦予外邦人與雇傭軍邦民身分，從此紛擾不休最終兵戎相見；而安菲波利斯人（Amphipolis）則在接納移居的查西迪亞人後，反近乎被他們驅逐殆盡。

就目前的狀況來說，寡頭政體中的邦眾之所以動亂，是因爲他們認爲自己受到了不正當的對待，正如我此前所說，他們認爲應當平等，而他們沒有得到相應的平等；而在民治政體中，則是顯貴反叛，其想法是他們本就優越，而今卻被一視平等。

如果城邦的地理位置並非得天獨厚以護持城邦的一致，那麼這也會是動亂的一個原因。例如，克拉佐曼（Clazomenae）的查特羅人（Chytians）就與島上的居民不合；克羅豐的人民就與諾提安人（Notians）時有齟齬；雅典的話，比雷埃的民治風氣就比其他地方更盛。就像戰場上一道小小鴻溝的阻擋，就有可能瓦解整個軍團，所以，一切差異即便再微小，都有可能造成城邦分裂。公認最大的對立是德行與邪惡，接著則是財富與貧窮，還有其他或大或小的對立性因素，地域性因素則是其一。

第四章（1303b17-1304b18）

造成動亂的一些緣由往往十分瑣碎，但卻涉及巨大利益，特別是統治者之間的瑣碎齟齬，就像古敘拉古的狀況，敘拉古政治體制的改變竟是起因於兩個掌權年輕男子的愛恨情仇。這故事是其中一位青年在離邦之際，其愛人爲另一位青年所奪，飽受恥辱的他，則以誘惑對方的妻子作爲報復。雙方各自糾集統治階層的成員，彼此分裂。從這個故事我們可以得到教訓，應當警惕這類惡事的開端，並即時終止權貴人士之間的齟齬。錯誤往往始於開端，俗諺有云「好的開始，成功一半」，開端時的過錯即便微小，也不能等閒視之。一般來說，權貴之間的爭執，很難不把整個城邦給捲入，就像波希戰爭後在赫希提亞（Hestiaea）所發生的家產爭奪爭議，分的較少的一人指控另一個人隱匿家產以及家父所發現的寶藏，並得到大眾的同情支持，而較富的那位兄弟，則獲得富人階層的支持。

在德爾菲，一場關於婚事的爭端成爲往後所有風波的開端。新郎把一些事情穿鑿附會成不祥徵兆，在沒有告知新娘的狀況下逃婚，這就讓新娘的親屬視爲奇恥大辱，於是在新郎前去獻祭時，將一些聖器放入其祭品，佯稱正是他洗劫了聖殿。在密提林，則是兩個嗣女引發了往後一連串的災難，最後導致了與雅典人開戰，以帕克斯人（Paches）占奪其城邦作結。一位名叫提莫芬（Timophanes）的富人，身後留下了一對女兒，而另一位邦民德克山（Dexander）想讓其兒子將她們娶回家，但在訴訟中被駁回了這個要求，於是他鼓動了動亂，並由於在波希戰爭期間曾爲雅典人代表的身分，因而煽動雅典人干涉；另一件關於婚配的紛爭發生在福基斯（Phocis），這是馬拿森（Mnason）的父親馬拿西斯（Mnaseas），以及奧諾馬庫斯（Onomarchus）的父親歐希克（Euthycrates）之間的爭執，這成了福基斯聖戰的開始；婚事糾紛也是艾達諾斯政治體制變革的原因，有一個人將其女兒婚配給一個青年，青年的父親在任職執政官後，竟對之裁罰，這讓他引爲恥辱，於是勾結體制外的階層推翻了城邦。

政治體制也會因爲其執政官，或者城邦其他一些官職在權力與聲望上的提升，而轉變爲寡頭、民治或共和政體。雅典的戰神山議事會（Areopagus）於波希戰爭期間聲名遠播，本想藉此緊緊掌握政治體制，可是薩拉米斯（Salamis）海戰的勝利，卻是由赤手空拳的邦民所拿下，主宰海洋贏下了雅典的帝國霸業，這讓民治的呼聲更盛；在阿戈斯，顯貴階層在對抗斯巴達人的曼提尼亞（Mantinea）戰役中取得卓越聲譽，隨後便推倒了民治政體；而在敘拉古，與雅典戰事的勝利，邦民居功厥偉，隨後就將共和政體改變爲民治政體；而在哈爾基斯（Chalcis），邦民在與顯貴聯手誅殺僭主培理安後，就獨攬政體大權。總的來說，需要牢記的是，握有權力的人，無論是個別邦民、執掌官職者、部落領袖乃至於任何一個邦眾，都容易因爲彼此的糾紛而導致政體的變動，而不同之處在於他們是因爲高貴顯赫而起身作亂，因顯貴之間的糾紛而生的動亂，是出於不願與其他人平起平坐，自感優越的驕傲。

若城邦中，顯貴與邦眾的對立兩方彼此勢均力敵，在中間階層勢力薄弱甚至沒有的狀況下，也會爆發動亂。這是因爲如果一方具有明顯優勢，另一方則不會犯險出擊，也是出於這個理由，德行優越者不會鼓動騷亂，因爲他們始終都是少數。以上就是政治體制會發生動盪與形式改變的起因與緣由。

政體的變動會以兩種不同的方式進行，透過武力或者透過詭計。武力的進行或者在動亂之初或者在動亂之後；詭計的使用則有兩種，有時候邦民被欺騙從而默許了體制的改變，體制改變之後詭計也會用來對付不順從的邦民。此即「四百人」專政議會的手法，先是欺騙邦民說（波斯）王會支付對抗斯巴達人戰爭的軍費，在騙過邦民後，又想方設法維持對政治體制的掌握。有時候人們的善意與忠誠會分毫不減，一再被這些反覆的詭計話術所說服。導致體制改變的變動，一般來說就起於上述原因。

第五章（1304b19-1305a36）

現在就來討論不同的政治體制，看看能從已經確立的原則中得到什麼。

民治政體中的動亂，一般來說起於民粹領袖的放肆，他們要麼私下中傷富人，導致富人不得不聯合，面對共同敵人，即便過去的死敵也不得不聯手；要麼公開鼓動邦眾針對富人。有許多的例子可以證明這個論斷的眞實性。在柯斯島（Cos），民粹領袖的崛起導致顯貴的聯手，最後推翻了民治政體；在羅德島，民粹領袖不只向邦眾提供津貼，還扣下本應支付戰船打造的費用，訴訟讓打造船的業主被迫聯合起來，最後推翻了民治政體；赫拉克利（Heraclea）的民治政體則在建邦不久後就因為民粹領袖的種種不當作爲而被推翻，被驅逐的顯貴，後來集結回來送民治政體上路；墨伽拉的民治政體也是以非常相似的方式被推翻，當地的民粹領袖驅逐顯貴爲的是能夠沒收他們的財產，最後被驅逐的顯貴人數越來越多，集結回歸，與邦民交戰並擊敗他們，建立了寡頭政體；同樣的情節也發生在曲梅（Cyme），其民治政體被色拉旭瑪（Thrasymachus）所推翻。我們可以看到許多城邦的變革都有這類特徵，畢竟民粹領袖有時候爲了奉承邦民，要麼瓜分權貴的財產，要麼強加公共輸獻以削減其收入，甚至發起控告以沒收他們的財產，這些都逼得顯貴聯合起來。

過去，民粹領袖通常也是將領，所以民治政體很容易轉變爲僭主政體。古時候的僭主很多起初都是民粹領袖。今昔有別的原因之一是將領並非是能滔滔雄辯之人，而彼時雄辯之術也並未風行。然而今天，修辭的技藝已經卓有長進，滔滔的雄辯家固然可以引導邦民，但他們對軍戰事務的陌生使他們無能奪占權力，不過偶爾也會有例外。僭主在過去比在今日更爲常見的原因，也在於權力常旁落於少數個人之手，米利都的僭主，就是由許多重要事務上掌有最高大權的參議官官職而蛻變。而且，彼時的城邦規模不大，邦民散居且忙於農務，其首領若是有軍戰天分，就能掌握機會，透過公開宣稱對富人的憎惡，贏得邦眾的支持，而成僭主。雅典的佩西特拉（Peisistratus）就曾經發起對平原派的黨爭；墨伽拉的特亞根（Theagenes）也曾宰殺他在河邊所發現，富人放牧的畜群；而狄奧尼西奧斯之所以被認爲不負僭主之名，是因爲他公然聲討達夫諾（Daphnaeus）與富人，敵視顯貴讓他贏得邦民的信賴。政體的變革也會從最原初的民治政體，轉變爲最晚近的民治政體。在執政官由邦民普選，且沒有財產資格限制的地方，有志於官職者得要掌握邦民，甚至最終巧施手段讓邦民凌駕於法律之上。若是能讓各部落，而非全體邦民來選舉執政官，或多或少可以避免這類情事發生。

以上是民治政體發動動亂的主要原因。

第六章（1305a37-1306b21）

寡頭政體之所以發生動亂，主要有兩個原因。首先，在寡頭集團壓迫邦民，而有人出面抵制時。特別是當這個人也是寡頭集團的一員，像是納克索島（Naxos）的利達米斯（Lygdamis），後來自己就成爲了僭主。起因於統治階層之外的動亂，則可以進一步細分。有時候是統治階層非常封閉，被排除在外的富人階層發起了動亂，這就像是在馬沙利（Massalia）、伊斯托（Istros）、赫拉克利以及其他城邦的狀況那樣。有些地方的規定是父子不能同任官職，有些地方的規定則是兄弟不得同任官職，體制內無從與聞政事的人則興起騷動，直到先是其兄，後是其弟都能同任官職爲止。在馬沙利，寡頭政體漸漸變得更像是共和政體，伊斯托的騷動則以民治政體作結，赫拉克利的議事會議則膨脹到有六百人之數。克尼多（Cnidos）的寡頭政體也是因此經歷了巨大的變革，由於只有少數人能與聞政務，以及父子不能同任執政官，兄弟之間只有最年長者可以任官的規定，導致權貴內部發生齟齬，邦民則坐收漁利，挑選出其中一個權貴作爲代理人，衝擊了寡頭集團，導致分裂而潰敗，分裂一直都是衰亡的源頭。厄立特（Erythrae）的城邦也是如此，它過去一直由巴希留（Basilidae）一族掌政，但邦民對於寡頭的封閉深感憤慨，結果是政治體制的變革。

導致寡頭政體發生動亂的內部原因之一是寡頭之間的私人恩怨，這會讓他們訴諸民粹。這類寡頭內部的民粹有兩種，一種是寡頭集團內部的民粹作風，雖然寡頭集團的人數少，但還是有民粹作風的空間。像是雅典的查克立（Charicle）一黨拉攏三十人執政團；弗尼克（Phrynichus）一黨拉攏四百人執政團那樣。另一種形式則是寡頭拉攏邦民，這就是拉里薩的狀況，那裡的城邦衛防官由邦民選舉，所以他們會極盡所能拉攏邦民。所有執政官是由重裝階層或邦民選舉，而非由寡頭集團內部選舉的寡頭政體，其最後的結局都是如此，像是阿拜多（Abydos），即便對選舉資格設下高度限制，或者規定必須是集團內部的人才能參與，結局都是一樣。又，如果寡頭政體的法庭是由統治階層以外的邦民所組成，而寡頭爲了自己利益而有求於邦民時，也會造成政體的變動，朋沱斯（Pontus）的赫拉克利即是如此。又或者，寡頭集團內部嘗試進一步限制參政人數，那麼欲求平等參與的寡頭集團，就不免以此召喚邦民。寡頭集團內部有人豪擲家財，生活奢華時，也會導致政體的變更，因爲這麼做是有所圖謀的，或者是想要自立爲僭主，或者是想要扶植他人成爲僭主，像是敘拉古的希達莫，扶植狄奧尼西奧斯那樣；在安菲波利斯，一個名叫克里奧提（Cleotimus）的人大舉引入哈爾基斯的移居者，又煽動他們對抗富人；在埃伊納，之所以有人與查理斯（Chares）串謀企圖推翻城邦體制，也是出於同樣理由。動機有時候是寡頭集團中，有人結黨想要直接改變體制，有時候則是爲了掠奪公共財產，接著集團內部相互指責對手竊取公產，並互相抵制，這是朋沱斯的阿波羅尼亞所發生的事。若是寡頭集團得以齊心同德，就不會輕易從內部開始分裂瓦解，就像我們在法薩盧（Pharsalus）所看到的那樣，那裡的統治者人數雖少，但彼此有團結認知，所以即便治理的城邦規模大，也不致生亂。

如果寡頭集團內部又再形成寡頭，寡頭政體也會因此被推翻。也就是說，整個統治階層已經是少數了，但也不是所有人都能出任最高官職，就像艾里斯（Elis）的統治階層僅限於一個人數很少的參議官團體，只有少數人可以出任，就像斯巴達的元老參議，這個九十人數的參議官，都出身望族，且終身任職。寡頭政體無論在戰時或平時都容易發生動亂，在戰時，不信任邦民的寡頭只能雇用傭兵，結局常是執掌軍令的將領成爲僭主，像是柯林斯的提莫芬，若是將領不只一人，就會聯手組成軍事政權。對此有所忌憚的寡頭集團，會賦予邦民參與政務，這樣的制衡是不得不的。而在平時，集團內部互不信任的兩方，會將城邦的防務交給一支中立的軍隊或仲裁者，結果則是這個勢力回頭宰制了雙方，在拉里薩，阿流亞（Aleuad）的西蒙（Simos）就是這樣獨攬大權的，阿拜多在黨爭期間，也出過伊菲亞（Iphiades）這號人物。

寡頭集團內部因爲婚事與法律訴訟相互傾軋，也會導致政體變革。關於婚事的糾紛，我已經提過一些事例，還有一個事例發生在埃利斯，迪亞哥（Diagoras）因爲在婚事上受了委屈，索性推翻了由重裝騎士組成的寡頭集團。至於法律糾紛的事例，一個在赫拉克利，一個在底比斯，兩地的動亂都起於通姦的法庭裁決，儘管裁處是公正的，但還是激起了黨派的意氣之爭，赫拉克利的歐律提（Eurytion），底比斯的亞契（Archias），妒嫉他們的對手把他們綁在邦民議事的廣場示眾。還有一些寡頭政體的瓦解，是因爲其中某些成員不滿另一些人的專斷，例如克尼多與希俄斯。

政治體制的變動也往往出於意外。在對諮政、法官與執政官等官職設下財產限制資格的寡頭政體，起初這樣的資格限制是適時適地的，得以讓寡頭政體限於少數人，讓共和政體限於中間階層。但無論是因爲和平還是機運，一段時間的昌盛繁榮後，許多邦民的財產都翻了數倍，就幾乎所有人都能參與政務了。這類的變化有時候漸進緩慢，有時候迅雷不及，以上就是寡頭體制之所以變革與動亂的緣由。

整體來看，不管是民治政體還是寡頭政體，他們有時並不會往對立的政體形式轉變，而是變成同一種政體種類中的另一種形式，也就是說，由律法所調節的民治或寡頭，轉向獨斷的民治或寡頭，或者倒過來。

第七章（1306b22-1307b25）

貴族政體之所以動亂，是因爲只有城邦的少數人享有榮譽名望，此前說過這也是讓寡頭政體動盪的原因，畢竟貴族政體可說是另一種形式的寡頭，就像寡頭一樣，它是少數人的統治，這也是兩者經常被混淆的原因，不過畢竟少數得以統治的理由不一樣。如果邦民大眾自認自己也德行高尚，堪比統治集團時，動亂就很有可能，或者必然要發生了。斯巴達有一群名門私生子集團，被稱作「帕撒尼」（Partheniae），策動了一場顛覆行動，在事跡敗露後被遠送到塔林敦拓殖；若是有人德行不遜於權貴，卻橫遭凌辱，也會導致動亂，被斯巴達諸王欺壓的呂山德就是如此；斯巴達的席納東（Cinadon）固然勇武過人，卻被摒除在名位之外，於是密謀謀反阿格西萊（Agesilaus）；若是整個城邦貧富懸殊，也會導致動亂，這通常是戰爭的緣故，麥西尼亞戰爭期間的斯巴達即是如此。詩人提泰奧（Tyrtaeus）題爲〈善治〉的詩篇，所說的即是飽受戰爭摧殘的邦民，對重新分配土地的渴望。若是政體中的權貴，欲求更高的權位，妄想獨力統治，也會引發政體的動亂，就像在波希戰爭期間，斯巴達的統帥波薩尼亞斯，或者是迦太基的漢諾（Hanno）。

共和政體與貴族政體都同樣會因爲偏離政體的正道而遭傾覆，前者的傾覆原因是無法調和民治與寡頭兩個要素；後者則是民治、寡頭與德行三個要素的失調，特別是民治與寡頭。竭力調和這些要素是共和政體的方向，也是大部分被稱作貴族政體的目標，差別不過在於所要結合的要素不同，這決定了其持久程度，更傾向寡頭的是貴族政體，而更傾向民治的是共和政體，而共和政體相對於貴族政體是更穩定一些，因爲其所收納的人數更多，力量也就越大，邦民之間彼此更爲平等的狀態，也會讓他們更滿意，若是體制給了富人權力，他們也就不免傲慢且貪婪。總體來說，無論體制往什麼方向傾斜，都是傾斜的一方獲得力量，共和政體變成民治政體，而貴族政體則成爲寡頭政體。這個過程也有可能會翻轉過來，也就是貴族政體會變成民治政體，會發生這種逆轉狀況，是因爲窮人認爲他們自己蒙受委屈，導致整個政體往反方向逆轉。同樣的，共和政體也有可能轉變成寡頭。政體穩定的唯一原則是依據功績的平等，並讓所有邦民都能享其擁有。以上所說的，曾在圖利發生過。那裡對於官職的資格限定起初頗高，逐步削減的結果是執政官數目的膨脹，傾向寡頭的體制讓權貴得以壯大自己，倒行逆施的他們幾乎掠奪了所有土地，而飽受戰爭歷練的邦民，很快地證明了他們比寡頭集團的衛戍更爲強大，迫使寡頭放棄了他們多占的土地。

所有的貴族政體都有寡頭的傾向，權貴們常常變得貪得無厭，就像在斯巴達，有地產向少數人集中的趨向，權貴就越加爲所欲爲，甚至強搶民女。洛克里（Locri）邦就因爲與狄奧尼西奧斯的聯姻而覆滅，但這類情事在民治政體，或者取得平衡的貴族政體中不會發生。

此前我曾經有個論斷，城邦的動亂經常起於瑣碎的緣由。在貴族政體中，這種變化是緩慢漸進，並且往往難以察覺。邦民起初棄守體制的部分環節，往後對於體制其他更重要環節的變動，心理上就更沒有障礙了，最終的結果就是城邦整個體制改頭換面。圖利曾經有一條法律規定，將領必須間隔五年才能重新被選任，有些新晉的將領因爲其軍事才幹，而得到將士們的擁戴，這讓他們開始瞧不起官員，並認爲他們廢除這條法律，以永久執掌軍令的企圖可以輕易達成，他們也很清楚邦民相當樂意再次選任他們爲將領。主責這類事務的官員，起初的態度是抵制修法，但後來他們妥協了，認爲只是變動這麼一條法律，不至於影響整個政治體制，不過，他們很快地發現自己無力阻擋接踵而來的各種修法，整個城邦於是就落入這些改變體制的人手上，他們建立了一個世襲式的寡頭政體。

體制的變動既來自內部，也會來自於外部。假若一個政治體制的近鄰，或者稍遠但強大的鄰邦，所實行的是完全相反的體制，也會引起體制的變動。四處推倒寡頭政體的雅典，以及不斷推翻民治政體的斯巴達，都是最好的例子。

以上所闡述的即是城邦體制變動與紛擾的緣由。

第八章（1307b26-1309a32）

接下來要探討的是總體上如何護持城邦的體制？在特定的個案又要如何護持體制？首先，既然已經清楚體制崩潰的緣由，那麼也就能知道如何護持體制了，畢竟負負得正，否定體制崩潰的負，即得護持體制的正。在一個能相互制衡的體制中，沒有什麼比維持法治精神更需要戒慎恐懼的了，特別是在一些小事情上，畢竟它對體制的破壞經常是很難察覺的，最終會傾覆整個體制，以爲小惡不傷，往往積重難返。當然，小惡的弊端不會立即發生，所以也就無法察覺，於是產生了錯覺，就像「若處處事小，則整體不虧」這話的謬誤一樣，雖然這話在某個意義上可以成立，但並無法就此論斷，畢竟整體固然由局部組成，一個個局部的事小，也就成了整體的大虧。

首先，人們應當警惕事情變化的開端，其次，不能指望那些只用以哄騙邦民的政治花招，經驗證明它們是完全無效的。再者，要注意到，寡頭政體與貴族政體之所以能夠長治久安，並不是因爲體制內部的穩定，而是因爲統治者能跟統治集團以及體制外的人士維持良好關係，不苛待體制外的人，而是將其領袖引入體制中。對於惜名如命的人，不會不正當地褫奪其聲名與特權；對於普羅邦民，則不會不正當地掠奪其財物，而是以民治的平等精神對待彼此與邦民同胞，此一民治的擁護者們企圖爲邦眾鞏固的平等精神，不僅僅是合理的，在平等的人之間也是可行的。因此，若是統治階層人數眾多，有許多帶有民治精神的制度是有所助益的，例如，把官職的任期限制在六個月，讓所有同在平等層級的人都能共享的設計。雖然就像我此前所說，既然一個彼此平等的集團是某種意義上的民治團體，也就很有可能會誕生民粹領袖，不過若是官職的任期短，可以避免寡頭與貴族政體落入家閥之手，任期一短，任何個人就很難造成什麼巨大傷害。對權位的長期占據將在寡頭與貴族政體中導致僭主的誕生，畢竟潛在的僭主，要麼是城邦中的頭臉人物，如在民治政體中就是民粹領袖，在寡頭政體中則是統治家閥的成員；若不是頭臉人物，要麼就是位居高位且任期長的人。

體制能得以保全，有時候是因爲顛覆者距離夠遠，有時候也是因爲體制的顛覆者就在鄰近，畏懼會讓人更加珍惜體制。在意體制保全的統治者，應當視遠慮爲近憂，戒慎恐懼，讓邦民有如夜間巡邏般保持警戒，絲毫不敢鬆懈。統治者也應當戮力透過法律，來控制權貴之間的齟齬與糾紛，也要避免體制外的人涉入權貴的意氣之爭。一般的人很難防微杜漸，而適格的治邦者卻需要如此。

財產資格要求之所以造成寡頭與共和政體的變動，並不是因爲資格要求本身，而是因爲通貨的膨脹。最好一段時間就重新評估財產資格的要求，能每年普查一次的城邦就每年評估一次，比較大的城邦則是三至五年一次。若是資產總額數倍多於或少於當初體制所核定的資產要求級別，因應更多或更少的資產總額，應當以法律的力量來調高或降低資產要求標準。不這麼做的共和政體會演變成寡頭政體，寡頭則會再收窄成家閥的統治；又或者走相反的路徑，共和政體變成民治政體，寡頭政體則變成共和政體或民治政體。

對於民治政體與寡頭政體，乃至於其他體制形式來說，一個共同的原則是避免任何特定邦民在城邦中的地位，不成比例地躍升，適度且長期地授予名位榮譽，會好過驟然授予。畢竟人都是容易腐化的，不是所有人都能配享顯赫。而統治者因一時不察，所遽然授予的權位名器，也應該漸次收回而非驟然取回。特別是，也應當要有法律能制衡擁有過多權力的人，無論其權力來源是友朋的擁戴，還是鉅富的加持，若然是無力制衡，也只好將之驅離城邦。而既然邦民個別的生活，也會引起體制的變動，那麼無論是在寡頭還是民治政體，或者其他政體，也就應當設立專責官職，關注與體制相悖的生活風格，出於同樣的理由，也應當對於城邦局部部分的繁榮發展戒愼恐懼。應對此類弊端的方法是，分別賦予對立的勢力，負責城邦生活風氣的管理，以及城邦的行政官職，這裡的對立勢力指的是德行良好與普羅大眾，或者是富裕與貧窮。另一種方式是結合富裕與貧窮，提升中間層級，如此就能爲一切出自於不平等的紛擾變動畫下句點。

更重要的是，所有的城邦都應該要以法律來妥善調節與治理，使其執政官無法中飽私囊。在寡頭政體中，需要特別的預防手段來應對這類弊端。畢竟邦民對於無從與聞政務，或許並不感到惱怒，甚至覺得慶幸更有閒暇料理自身私務，但若是統治者侵占公款，就會激怒邦民，而且還是既無權位可圖，也無利潤可圖的雙重惱怒。若是官職權位不會帶來利潤，那麼民治與貴族政體或能結合，事實上這也是兩者結合的唯一可能，因爲權貴與邦民都可以各取所需。本來民治政體的目標是所有人都能執掌官職權位，而貴族政體的目標則是只有權貴才能出任執政官，但若官職本身無利可圖，窮人也就不會想要沒有利潤的東西，而寧可只照料自己的個別需求，而沒有打算中飽私囊的富人，也就得以取得權位，於是，窮人因專心勞作以提升經濟處境，而富人則免於被經濟處境較差階層統治的憂慮。

爲了避免公款的侵占，應當在邦民集會的場合進行稅收的徵繳，而帳目也要備份保存在不同的宗族、帳房與部落，清廉自持的執政官則應該立法表揚。對於往往不自覺地針對富人的民治政體，不能瓜分富人財產，並保障其收入，也最好避免讓富人承擔昂貴但毫無用處的公眾勞務，像是捐獻資助合唱隊或火炬接力競賽等等，即便富人是自願的。

而在寡頭政體，則反過來要特別關照窮人，有利可圖的官職不妨留給他們。若富有階層成員犯擾窮人，則應當加重懲罰，產業也只能在家族之間繼承，不能贈與，且一個人不得繼承超過一份遺產，以此平衡城邦的財產，讓更多的窮人有機會向上提升經濟處境。而不管是在民治還是寡頭政體，賦予體制中較無地位的階層（也即民治政體中的富人，寡頭政體中的窮人）平等的地位，甚或是除了城邦主要官職外的優先特權，也是相當可取的做法，而城邦的主要官職還是主要或只授予統治階層成員。

第九章（1309a33-1310a38）

城邦最高官職的權位應當要有三個要求條件：第一，對於城邦體制的忠誠；第二，政務能力的最高要求；第三，與個別體制形式相應的德行與正義，不同的城邦體制要求不同的相應正義品格。然而，問題是，若是無法同時滿足三個條件，又當如何？比如說，一個能力卓越，但操守有虧且對城邦體制不忠的將領，與一個忠於體制且行事正直的人，如何抉擇？這類抉擇應當從兩個面向來考慮，考慮何種質素是相對多人所共有的，以及何種質素是少數人所有的。因此在將領的抉擇上，應當考慮其軍事歷練，而非其德行，畢竟相較於德行，軍事歷練是相對少數人擁有的。而若是財務會計之類官職的抉擇，則應該倒過來，比一般人要求更高的德行對這類官職是需要的，相對來說，這類知識技藝則比較是一般人都多少擁有的。

可以繼續追問的是，一個具備政治才幹且對體制忠誠的人，為什麼還要要求德行？這兩個素質不是足以使之勝任，裨益於公眾了嗎？是要說具備這兩者條件的人疏於自制嗎？也就是說，即便他通曉且熱愛其志業，但卻無法隨時反省關照，於是可能同樣導致疏於公眾利益這樣嗎？

總體來說，從體制自身的考量而制定的律法，無論為何都是為了護持體制。而最主要的護持原則是此前所反覆提及的，願意關照且忠於體制的邦民，勢力必須強過不忠者。但同樣也不該忘記的是中道原則，這是目前許多墮落的政治體制所忽略的，導致許多看似民治風格的舉措，卻傷害了民治政體；而寡頭風格的措施，則摧毀了寡頭政體。那些認為所有的德行都體現在其擁護原則的人，把事情推向了極端，而沒有想到極端的過度會瓦解城邦。一個落在端正的勾鼻與端正的塌鼻兩種典型之間的鼻子，還是可以說與雙眼搭配，面相良好，但若是一個過於巨大的鼻子，就失去了平衡，過與不及都會讓它不再是身體的一個器官。同樣的比例法則應用在城邦也成立，寡頭或民治政體，即便與最完美的政體形式有段距離，卻也不失堪為政治體制，要是將寡頭或民治的原則推到極端，則會敗壞整個體制，最終不復存。立法者與治邦者應該要知道，哪類的民治風格政策可以保全民治政體，哪些又會摧毀民治政體，而哪類的寡頭風格舉措則會保全或者摧毀寡頭政體。除非窮人與富人可以各得保全，否則無論民治或是寡頭政體都難以存續，要是引入財產的平等，城邦必然會轉向成為完全不同的形式，透過法律推向極端，意圖消滅另一方的一方，自身也將跟著體制的傾覆而消滅。

無論是寡頭還是民治政體，都會共同犯下一個錯誤。在邦眾凌駕法律的民治政體中，民粹領袖經常向富人尋釁，而讓城邦分裂，可是他們應該做的卻是維護富人；同樣地，寡頭政體的寡頭領袖也應該要是邦民的代言人，許多城邦中的寡頭都立誓「務要與邦民過不去，盡吾所能抵制他們」，但他們得要展現的態度，所要懷抱的情緒，卻應該要完全相反，立誓的內容亦要完全不同，「吾永不負邦民」才是。

而在所有討論過有助於城邦存續的事物中，最為重要的莫過於相應於體制形式的教化，不過這卻是今時今日被普遍忽略的原則。如果城邦的青壯年人沒有浸淫體制的精神，沒有受體制的教養，即便最好的律法可以得到全體邦民的授命，也徒然無功，民治風格的律法對應民治性的教化，寡頭風格的律法則搭配寡頭性的教化。城邦與個體一樣，都是需要自我約束的，受相應體制的教化，並不是去做寡頭擁護者或民治擁護者所高興的事，而是那些能讓寡頭或民治政體藉此存續下來的事。

然而，今天寡頭政體的統治階層子弟卻生活豪奢，而窮人子弟卻刻苦砥礪，他們很自然地想要改變體制。而在民治政體，則風行一種謬誤的自由觀念，是另一種更極端的形式，這將有悖於城邦的利益。民治政體有兩個原則，多數的原則與自由的原則，部分民治論者認為平等是正義，邦民意志的至高無上即是平等，而自由則是隨心所欲，這樣的民治政體據說可以人人隨心所欲，或用歐里庇得斯的話來說，「但憑汝所好」。可是這是完全錯誤的，人們不該認為依循體制規範就是奴役，毋寧說，這才是救贖。

至此已經整體性地討論了城邦體制變動與崩潰的緣由，以及城邦的護持與存續的方法。

第十章（1310a39-1313a17）

還需要討論的是王治政體的毀滅與保全的緣由。此前所討論過的關於政治體制的種種幾乎都可以適用於君主與僭主的統治。因爲君主統治本質上是貴族政體，而僭主則是寡頭與民治極端形式的結合，由於結合了兩種有所弊端的體制形式，從而兼具了兩者的扭曲與偏差，對臣民的傷害也最大。這兩種王治政體形式的起源全然對立，王政始於相對於邦民的優越階層，君主因爲其本人或其家族的德行，或者秀異的表現，而從優越的階層中選拔出來；而僭主則是因邦民爲對抗權貴，免受權貴傷害，而以邦民保護者的姿態出現。歷史證明，所有的僭主都是藉由公開指控權貴，而得到邦民擁護的民粹領袖，這是在城邦擴張之際僭主得以崛起的方式。其他更古早一點的僭主，則源自於君主踰越其世襲權力，從而變得專斷的野心；還有一些則是因爲被選認爲首席執政官，在古風時代邦民會賦予其所選任的執政官較長的任期，無論是治理上的職位還是儀禮上的職位；還有一些僭主的崛起，是得自於讓某些人主掌最高官職的習慣作風。總之，無論是以什麼方式崛起，對於野心勃勃的人來說，成爲僭主都不太困難，畢竟他們本來就是大權在握的人，無論是君主的身分還是城邦的官職身分。阿戈斯的菲敦與其他一些人，起先都是君主，後來都成爲僭主；法拉里斯（Phalaris）與其他愛奧尼亞（Ionia）的僭主，則是因爲執掌重大官職而成爲僭主；至於倫蒂尼的班納度（Panaetius）、柯林斯的庫普賽魯斯（Cypselus）、雅典的佩西特拉以及敘拉古的狄奧尼西奧斯等等這些往後成爲僭主的人，起初都是民粹領袖。

就像我之前所說，王政可與貴族政體並列，因爲它是基於功績，無論是來自於個人或家族的卓越、對城邦所施加的恩德或者一切有助於其權力的事物。得享此殊榮者，都是對邦國貢獻良多，以其能力裨益邦國者，像是讓整個城邦免於因戰事而成奴役的科德魯斯（Codrus）；賦予家邦自由的居魯士（Cyrus）；或者像是斯巴達、馬其頓（Macedonia）與摩洛（Moloch）的諸王那樣開疆闢土。設置君主的基本構想是保護富人的既得利益，免受不當的對待，免受邦民的侵擾與壓迫。而就僭主來說，就像此前反覆說的，僭主並不在意公眾的利益，除非有益於其個人目標，僭主自身的愉悅，就是他的目標；而君主的目標，則是聲名與名譽。於是他們所銳意提升的東西也就有所不同，僭主聚斂財貨，而君主積累聲望；君主的衛士都是邦民，而僭主則都是傭兵。

僭主政體兼有民治與寡頭兩種政體的弊端是顯而易見的。就像寡頭一樣，僭主的目標也在財貨，因爲只有財貨他才能維持其傭兵近衛與豪奢生活，兩者都不信任邦民，從而剝奪其武裝，傷害邦民並將之驅趕出邦鎮之類情事也並無二致。僭主從民治政體中學到了向權貴開戰的策略，並運用陰謀、陽謀瓦解權貴，或者直接驅逐權貴，他們是僭主掌權路上的對手與阻礙，也確實，密謀造反奪取政權或不願臣服的人，都出自這個權貴階層，無怪乎培理安會建議色拉敘布洛裁平黍田中最爲高大的黍穗，意指要剷除城邦中最爲出眾之人。我此前曾經透露，王治體制變動的開端，跟其他政治體制的形式是一樣的，邦民因爲恐懼或輕蔑而向掌權者發動攻擊，或者因爲受到不公的對待，最普遍的不公形式是欺凌，其他則諸如私產的沒收。

謀反者對王治政體（無論是僭主或君主）的所求，與針對其他政體形式的謀反者所要的，都是一樣的。君主擁有巨大的財富與聲名，這些都是人所欲求的東西。有時候，若是造反的動機是出於欺凌的感受，則對王治政體的攻擊就會針對王的人身；有時候則是針對其所據有的官職。任何一種欺凌（無疑有許多種形式）都會激起憤怒，而當人們憤怒之時，其行動的共同動機就會是報復，而不再是野心。比如說，佩西特拉當眾欺凌了哈莫迪（Harmodius）的妹妹與其本人，哈莫迪因爲妹妹受辱向僭主反擊，而阿里斯托革頓（Aristogeiton）則因哈莫迪受辱而加入其反擊行列；阿爾塔的僭主培理安，則是因爲在酒席間，戲問他所寵愛的青年是否已經懷上小孩，而召來陰謀針對；波薩尼亞斯之所以行刺菲力普王（King Philip），是因爲王縱容阿塔羅斯（Attalus）與其親友欺凌他；至於德達斯（Derdas）之所以謀刺小阿敏塔斯（Amyntas the Little），則是因爲他吹噓自己曾狎占過少年德達斯；賽普勒斯（Cyprus）的艾瓦戈拉斯（Evagoras）之所以爲內侍所刺，也是因爲其子誘拐了對方的妻室。許許多多的陰謀，都源自於掌權者對其臣屬近乎羞辱的欺凌。克拉泰（Crataeas）襲擊阿克勞斯（Archelaus）即是此例，克拉泰本來因與王的親密關係而心有不滿，而阿克勞斯答應許配給他兩個女兒，卻最終食言，在與希拉斯（Sirrhas）與阿哈巴（Arrhabaeus）戰事吃緊時，阿克勞斯將長女許配了艾利梅（Elymeia）的王；後來又將么女許配給自己與前妻所生的兒子阿米塔（Amyntas），料想這樣他就不會與自己跟克麗奧佩脫拉（Cleopartra）所生的兒子過不去，克拉泰拿這些小事當作舉事的藉口，其實理由再小也無礙，因爲眞正決裂的原因是他在與王這段狎侮關係中感受到的不快。拉里薩的赫蘭克拉（Hellanocrates）也是出於同樣理由密謀阿克勞斯，因爲阿克勞斯並未兌現送他返鄉的承諾，這讓他認爲，阿克勞斯對他的情感並非出於愛慾，而是出於欺凌的心態。培東（Pytho）與阿尼諾的赫拉克萊（Heracleides of Aenos）之所以行刺柯提斯（Cotys），是爲了給父親報仇；至於亞當瑪斯（Adamas）之所以背叛柯提斯，起因於他在孩童時期就遭受柯提斯不人道的對待。

肉身所遭受的痛楚也會惱怒許多人，而被視之爲羞辱，因而殺死或者嘗試殺死城邦官員以及王室官員。在密提林，麥加克（Megacles）與其友人，只要遇見潘西勒人（Penthilidae）持棍棒毆打邦民，便會出手攻擊甚至殺掉對方，後來斯邁爾（Smerdis）因爲身受潘西勒王鞭刑，且被迫與妻子分離，憤而怒弒對方。德坎尼（Decamnichus）之所以滿腔怒火地反叛阿克勞斯，是因爲阿克勞斯過去曾將他遣送至歐里庇得斯之處，讓他飽受磨難，詩人曾因德坎尼說他鼻息汙臭而惱火不已。還有許許多多出於類似原因的陰謀與謀害案例。

而正如我們此前說過的，就像其他政體一樣，在王治政體，恐懼也是另一個導致陰謀叛逆的緣由。阿塔帕（Artapanes）之所以謀害克塞克（Xerxes），是因爲他違背命令縊死了大流士，因而心懷恐懼，此前他一直以爲克塞克會忘掉宴席間無意地透露，他的違令之舉可以達到原諒。

另一個動機則是輕蔑，薩達那帕拉（Sardanapalus）曾被人撞見，竟與一眾婦女一起梳理羊毛，無論主角是否本人，這則傳聞也許確有其事；迪昂（Dion）因爲瞧不起狄奧尼西奧斯而襲擊他，實則他鎮日爛醉的行徑，也同樣被其臣屬瞧不起；甚至，僭主的密友，有時候也會因爲輕蔑而背刺僭主，並認爲自己可以不被發現，僭主的信任膨脹了他們的輕慢之心。期待起事的成功也是一種輕蔑的表現，起事者之所以膽敢起事，並認爲不會有殺身之禍，是因爲預期可以大權在握，軍事將領之所以起兵謀反，大抵如此。阿斯提各王（King Astyages）的生活奢靡，引來了居魯士的叛變，正因居魯士不恥其生活與作風，認定其權力正在衰退；色雷斯人塞瑟斯（Seuthes the Thracian）曾是阿瑪多（Amadocus）的將領，後來也謀反。

有時候舉事者的動機不只一個，比如說米特利達（Mithridate）之所以膽敢謀反阿理歐巴贊（Ariobarzanes），就既是出於輕蔑，也是因爲貪欲。剽悍的本性，如果被軍事統領的地位所加乘，就會助長對起事成功的期待。血氣爲權力所激化，兩相結合就給了他們可以一舉成事的希望。

出於有所圖謀的心緒而起事，上面已經討論了許多。還有一種甘願以身犯險的人，他們不求權位，不求名望，其所求者更爲巨大，誅殺僭主可是揚名立萬的不世之功。然而，這樣的人卻非常罕見，畢竟行刺不成就要付出生命代價，必定要有如迪昂般決絕才行，在他帶上一小支部隊，準備突襲狄奧尼西奧斯時的慷慨陳詞，「無論此行能做到什麼境地，都足堪告慰；即便踏上前路就注定身亡，也欣然赴死。」不過，這樣的心志，著實少有。

再者，也跟其他的政治體制一樣，僭主政體會被一些外邦對立的政體，以及更強大的政體所毀滅，不同的政體原則水火不容，因此彼此對立的政體有打擊對方的意念是理所當然，而一旦能力所及，就會付諸行動。民治政體出於赫西俄德所說的「陶工相輕」原則，而與僭主政體對立，因爲它們幾乎相近，最極端的民治政體即是僭主政體；而君主與貴族政體則因爲完全是不同形式的政體，所以同樣與僭主政體對立。這也是爲什麼斯巴達會推翻大部分的僭主政體，敘拉古人在內政清明時也是如此。

當政的家閥分裂時，僭主政體也會從內部瓦解，像是蓋洛家族，最近的事例是狄奧尼西奧斯家族。在蓋洛家族的事例中，哈洛（Hiero）的兄弟色拉敘布洛阿諛奉承蓋洛之子，好挾其名遂行統治，蓋洛家族的一幫人等集結起來，以勤王名義，擺脫色拉敘布洛，但其中有人看準時機，藉機一併剷除了整個僭主政體；與狄奧尼西奧斯有親緣關係的迪昂，則得邦民之助，成功驅逐了狄奧尼西奧斯，但他自己隨後也身死於事變中。

導致人們向僭主政體起事的動機主要有二，對僭主的憎惡一直都是該政體無法根除的動機，而輕蔑則是體制傾覆的最後一根稻草。因此我們可以看到，大部分的創業維艱者戒慎惶恐，於是都能保有權位；而那些透過繼承掌權者，貪圖安逸，讓自己變得可欺的後果，就是引來有心人士的覬覦。憤怒也可以包含在憎惡之中，兩者的效應其實相同，甚至憤怒更能招致事變，魯莽躁動的憤怒往往是不計後果的。人在受辱時往往會失去理智，這也是佩西特拉與其他僭主垮台的緣由。憎惡相對來說還是比較理智一點的，畢竟憤怒往往伴隨著痛苦，而這是失去理智的緣由，而憎惡所伴隨的痛苦則相對不那麼切身。

總結地說，我所討論過，最末一種純粹寡頭政體，以及最極端的民主政體形式之所以瓦解的緣由，同樣都可以看做是會對僭主政體造成影響的，畢竟這兩者的極端形式，就只能是僭主政體了，差別只在人數多寡。君主政體一般來說比較不會爲外在因素所干擾，所以政權較能延續，其主要還是從內部被瓦解。所以王治政體的瓦解，主要有兩種方式，一是王室內部的齟齬，二是君主竟想以凌駕法律，唯我獨尊的方式統治城邦，這已經接近僭主了。其實眞正的君主政體今天恐怕已經不復存了，類似的政體都可以說已經是僭主政體了。畢竟，君主的統治是出於臣民的自願服從，使他得以在重要事務上具有最高權威，而在我們這個時代，可以說人與人之間越來越平等，再沒有人會被認爲是無比優越，適足以獨攬君主權位的至高與尊貴，因此人們無法再心悅誠服地接受君主，而若是有人以武力或者陰謀取得權位，就會被當成是僭主。世襲王權另一個傾覆的理由，就是君主經常落入爲人相輕的境地，也即雖然他們只擁有君主的尊貴地位，而無僭主的權力，卻依然驕縱自大，只要君主的臣民不再心悅誠服地服從，君主政體就已然告終，僭主政體則無論臣民心悅誠服與否。

第十一章（1313a18-1315b10）

整體來說，護持王治政體的方法，就是否定體制傾覆的緣由，可以個別討論之。君主政體可以透過其權力的限縮而得到護持。君主權力的權限越加限縮，則其權力越能綿延無損，因爲若是君主能審慎自謙，而不專制獨斷，就能不爲臣民所妒。這是爲什麼摩洛人的王權可以延續這麼長久的主因，斯巴達人的王權也是因此而能綿延，因爲他們將王位一分爲二，隨後塞奧彭普（Theopompus）更是以各種措施進一步限制王權，特別是之後督政官官職的設立。他削減了君主的權力，卻爲君主的權位奠下更穩固的基礎，這並沒有傷及王權分毫，反倒是使之更形完整鞏固。有一則軼事是，塞奧彭普的妻子曾經質問他，皇子所繼承的王權將比父皇更小，對此難道他不感羞愧嗎？塞奧彭普的回答是「不會的，我遺留給他們的王權，將會更加穩固」。

至於僭主政體，則可以用兩種相當不同的方式來加以保全。其中一個方法相當古老，卻也是大多數僭主掌理其體制的方法。柯林斯的培理安可說是嫻熟這些技藝的佼佼者，不過從波斯人對其體制的掌理中，也可以找到許多類似的方法。其中一個此前曾經提過，護持僭主政體的祕訣是剷除城邦中出眾的人，同時也不能允許公共會餐、集會結社以及教化活動等等，僭主必須警戒會在其臣民當中激發高昂思想與互信的一切事物，他得要禁止所有的學園活動，或者公眾議論的集會，採取一切避免邦民彼此交流的措施，因爲邦民的交流將孕育彼此的互信。除此之外，僭主也必須強迫所有人都待在城鎮，在僭主座前一切都要無所隱蔽，他才能知道這些人都在做什麼，若能如此，則人們將日益卑躬屈膝。簡單地說，僭主所要運用的是那些像是波斯與蠻邦所用的手段，因爲其目的一致。僭主應當盡力了解其每一個臣民的一言一行，或許也應該雇用類似敘拉古的「女探」，哈洛也經常派遣探子，到邦民集會的勝地去刺探民情。對於僭主耳目的恐懼，會讓邦民不願坦露心聲，畢竟如果這麼做，就很容易被鎖定。僭主的另一個手段是在邦民之間埋下紛爭的種子，讓朋友之間、邦民與權貴之間、富人與窮人之間互生嫌隙。同時也應該使其臣民只求溫飽，如此既能從邦民身上搜刮剩餘以供養近衛，邦民勞於營生，也就無力謀反。埃及的金字塔就是這類手段的最好例子，其他像是庫普賽魯斯家族豪奢的祭禮、佩西特拉建造宙斯的宏偉神廟，以及薩摩斯島（Samos）上各種波利克拉特斯（Polycrates）風格的雄偉紀念建築，所有這些工程都在於讓邦民不得閒暇，讓他們爲營生所苦。僭主的另一個手段是橫徵暴斂，敘拉古的狄奧尼西奧斯，就曾經制定出臣民五年期間的所有所得都得充公入庫的規定。僭主也樂於發動戰爭，以讓其臣民無暇他務，戰事的進行也讓他們得要有一個首領。在君主政體中，君主的權力有賴於其友朋護持，但僭主的特徵卻是對於其友朋的不信任，他的預設是所有人都想推翻他，特別是那些有能力做到的人。

在最末同時也是最糟糕的民治政體形式中會出現的手段，同樣也可以在僭主政體中發現。也就是賦予家計單位中的婦女權力，讓她們告密丈夫的所做所爲，或者授予奴隸閒暇，他們或許就會對其主人造反，自由無所牽掛的奴隸與婦女，不會謀逆僭主，自然偏向僭主政體以及民治政體，在其治下日子好過一些。而邦民也同樣樂於狐假虎威，奉承者在這兩個體制都如魚得水，得占名位，在民治體制下，邦民奉承民粹領袖，一如民粹領袖奉承邦民；在僭主體制中也有曲意奉承僭主之輩。

這也是爲什麼僭主喜好佞人，因爲他們樂於被奉承，但沒有一個深具自由邦民精神的人會失格奉承，品行良好之人友愛彼此，但不會相互逢迎。尤有甚者，低劣的人能爲低劣的目的所用，俗諺「鐵釘敲打出鐵釘」，僭主的特色就是不喜任何具有高貴與獨立品格的人，因爲他要獨享這一切，任何聲稱具有高貴與獨立品格的人，都是對僭主的冒犯，定爲僭主所惡，視之爲敵人。僭主的另一個標誌則是喜愛外邦人甚於邦民，他甚至與外邦人一起生活、一起共餐，對他來說，邦民是敵人，而外邦人則與其無怨無仇。

這些就是僭主用以保全其體制的手段，可以說無一不墮落敗壞。所有這些可以總結爲三個要點，呼應了僭主的三個目標。也就是，第一，使其臣民卑躬屈膝，他很清楚一個品行低下的人將不會圖謀對付任何掌權者；第二，在人們之間製造不信任的氛圍，因爲若是邦民能彼此互信，僭主將會被推翻，這也是爲什麼僭主要對品行良好之人動手，不只是因爲這些人認爲不應該專斷統治，也是因爲他們彼此忠誠，不會出賣對方，這些人所聚集的力量讓僭主備受威脅；第三，僭主希望其臣民對改變體制不再懷抱希望，畢竟沒有人會嘗試不可能的事，如果自覺無力改變，就不會打算推翻僭主。綜合以上三點，僭主的整個手法可以如此概括，且一切手段的構思都可援引於此：讓其臣民彼此之間不再互信，剝奪他們的能力，讓他們卑躬屈膝。

以上是第一種保全僭主體制的方法，還有另一種依據截然不同原則的方法，其本質可以透過對比王權覆滅的緣由來理解。王權傾覆的一個原因是王權的僭主化，所以，挽救僭主的方法就是反其道而行，讓僭主的統治，看起來更像是君主的統治。雖然如此，有一點是僭主必須要謹愼的，就是必須維持足以統轄其臣民的權力，不管臣民喜歡與否，因爲如果放棄這樣的權力，等於棄守僭主政體。而雖然保留權力是根基，在其他事情上，僭主應當要以君主的方式行事，或者以像是君主的樣子。首先，他應該要假裝關心公共稅收的用途，而不是將之虛擲在名妓、外邦人與匠人身上，普羅邦民會對他們辛苦掙來的一切，竟豪擲在此感到惱火。僭主也應該要將其所得與支出完全公開，有一些僭主已經用上了這個手法，這會讓他看起來更像是公眾的監護者，而不是僭主，而既然他是就像家計之主一樣，身爲城邦之主，也會讓他不再需要害怕會爲經濟所苦，對於長年在外的僭主來說，藏富於邦會比留下大量財貨更爲有利，也能杜絕駐守城邦的近衛伺機掠奪的可能，而對僭主來說，相較於邦民，其實也更有理由畏懼近衛，因爲近衛親侍其左右，而邦民則身處城邦中。其次，僭主也應該表現出，徵收稅賦與公共勞役，是爲了城邦的考量，以此才能支應征戰的不時之需，一般而言，僭主應該要讓自己是監護者，彷彿這些財貨並不是僭主所有，而是公眾所有。而僭主也應當威而不嚴，讓人們尊敬而非畏懼。對於無有敬重之處的僭主來說，要得到敬重著實不易，因此，即便沒有任何出眾的德行，至少也應該要維持軍容壯盛，以創造一種王是一個大人物的印象。此外，無論僭主本人還是其隨從，都不能強取少年，無論是男是女，而僭主家閥中的貴婦對待其他婦女也應當自我節制，家閥貴婦的傲慢已經不知道毀滅了多少僭主政體。而在逸樂上，僭主應該要一反當前的僭主作風，不只日出即起，還有整日逸樂，並且讓其他人看到，好讓他們心生敬佩，讚嘆僭主的愉悅與無憂無慮的狀態。但這些事情，僭主應當要盡可能節制，或者無論如何都不能讓放蕩的行徑公諸於世，一個鎮日醉酒與昏昏欲睡的僭主，很快就會被鄙視並且遭襲擊，反之，一個自我克制，完全清醒的僭主則不然。僭主的所做所爲，要與上述所討論的僭主行徑完全相反，他得要著手修葺其城邦，改善其城邦的一切，彷彿他並不是僭主，而是城邦的監護者。他也應當要對諸神的奉祀特別嚴肅，因爲人們若是認爲統治者虔誠莊重，並對諸神懷抱敬意，就相對比較願意忍受不義，也比較不會謀反，因爲他們會認爲諸神會站在僭主那一邊，但同時，他的肅穆虔誠不能被當成愚蠢的行徑。對於有才幹的人，他應該要授予他們名位，也要讓他們意識到，如果是在風尚更爲自由的體制，邦民是不會給他們比現在更多名位的，名位的分配應當由僭主親自爲之，但懲處則交由其他官職或法庭來執行。所有的王治體制，都應該小心不能讓某一個特定人等權力過大，如果發生類似情事，應該拔擢兩到三人，讓他們彼此制衡。如果終究得要拔擢一個人至高位，那麼這個人就不能是進取之輩，這樣的性情很容易導致起事。如果是要免除一個人的權力，應當要漸進而爲，不能遽然爲之。僭主應當要戒除所有暴虐行徑，特別是人身的暴力；對於青少年則應該戒之在色。與看重聲名榮譽的人往來，更應該要謹愼言行，就像愛好錢財的人對於有人向他們的財物動手，就會惱怒一般，一旦有損名望，看重聲名榮譽與有才幹的人同樣也會惱怒，僭主無論如何都不能犯下這等錯誤。其他像是施予懲處時，應當以嚴父的諄諄姿態，而不是踐踏尊嚴的姿態，與青少年的往來應當出自於純正的愛欲，不能出自於權力的傲慢，而總體來說，應該以更多的名位，來彌補聲名受損的傷害。

企圖行刺的人是最爲危險的，從而需要小心戒備，這類人爲求遂行目的，置生死於度外。對於認爲自己受辱，不忿在意的人受辱的這等人，尤其應該採取特殊的防備手段，因爲他們失控的情緒，恐怕會讓他們不顧自身而襲擊他人，赫拉克利特（Heraclitus）說得很好：「與怒火搏鬥甚爲艱難，人會用靈魂換取報復」。

而既然城邦主要是由窮人與富人兩個階層組成，僭主得讓雙方都相信自己處於安全地位，在其統治之下不會被對方傷害，而無論哪一方的勢力稍強，都應該立即將此一稍強部分，拉入自己陣營中，僭主的地位也因此可以得到提升，一旦事變，就無須透過解放奴隸或者解除重型武裝的手段，拉攏過來的這一個部分，加上自身的權力，就足以壓下任何對體制的打擊。

這些議題繼續再探究細節，就不免多餘了。僭主所應該採取的整體方針已經很清楚，他應該在其臣民面前看起來像是監護人或者君王，而非是僭主。僭主不能掠奪臣民的財貨，而應該爲其看守；生活應該審愼節制，而不是揮霍奢侈；應該以夥伴關係贏得顯貴支持，而以諂媚贏得邦眾的擁護。如此一來，僭主的統治就必然更爲高尙，且讓人更爲愉悅，因爲他所統治的臣民由於沒有感受到壓迫，因而更爲良善，也無須憎惡與畏懼僭主，僭主的權力也就能得到維繫，其性情也將變得更好，或者至少半分好，而不再墮落敗壞，或者說只有半分墮落敗壞。

第十二章（1315b11-1316b27）

沒有什麼政體比寡頭與僭主政體更爲短壽。存續最久的僭主政體是西錫安（Sicyon）的奧薩戈（Orthagoras）及其子嗣所建立的僭主政體，延續了有上百年之久。理由是他們以懷柔的方式對待臣民，並且很大程度上遵循法律，同時以許多方式關照邦民，因而得到他們的擁戴，克里斯提尼的軍事才幹更是令人敬畏。據說，他還曾經給在競賽中判他落敗的裁判，授予花冠的榮譽，還有人說，西錫安的邦眾議事廣場上的一尊坐像，就像這個人的雕像。佩西特拉也有類似傳聞，他接受戰神山議事會的傳喚，並接受審理。次長的僭主政體是柯林斯的庫普賽魯斯家族，存續了七十三年又六個月。庫普賽魯斯統治了三十年，培理安掌權了四十年又六個月，高哥斯（Gorgus）之子普薩美提克（Psammetichus）則掌政了三年。他們之所以能延續統治都出於相似的原因，庫普賽魯斯是一個深受邦眾擁戴的人，他執政期間從來都不需要近身侍衛；培理安雖然是個僭主，但也同時是一個深獲認同的將士。延續期間排名第三的是雅典的佩西特拉，雖然中間有中斷，佩西特拉兩度被驅逐，所以三十三年間他只在位十七年，而他的兒子掌政十八年，仍有三十五年之久。至於其他的僭主政體，敘拉古的哈洛與蓋洛可以說是邦祚最長者，但著實也不過總共十八年，蓋洛的僭主政體延續了七年，在第八年壽終正寢；哈洛則在位十年，色拉敘布洛在位的第十一個月，就遭到驅逐。事實上，僭主政體一般來說壽命都很短。

至此，我已經闡述了幾乎所有政治體制與王治政體，之所以遭遇毀滅或者得到護持的緣由。

在柏拉圖的《理想國》中，蘇格拉底也討論了政體動亂的問題，但不夠完善，他沒有提及特別導致最原初或完善城邦變動的緣由。他只說萬事萬物變動不居，以一種循環週期的方式變動，起點是某種「從三到四，再銜接到五的基數，創造出兩種形式」，這幾個幾何數字相偕成爲一個完美的立方，其假設是自然會生發出低下且不堪教化的人，他的說法或許沒錯，確實可能有無法教化，成爲具備德行的人，但爲何這僅僅只是特屬於他稱之爲最佳政體的變動方式呢？而不是其他所有政體，乃至於一切萬事萬物的變動方式呢？若是照他所說的因爲時間，萬事萬物都經歷了變動，那麼不在同時起始的事物，也會同時經歷變動嗎？如果有某個物事，在變動轉折點前出現，那麼它也會同時經歷變動嗎？

除前開這些以外，又是什麼緣由讓政體的變動方向往斯巴達式體制位移？畢竟政治體制的變動方向經常是往相反的方向，而非相近的方向位移，同樣的質疑也適用於其他的變化，他說斯巴達政體會轉型成寡頭政體，而寡頭再轉型成民治政體，接著再轉變成爲僭主政體，然而可以經常看到相反方向的轉變，民治政體經常可能是轉變成寡頭，而不是成爲王治政體。尤有甚者，他也從來沒提及僭主政體是否更容易變動，若是的話，因由爲何？又轉變成什麼形式的政體？其實理由或許他也不便明說，因爲根據他的說法，政治體制毀滅之後就會轉入最原初與最佳的政體，如此才會有一個周而復始的圓。可是，觀諸事實，僭主政體經常是轉變爲另一個僭主政體，就像在西錫安，麥倫（Myron）的僭主體制轉變成了克里斯提尼的僭主體制；又或者僭主政體轉變成寡頭政體，像是哈爾基斯的安提利昂（Antileon）僭主政體；也可能轉變成民治政體，像是敘拉古的蓋洛家族；在迦太基，以及斯巴達的查理勞（Charilaus）僭主政體，則轉變成貴族政體。寡頭政體則經常轉變成僭主政體，就像西西里古代的寡頭政體那樣，又比如說，在倫蒂尼的寡頭政體，轉變成班納度的僭主政體；在傑拉（Gela）則轉變成克萊德（Cleander）的僭主政體；在勒基雍則有安克西勞（Anaxilaus）這個僭主政體，類似的轉變也在許多城邦中發生。所以，認爲城邦之所以轉變成寡頭政體，單純因爲統治階層貪戀錢財，而不是因爲富人認爲窮人在體制中也共同與聞政務並不公平，這個說法是謬誤的。況且，許多寡頭政體都有針對統治階層經商牟利的規定，反倒是在迦太基的民治政體，卻沒有類似限制，可是迦太基時至今日都還沒有發生動亂。

而蘇格拉底說寡頭政體其實是一個城邦分裂爲富人的城邦以及窮人的城邦，這個說法也是值得商榷的。畢竟，這幾乎就是斯巴達的狀況，有礙於斯巴達作爲一個城邦嗎？難道所有財產的總體分布並不平均，或者並非城邦所有人都是同等良善的人組成都是分裂的城邦嗎？在假定城邦中沒有人的經濟處境倒退的情況下，如果窮人的比例增多，寡頭體制同樣有轉變成民治政體的可能；同樣地，如果富有階層的勢力強過邦民，民治政體也可能會轉變爲寡頭體制，差別只在於前一種的動態往往山雨欲來、蠢蠢欲動，而後者的動態則往往如溫水煮蛙。再來，政體更迭的緣由可謂多不勝數，但蘇格拉底卻只提了一個，也就是邦民因爲揮霍與債務，而變得更窮，彷彿所有邦民、多數邦民起初都很富有，但事情卻完全不是如此。雖然會有人因爲財產的損失而著手起事，但這並非普遍現象，而且寡頭政體轉變爲民治政體的個案，並沒有比轉變成其他政體來得更多。再者，因爲自己在城邦的名位被剝奪，因爲自認受到不公待遇或者受辱而起事改變體制的人，儘管財產上的損失完全不是理由，他們或許還是會宣稱無拘無束的自由、能夠揮霍的自由，是他們生事的緣由。總之，寡頭與民治政體有許多種形式，但蘇格拉底在討論政體的變動時，卻好像它們都各自只有一種形式一樣。

卷六　建構穩定民治與寡頭政體的方法

第一章（1316b31-1317a39）

我們已經探究了各種城邦的議事與權威體制的設計、法庭與官職的各種制度安排，以及它們如何與各種不同政治體制形式的搭配。也探究了政體毀滅的緣由，它們是如何產生與什麼原因導致，以及護持政體的方法。

民治政體以及所有其他政體形式都有許多種類，若是有人還可以再指出一些各有其妥切依據，且確實有用的政體建構模式，來進行種類的增補，那會很好。然而我們在此所要探究的是這些既有模式本身的各種組合，這些組合會讓政體之間彼此交疊，於是就讓貴族政體具有寡頭色彩，而讓共和政體傾向於民治風格。

這些需要探討但至今仍未處理的組合，比如說，政體中議事的制度與官職的選舉，是依據寡頭的方式而設計，但法庭卻是具有貴族政體的色彩；或者說法庭與議事制度具有寡頭風格，但官職的選舉卻是貴族政體式的，又或者其他制度之間彼此不盡相洽的一切政體組合。

此前我已經討論過特定的城邦適合哪一種形式的民治政體，特定的邦民適合哪一種形式的寡頭政體，以及不同的城邦所適合的其他各種政體形式。再進一步，我們不僅需要了解各種城邦所最適合的政體，也要進入到這些政體要如何建立起來的討論。

首先我們所要討論的是民治政體，如此也就能看清與之對立的政體，也就是一般慣稱的寡頭政體。爲此，我們要確認民治政體的所有要素與特徵，而正是這些要素與特徵的結合，才有各種不同形式的民治政體，造成民治政體彼此之間的差異有許多，主要可歸之於兩個因素。一個是我們此前所提過的，邦民組成的不同，邦民的組成可能會包含農人、匠人與終日勞動的邦民，若是原本的農人階層再加上匠人階層，然後第三個階層又再加上去，不僅民治政體內部會出現好轉或惡化的動態，其原本的狀態也會跟著改變了。第二個需要處理的因素就是，民治政體有各種不同的要素與特徵，其不同的結合就會創造出差異，某一個要素在一種民治的形式會少一些，而另一種則多一些，或者，也會有具備所有特徵的民治形式。對於想要打造全新民治政體形式的人，或者只打算重新改造既有形式的人來說，通盤理解這些是有很有幫助的。城邦的肇建者可能會嘗試把適合特定政體形式理念的所有要素都集結起來，可是這是個錯誤的想法，我在討論城邦體制的毀滅與護持時，已經解釋過。我們現在就要從這類城邦的原則、性情特徵與目標出發。

第二章（1317a40-1318a10）

民治城邦的根基是無拘束的自由，一般的意見是，只有在民治的城邦，才能享有這樣的自由，所有的民治政體都肯定這樣的自由，而這就是它們的目標。自由的一個原則就是所有人都輪流統治，也輪流受治，因此，民治政體的正義原則就是數目上的平等，而非依特定比例的平等，因此可以推導出多數必然至高，多數所同意者，無論是什麼，必然就是目的，必然也就是正當的。也就是說，所有的邦民彼此之間都是平等的，那麼，在民治政體中，窮人就比富人擁有更多的權力，因爲窮人的數量多過富人，而多數的意志是至高的。這種自由是所有民治政體都肯定的標誌性原則。而另一個原則則是人應當隨心所欲地生活，所以，無法以此作爲人的原則而活著的，就只能是奴隸，此即民治政體的第二個特徵。由此就有人不應當爲任何人所統治的主張，若無法實現，就只能輪流統治，唯有如此才有促成立基於平等的自由。

從這樣的基礎與原則，就可以推導出民治政體的一些制度：由所有邦民從所有邦民中選舉執政官；每一個邦民都由所有邦民統治，而所有邦民也由每一個邦民輪流統治；所有的官職都透過抽籤任命，無須特定經驗或者專業技藝；沒有限定財產資格，或者只有非常低的要求；除了少數官職以外，同一個官職不得連任，但軍職例外；所有官職的任期都很短，或者盡可能很短；所有的人都可以入審判席，而從所有邦民中選出的法官，則審理所有事務，至少是大部分或者最爲重要的事務，像是財務的審核、政體相關事務以及私人契約等等；邦民大會則要主掌所有事務，至少是最重要的事務，執政官的裁量權限近乎沒有或者非常限縮。在所有的執政官職中，各級參議會在所有邦民一視同仁不給付津貼的狀況下，可以說是最具民治色彩，如果給付津貼，就像我們之前所討論的，部分經濟更爲優渥的邦民會更樂於出席，導致官職本身因民治設計而具有的權力產生偏移。民治政體的另一個制度設計是，所有的公共服務都有津貼：邦民大會、出任法官與執政官等等，都可以得到津貼，若是無法做到，也要給予出任法官與出席城邦級邦民大會津貼，最起碼，被強制要共同議事而共同會餐的人要給予津貼。相較於寡頭政體之間因爲出身、財富與教養而有不同形式，民治政體的特色是相當普羅：低下階層的出身、窮苦的經濟狀況以及較爲卑賤的職業。另一個也相當具有民治色彩的現象是，民治政體中不存在永久常設的官職，如果有一些在政體變動後還保留下來，其權力也會被削減，官職的產生也會改由抽籤而不是選舉。

以上是民治政體所共有的，民治政體與普羅邦眾所公認的是民治式正義的原則，也就是在數量的基礎上所有人都能與聞政務的原則。這樣的平等並不是說窮人比富人更有權力，也不是說窮人獨攬大權，而是說在數量的基礎上，所有人都是平等的，人們會認爲如此一來，平等與自由就可以在這樣的城邦中實現。

第三章（1318a11-1318b5）

緊接著下來的問題是，如何達致這種平等？要讓一千個窮人的財產達到五百個富人的水平嗎？還是要賦予這一千人擁有與那五百人同等的權力呢？若是此法不通，是不是在保留這個比例的同時，從雙方各自取出同等的人數來備選官職與掌理法庭呢？依據民治政體的構思，是此一做法還是純依數量更爲正當呢？民治論者認爲多數的認可同意是正義，寡頭論者則主張較富有的階層所認可同意者爲正義，就此則應當以財產的數額爲標準。然而，這兩個原則都會出現某些不平等與不正義的狀況。一方面，依據寡頭原則，如果正義是少數人的意志，任何一個比其他人更富有的人集結起來，就可以獨攬大權，這麼一來就會出現僭主；但若多數即正義，就像我之前所說，或許就會不正當地掠奪富有少數的財產。要找出雙方都能認可同意的平等原則，就必須探究各自對正義的構思。

現在，雙方都會同意，邦民多數的決斷具有權威，然而這個原則並非鐵板一塊。城邦是由富人與窮人兩個階層所構成，雙方或雙方的多數都認可同意的決斷就具有權威，若雙方僵持不下，則再由更多的邦民數量，或者具有更高財產水平的人們來決斷。舉例來說，假設有十個富人與二十個窮人，有個政策得到六個富人支持，而有十五個窮人反對，餘下的四個富人站在窮人這邊，而餘下的五個窮人則站在富人那邊，這種情況則依據雙方各自累積的財產總額，來做最終決斷。要是雙方的財產總額也同等，其實這個問題也不難解決，當前的邦民大會與法庭的意見分裂也是如此，解決之道就是抽籤或者類似的辦法。要在理論上解決什麼是正義與什麼是平等或許並不容易，不過在實務上要勸阻有能耐的人自制，其實更爲困難，平等與正義一直都是勢弱者的追求，而強勢者往往不甚在意。

第四章（1318b6-1319b32）

在我們此前所討論過的四種民治政體類型中，次序最優先的是最佳的類型，也就是最爲古老的民治政體類型。這是從人口的職業分類來說的，民治政體所能具有的最佳質料是農耕階層，在多數人依賴農耕與放牧產業的地方，民治政體可以毫無窒礙地建立起來。因爲窮困，所以農民沒有什麼閒暇，就無法經常出席邦民大會，生計的考量讓他們得刻苦勞作，甚至無暇覬覦他人所得。埋首生計比投注心力在無利可圖的政治體制事務與官職，對他們來說其實更爲自在，他們多數人對於名望也看得淡薄。證據就是，只要生計不受影響，財產不被剝奪，他們對於古代僭主的耐受力更高，甚至在有些人快速致富，有些人經濟尚可的狀況下，也可以忍受寡頭。況且，如果他們能擁有選舉執政官並對之考核的權力，他們對政務的野心就能得到滿足，若是他們確實有這類野心的話。在一些邦民無從參與官職任命，但可以從邦民中選出代表與聞政務的民治政體中，如果他們有審議政務的權力，多數人還是會就此滿足的，像是曼提尼亞的狀況，像曼提尼亞這種政體，也是可以視爲民治政體。因此對於此前所說的各種民治政體來說，讓所有人都可以被選任官職，處理查核事務以及參與法庭審理，固然都可取而且符合通論，不過重要的官職還是都應該從資格要求較高的人中選拔，或者，假如不要求特定資格，那麼也應該任命具有特殊專業技能者擔任。在這樣的政體形式中，邦民的治理會更爲良好，因爲邦民更樂於選任資格較好的人出任官職，而不對其秀異懷妒忌之心。城邦中的秀異與顯貴之人也會滿意，因爲他們不會被比自己低下的階層統治，而選舉出來的人也會行事正當，因爲還是會有其他邦民在進行考核。每一個人都應該要對城邦中的其他人，擔負起一些責任，沒有人可以被允許隨心所欲行事，如果放任無羈的絕對自由，就無從遏制每個人內在粗鄙與卑賤的質素，適格的統治不會犯下錯誤，邦眾也不會失其所應得，這對城邦來說是最好的狀況。

顯而易見，這是民治政體的最佳形式，爲何這麼說？因爲其邦民具備某種品質，許多城邦在古時候都有讓邦民維持農稼階層品質的法律，例如，禁止持有特定份額以上的土地，或者特別是在特定的城邦近郊地點或者城鎮中心。過去在許多城邦都規定禁止出售原先所分配到的土地，奧克敘盧（Oxylus）就有類似的法律規定，大意是每人持有的特定土地份額，不得買賣。亞菲塔人（Aphytaeans）的改革經驗可以佐證我們所提的這個建議，雖然他們地狹人稠，然而卻都能讓邦民以農稼維生，他們並不是以整個階層的土地份額來做衡量標準，而是將所持有的土地份額細分，達到所有窮人都能擁有略爲超過邦民身分要求的份額。

除了以農稼維生的邦眾外，最好的邦民品質也可見於從事畜牧，依賴畜群維生的邦民。他們的營生型態與農稼階層相似，而逐水草而居的野營生活，以及由此而生的強健體魄，更讓他們遠比其他民治政體的邦民，更擅於軍戰事務，即便他們較爲低下的營生模式，讓他們其他的營生產業無法特別優越，比如說工藝匠術、通商貿易乃至於雇傭苦勞。除此之外，由於這類階層頻繁往返於城鎮與商市，因此更方便出席邦民大會，相較之下，散居各地的農稼邦民，倒是不一定會有一起聚會的特別需求。在稍遠於城鎮的近郊，要建立優越的民治或共和政體困難度較低，因爲邦民多少被迫要定居於此，比之城郊地區，在擁有大量從事貿易人口的城鎮中心，反倒因爲郊區邦民不便而無法舉行邦民大會。以上闡述了最原初與最佳形式民治政體要如何建立的問題，至於其他較爲劣等的模式，則隨之分離出更差的邦民品質，因此逐步偏離於此典型。到了最末一種民治政體，雖然同樣還是所有邦民所共有，卻是一個無論任何城邦都無法僅憑自身維持的政體，沒有法律與習慣的調節，是無法延續下去的。這類與其他類型城邦之所以崩潰的整體緣由此前已經多有討論，而在這類最末型態的民治政體，爲了壯大邦民的勢力，民粹領袖通常是盡可能擴大邦民身分的範疇，無論是原先合法的，還是那些只有雙親之一是本邦人的邦民，也被納入正式邦民之中，民粹領袖的做法不外乎此，對這類政體來說也或許再順理成章不過，但正確的做法卻應該是把普羅邦民的人數維持在不超過顯貴與中間階層的水平，一旦超過這個水平，整個政體就會陷入紛亂，顯貴階層因爲感覺受到壓縮而變得敏感，對體制的耐心也隨之下降，昔蘭尼（Cyrene）的動亂即起因於此，開端時的徵兆雖小，釀成大禍時就已迫在眉睫。在這類最末的民治政體極端形式中，克里斯提尼爲了壯大雅典民治政體的力量，昔蘭尼的民粹建邦者，也都用過類似手段，建立新的部落與宗社，限制家計單位的私人祭典儀式，再轉化成公共的祭典儀式，總之，一切的舉措都著眼於讓邦民擺脫舊的連結形式，重新彼此混同起來。再次，一些僭主所採用的舉措，表面上也相當貌似民治政體，比如像是對奴隸的特許（這在某種程度上還是相當有用的），以及對於婦女與孩童的特許，這些都讓他們可以更隨心所欲地生活。這類的政治體制會得到許多擁護者，畢竟，相較於審慎有度的生活，大部分的人更樂於沒有節制地生活。

第五章（1319b33-1320b17）

對立法者或者有志肇建城邦的人來說，所要考量的並不只是單單把一個民治政體建立起來而已，畢竟，無論如何先天不良的城邦，起碼也都能維繫個幾天，更大的困難在於如何護持城邦。立法者應當依據此前所闡述的，城邦崩潰與護持的緣由，盡力能讓城邦有更堅實的根基，既要提防那些會導致城邦毀棄的因素，也要打造能夠護持城邦的律法，無論是成文還是不成文的。所要考慮的是讓城邦能夠長久延續的舉措，而不論這類舉措是民治風格還是寡頭風格，是助長民治力量還是寡頭力量。但今日的民粹領袖爲了取悅邦民，經常在法庭上將富人的財產充公，把城邦福祉放在心上的人應該抵制這類做法，制定法律讓這類的財產，不會被公開審理，而是保障其私人持有。有意違反法律者因爲可能受制裁，就會更加審慎，而邦民也會因爲無利所圖，就不會打算公開審理與充公這類財產。而公開的審理也應該盡可能減少，誣告與濫訴者應當重罰以遏止，畢竟會涉入這類訴訟的，往往都不是普羅邦眾，而是顯貴人士。而雖然要讓邦民全盤歸附體制有所困難，但至少不能使之敵視統治者。

當前最末這種民治政體因爲人口眾多，如果沒有津貼給付，很難召開邦民大會，在公共收入不足的狀況下，財政壓力往往轉嫁到顯貴階層，通過徵稅與財產充公等這類法庭的腐化作爲來獲取所需款項的情事，已經導致了許多民治政體的覆滅。因此，在這類公共收入短缺的地方，固然應該召開邦民大會，法庭的審理還是要納入多數邦民，但也應該要限制天數。這樣的體制設計，具有兩個益處：第一，富人階層不再對開支心懷畏懼，即便窮人可以得到津貼而他們沒有；第二，裁判審理的品質可以得到提升，不願因出席審理而長期耽誤自身的富人，會願意花上幾天時間參與。如果公共收入無虞，就不能坐視民粹領袖以前述方式分配盈餘，窮人這方面的欲望是無法厭足的，這類的救濟就像往漏杯中注水。邦民眞正的朋友應當讓他們不至於過度窮困，極端的窮困會拉低民治政體的品質，相應的舉措是讓他們持有恆產，這對所有階層都是有利的。公共收入的盈餘應當積聚起來，分配給窮人，讓他們可以購置一點地產，至少也要讓他們得以安心從事貿易或者農稼。如果這類慈善濟助無法遍及所有邦民，那麼也應當依據宗族或其他城邦內的次群體而分配。富人若需要支付窮人出席必要邦民大會的津貼，就應當免除他們在其他無用公共服務的捐獻。迦太基就是以此精神治理城邦，因此維持了邦民對城邦的向心力，其政策是鼓勵邦民往鄰近「依附的城鎮」拓殖以致富，而慷慨大度且明智的顯貴，也更樂意濟施窮人，讓他們得以自力營生。塔林敦邦民的做法就值得仿效，他們讓窮人也可以共用其產業，因而博得了邦民大眾的好感。此外，他們也將所有官職都分割成兩種類型，一種由投票遴選，另一種則由抽籤產生，後者讓邦民可以參與其中，而前者則讓城邦可以更妥善地治理。把同樣一個官職劃分成兩種不同產生的執政官，一者透過選舉，另一者透過抽籤，也會有同樣的結果。

關於民治政體的制度如何建構，以上的討論足矣。

第六章（1320b18-1321a4）

從上述的討論，不難看出寡頭政體的制度應該如何建構。只需要對比民治政體，並從反面來論證即可。

最原初也最爲平衡的寡頭政體類似於共和政體。在其中應當要有兩種不同的參政資格標準，較低的財產資格要求應用於基層的例行公務官職，而較高的資格要求則適用於較高的官職。符合財產規定資格要求者，就具有邦民身分，這類得到資格認定的邦民，比之被排除在體制之外的人，更能讓整個統治階層更爲壯大，也應當都要從邦民素質較佳的階層中吸納新的邦民。而如果這類原則再限縮一些，就會出現另一種寡頭政體形式，與最極端民治政體對應的是，統治圈子最爲限縮與最爲壟斷權力的寡頭政體，這類最差的政體形式需要因應其惡劣的品質，而需要更多的防衛與警戒，一如強健的體魄與備有精良水手的船隻，即便經受許多事故也可以倖存，而先天不良的體制以及破敗加上糟糕水手的船隻，即便小小的失誤，也會傾覆，所以，最差的政體形式需要最大程度的關照。一般而言，民治政體的浩繁人口可以護持住體制，因爲在民治政體中，數量的正義原則取代了依特定功績爲衡量的正義原則，因此，寡頭政體的護持很明顯有賴於對立的原則，也就是良好的秩序。

第七章（1312a5-1321b3）

普羅邦民大眾可以區分成四個階層：農人、匠人、貿易商人以及專務遠航的勞苦階層，這相應於四種軍戰階層：騎兵、重裝步兵、輕裝步兵以及海軍。在境內適合騎兵作戰的地方，就能建立穩固的寡頭政體，因爲只有富人才養得起馬匹，因爲居民有賴於這樣的武力來保障其身家安全；第二種寡頭政體形式盛行於境內適合重裝步兵的地方，因爲比之窮人階層，富人階層更適於組建這樣的武力。而以輕裝步兵與海軍爲主的政體，則幾乎全具有民治風格，因爲這類武力需要的人數眾多，如果普羅邦眾與顯貴發生衝突，寡頭經常爲這類武力所重挫。解決之道可以從那些擅於戰爭的將領身上找到，他們在騎兵與重裝武力中加入適當的輕裝武力，這麼一來邦民的力量就會在城邦階層的黨爭中取得上風。因爲輕裝，所以在與騎兵、重裝武力的戰鬥中就靈活得多。放任邦民內部自己組裝武力，對寡頭政體來說無異於自找麻煩，因此，在統治階層內部可以以年紀作爲分界，年紀較小者從少年就開始學習一些輕裝步兵的基本操練，等到他們成年就成爲現成的輕裝武力。

寡頭政體也應該要讓部分邦民參與體制，或者是向達到一定財產資格要求的人開放；或者是像底比斯那樣，向那些擺脫賤業一段年限的邦民開放，或者是像馬沙利的做法，向因爲一定功績而對城邦卓有貢獻的人開放體制，無論他們此前是不是邦民。應該要掌握在統治階層手中的最高層級執政官，則應該依官職而附加高額的輸獻，一方面讓邦民不再覬覦這類官職；另一方面眼見尊崇的官職伴隨如此高額的附加輸獻，他們就不再爲統治階層所特有的權力而惱怒。執政官在上任之際大舉輸獻，或者大興公眾建設也是相當可取的做法，眼見城邦因爲大筆輸獻與建設而煥然一新，邦民與有樂焉，就不再尋思體制的變動，權貴也將因爲他們的氣度，而受到城邦懷念。然而，當前寡頭政體的作爲卻完全不是如此，他們對蠅頭小利的貪得，就像他們對名位的欲望一樣，這樣的寡頭政體幾乎可以說是一個微縮版的民治政體了。民治與寡頭政體的內部制度如何組織的方式，差不多就是如此。

第八章（1321b4-1323a10）

跟著要討論的官職的妥善配置、其數目、本質與職責等等，其實這些我們此前已略有提及。城邦要存續，就必要有一些官職，在沒有這些用以維持城邦調節與秩序的官職，城邦是不可能得到妥善治理的。在小型的城邦中，就像我們此前所評論，或許不需要太多官職，但等到城邦規模稍長，就必然要有更大數量的官職人員，而至於哪些官職的職掌可以合併，哪些需要分設，則需要審愼探究。

第一種必要的官職是監管市場動態的官職，應當任命執政官以執司市場動態的監控並維持秩序。每一個城邦都無可避免會有互通有無的交易買賣；最便捷的狀況當然是城邦自給自足，而這也是人們聚合共建城邦的目的所在。第二種類似性質的官職則執司公共與私人設施的管理與整全、屋舍道路的保養與修繕、邊界爭端的預防等等諸如此類性質的事務。這樣的官職一般可稱之爲「城監」，在人口浩繁的城鎭中，它會有許多部門，分由不同人等來執司業務，例如，主管城牆的部門、專管噴泉池的單位以及負責港口業務的人員等等。還有一種同樣必要，且性質類似的官職，其所執司的業務是在城鎭牆外的鄉鎭地區，這類官職可稱作「鄉監」或者「林木督察」。除了這三類官職以外，第四種官職則執司稅納業務，並負責公共收入在各部門之間的分配，這類官職可以稱作「稅官」或「司庫」。還有一種官職執司記錄所有私人契約、法庭裁決與起訴書狀與預備流程，這類官職有時候也會下設次級部門，而在一些地方則由單一部門負責所有這類事務，可稱之爲「簿記」、「神聖的簿記」，或者是「監校」等等。

緊接著還有一種官職，其所執司的業務可以說是最爲必要卻也最爲艱困，也就是負責刑罰的執行、追討登記在冊的罰緩以及犯人的羈押與監禁。這類官職的難爲來自於執行業務所附加的憎惡，以至於除非高額收入，否則不會有人願意執掌，或者消極執行法律。然而這類官職卻是必要的，司法裁決若不生效則毫無意義，沒有這些裁決規範人與人之間的關係，整個結社共同體也無法運作，因此若裁決沒有執行，則結社共同體無法續存。這類不爲人所喜的官職不應該完全交托給一個人負責，而應該由分屬不同裁決法庭的官員來執行，執行公告周知的業務也應該要以同樣的方式分署出去，一些判決的執行則讓其他官員去處理，好過全由法庭的執行官執行，部分刑罰的執行，則應該交由新任官來執行卸任官的判決，在任官員的判決，則交由其他官員來執行，例如，由城監執行鄉監的裁罰，而鄉監則執行城監的判決。執行所引起的憎惡越少，裁罰的執行就越能順利，如果讓裁決者身兼執行者，則所招致的憎惡會是雙倍的，倘若執行的官員全是同一批人，那麼他們可就會是全體邦民的公敵了。

在許多地方，判決的執行與犯人的羈押監禁，會分屬不同官職執司，例如雅典有所謂的「十一人團」執司典獄事務。這類典獄事務最好分隔開來，並且嘗試一些方法讓這類官職不那麼不為人所喜。而儘管這類典獄執司相當必要，但適格的人選卻往往想方設法逃避，而不適格的人又往往無法託付重任，畢竟恐怕也需要監管的他們，完全不適宜監管他人。也不應當由單一或常設官員專責處理這類事務，在有常設青年團衛組織的地方，應當交由這些青年執司典獄事務，再由不同的執政官署輪流掌理。

上述的官職執司是城邦運作必不可缺，所以列為優先討論，接下來所要討論的是同樣必要，而層級稍高，需要歷練經驗與更高信賴的官職。這類官職即是執行城邦衛戍與軍戰事務的官職。城邦無論戰時還是平時，都有進行城牆防衛與召集調遣邦民事務的需求，有些城邦有許多這類的官職，還有一些城邦則只有少數幾個官職司掌，小型的城邦則往往交由一人負責，這類官職可以稱作將帥或者指揮官。再者，如果一個城邦擁有騎兵、輕裝步兵、弓箭兵或者海軍，有時候就會分設類似海軍司令、騎兵將領或步兵團長等不同官職，往下則再設軍艦長、騎兵隊長或步兵長等不同官職，再往下還有其他分職，而所有這些部門則都歸入總參謀部門，這些全體就構成了軍戰的官職。

雖然不是所有官職都會經手公共款項，但還是有一些官職必得經手，因此就有必要設立另一種專責處理公共款項之查核與審計事宜的官職，這類官職有許多稱呼，像是查核官、審計官、會計官或者主計官等等。除前開這些官職，還有一種級別更高的官職，這個官職會負責稅率與稅收，而在民治政體中，則負責主持邦民大會，畢竟需要有一組人，負責城邦最高權威的召集事宜。在一些地方他們被稱作籌議官，因爲所處理的是一些籌備性事宜，而在邦眾執掌的地方，則會被稱作參議官。

政務相關的官職約莫就是這些。而還有一類主管諸神祭祀相關事宜的官職，這類事務包括神聖事務的掌理與司祭，包含神廟的維護，年久失修神廟的修葺，種種與諸神相關的事務等等。有時候在一些小型城邦，只會有一個司監來處理相關事宜；有時候則會從祭祀本身劃分出不同官職，例如主祀、廟殿衛戍與祭祀品的司庫等等。再次則有一種官職，專司掌理所有在祭司法定執司之外的公共祭祀，其尊貴來自於城邦的公共祭壇，這類官職有時候被稱之爲執掌，有時候也會稱之爲「王」，有時候則稱作主事官。

以上這些城邦的必要官職，可以總結如下：掌理祭祀事宜、軍戰事務、公共收支、市場秩序、城鎮、港口、市郊的官職；契約的簿記、判決的執行、犯人的監禁、財務會計的查核與審計之類的執政官署；最後則有司掌城邦公眾審議事務的官職。在城邦承平與繁榮的時代，同時也會有專職良好風尚的官職，例如監護婦女、保障法律、監護孩童以及體育訓練等等，除此之外還會有執司體育競賽、酒神式競賽以及其他類似大場面活動的官職。有些官職則顯然不是民治式取向的官職，例如婦女與孩童的監護，畢竟窮人沒有奴隸，不得不讓家計中的婦女與孩童來做這些奴僕雜役。

而有三種官職，則端賴個別城邦體制的走向而設置：監法官、籌議官與參議官。監法官屬貴族政體，籌議官則屬寡頭政體，而參議官則歸民治政體所有。以上已大致勾勒了各種不同的官職。

卷七　政治的理念與教化原則

第一章（1323a13-1324a4）

要妥切探究城邦的最佳政體形式，必然首先要確定最爲値得，足堪爲人所擁有最好的生活形式，若是無法確知這點，也就必然無法確知城邦的最佳政體形式。畢竟，在不悖常理的狀況下，可以認爲，在既有條件下能營最佳政治生活，會是能以最好方式生活的人。因此首先要確定的是，一般來說什麼是最爲値得，最足堪爲人所擁有的生活方式，以及這樣的生活方式是否對於整體城邦與個別個人來說都是最佳的。

對於最好的生活方式，採取學院外所討論過的就已經夠了，在此只需不厭其煩地再簡短重述即可。沒有人會爭論可以依據善的特性而將之加以區分成三類，也即外在的善、身體的善與靈魂的善；也不會有人反對，一個愉悅的人必然三者皆擁有。也不會有人認定，一個愉悅的人會連一丁點勇敢、節制、公正或者實踐上的智慧都沒有，會像是因爲蚊蟲飛過就驚懼不已的人、爲了口腹之慾就大肆放縱的人、僅因小利小得就出賣最親密摯友的人乃至於心智有如幼童或瘋人等等。以上這些命題幾乎爲所有人公認，差別僅僅在於程度以及優先次序。有些人會認爲，德行僅需擁有一些即可，並不認爲需要對財富、身家行頭、權力與聲名等等的慾求設下限制。對此只需以可輕易證明的事實回應，人並不是透過外在的善取得或達致德行，反之是以德行之助而得外在之善；而相比於擁有外在的善好到某個不必要程度，但卻在更高的素質上相當貧乏的人相比，在心性與人格素養的教化更高的人身上，更可以發現愉悅的生活，無論是單就肉身上的愉悅或者德行，甚或兼具兩者。這點甚至完全無須人生歷練，就可以僅就理性上的反思得出。外在的善終究有其限度，就像所有其他的工具，其用處在於其目的，超出限度所多餘的，反而有害，無論多出多少，對於工具的持有者都沒有用處；至於靈魂相關的善，就只能說多多益善，著實可以這麼說，這類的善既高貴又頗有用處。那麼就可以認爲，要著眼每一個事物相對於其他事物的優異程度，而對之做最佳的安排，就要遵循它與其他事物所不同之處。因此，如果靈魂比身外之物或身體更爲高貴，既是就其本身如此，對我們來說也是如此，那麼，對其各自的最佳安排，必然也與之相似。也就是說，其他事物之所以足堪擁有，是因爲靈魂的緣故，而所有明智的人都會如此選擇，而不是倒過來爲了其他事物，而欲求靈魂的善。

於是且讓我們認定，一個人能擁有多少愉悅，端視其擁有多少德行，端視生活賴於多少實踐的智慧。諸神可以見證這個眞理，祂們的愉悅與至福，並不假任何外在的善，而是就其自身且因於本質。這也就是好運與愉悅之絕然不同之處，外於靈魂的善好，其因由總是機運，但沒有人會因爲機運而公正自持或審愼節制。從而，同樣地，一個城邦無法全無高貴之功的狀況下，而成爲愉悅與欣欣向榮的最佳城邦，無論是個人還是城邦，都無法在沒有德行與實踐智慧的狀況下而自處高貴。於是一個城邦的勇敢、正義與愼度，也就具有同樣的力量與架構，一如擁有這些品質的個別人身，會被認爲是果敢與審愼之人一樣。

以上這些無法迴避的討論，暫且權充這個主題的緒言。這些討論在此無法全面開展，畢竟這專屬另一門學科。目前可以這麼認定，最好的生活形式，無論是對個別個體還是對城邦來說，可以說都是具備德行的生活，其外在的善足以使之展現出優秀的樣態。這裡的討論會略過對此一命題的異議，往後再行深究。

第二章（1324a5-1325a15）

接下來要繼續討論的問題是，最爲値得，最足堪爲人所擁有的生活方式，以及這樣的生活方式，是否對於整體城邦與個別個人來說都是最佳的。這自然毫無疑問，沒有人會否認兩者的相同之處。一個認爲幸福在於財富的人，也會認爲鉅富造就了城邦的幸福；而那些對僭主的生命形式評價最高的人，自然也會認爲城邦最大的幸福在於統治最多的人口；如果人們出於德行緣由而讚許一個人，那麼他們也就會認爲一個城邦越是德行出眾，就越是一個幸福的城邦。目前有兩個論題需要探究：第一，是作爲邦民而爲城邦一份子的生活形式，還是作爲一個城邦外人，全無政治連結的生活形式，哪一種是比較可欲的生活形式；第二，就政治體制的最佳形式或者說城邦最好的狀態來說，參與城邦的生活是要被認爲對所有邦民來說，都是最爲可欲的生活形式？還是只是對大多數邦民來說如此，而對少數邦民則否呢？而既然政治思想與思辨的主題是城邦的善，不是個人的善，而我們所進行的是政治論述，第一個論題對我們來說就相對次要，第二個論題才會是我們所探究的主題。

既然最好的政體形式可以讓所有人，無論是誰，都能以最好的方式營政治生活，且生活最爲愉悅，可是，即便是同意擁有德行的生活是最爲可欲生活方式的人，也會提出一個問題：這樣的一種政治生活，與一種完全超脫物外的生活，哪一種是更爲可欲的生活方式？後者我所指的是一種沉思的生活形式，有些人認爲這是唯一一種足堪哲人擁有的生活形式。古往今來任何一個對於德行有所抱負的人，對於政治性的生活形式與哲人的生活形式各有所好，兩者何者爲佳，可謂是一個不小的論題，而畢竟不管是對審慎的個人還是城邦來說，都要依據最佳的目的，來調節自身的生活。有些人會認爲，儘管專斷地統治他人可以說是最大的不義，可是，即便是一種不可不謂正道的共和式統治，也難免是對個人愉悅幸福的巨大障礙。還有一些人則持相反立場，認爲積極主動的政治生活，才是人所能足堪擁有的生活，對於遠離公共事務與政治參與的個別人來說，就完全不會有開展各種德行的空間。再者，也有一些人認爲，專斷的統治與霸業，是唯一能成就幸福的事業，確實，有一些城邦即以此爲整體目標，其律法與體制都在於對其鄰邦施加專斷的權力。不過，即便大部分城邦的律法與體制各有其龐雜混亂的精神，總的來說還是有一個維持城邦強權的目標：斯巴達與克里特的教育體制與大部分的律法體制設計，都是著眼於戰爭的需求，所有以霸業爲志的城邦，都崇尚軍武精神，例如斯泰基人（Scythian）、波斯人、色雷斯人與凱爾特人。有些地方甚至還有推崇這類軍武精神的法律，像是在迦太基，參與多少戰事，身上就能佩戴多少勳章；而馬其頓則規定，尚未斬殺敵人的人，腰間就只能繫上一只韁繩。而在斯泰基，尚未在戰場殺除敵人的人，是不被允許在一些宴會上，共飲眾人互傳的酒盞。像伊比利亞人（Iberian）這樣好戰的民族，會在死者的墓穴四周豎立尖形石碑，其數目等同亡者曾經斬殺的敵人數目，這類風氣有些是律法規定所致，有些則是習俗使然。

然而細細思量後，事情就會有點奇怪。治邦者所心心念念的，難道就只是成就霸業，宰制他人，而無論對方意願嗎？甚至律法也無從約束，難道就是治邦者或立法者的志業？律法也無從約束的狀態，肯定就是無視正義的統治，因爲強權論斷是非。這主張沒有其他的技藝或學科可堪對比，醫師不會被期待要說服或者強挾其病人，也不會期待海員對其乘員如此，可是卻有很多人認爲專斷統治的技藝就是治邦之術，而人們在自己城邦視爲不義與不妥的行徑，用以對待他人就毫無羞愧；正道統治的要求竟僅僅只限於自己的邦國，對於其他鄰邦則完全不考慮。除非對方本性適合爲奴，否則這種行徑完全無法理解，然而即便如此，也不是所有人都適於專制統治，也僅限於那些意欲爲奴者；就如同不管是爲了生計還是獻祭，我們都應該獵捕那些可供食用的野生動物，而不該以人爲獵。

若然有一個與世隔絕的城邦，我們可以假定它因爲孤立隔絕，從而擁有良好的律法且治理良善，這樣一個城邦就不需要著眼於戰爭或征服敵人的需求，來建構其城邦體制：這類軍戰事務幾乎可以完全排除在城邦考量之外。因此可以很清楚地看到，軍戰事務的追求，雖然整體來說是值得敬重的，但卻不是最高的目的，而僅僅只是手段。好的立法者應該探究如何讓城邦，讓人的聚落，讓共同體可以共同參與一種美好的生活，共同參與一種由他們所能達致的幸福；而在與鄰邦接壤的地方，立法者所制定的法律也不能是一成不變，必須對不同鄰邦的各種特徵詳加研究，並各自採取不同的舉措。至於政體最佳形式的目的，容或往後再另行深究。

第三章（1325a16-1325b32）

現在所要處理的論題是，同意擁有德行的生活是最爲可欲生活方式的人，彼此對於不同生活踐行方式有所爭論。有些人摒棄所有的政治性權力，並認爲自由的生活不同於政治的生活，從而是最好的生活方式；另外一些人則認爲政治生活才是最好的生活方式，他們認爲離群索居是無法妥切自持與行事，而能妥切自持與行事在他們看來，又等同於幸福愉悅。以上兩種論述都部分成理，又有部分不然。第一種說法在肯定自由的生活優於專斷的生活這件事情上是對的；作爲奴隸或者在生計事務上發號施令使用奴隸這種工具，全無高貴之處。但其謬誤在於認定所有的統治，都像是主人之於奴隸那樣的專制統治，但自由人之間的統治與對奴隸的統治彼此之間有著巨大的差異，就像生而爲奴隸與生而爲自由人彼此有著巨大差異一樣，這我們早先已經討論過了。同樣謬誤的是認爲離群索居無所作爲高於積極行動，但畢竟幸福愉悅是某種動態的狀態，正當稱義與審慎有度的行動舉止，可以說是許多高貴事物的實現。

而至於有些接受以上前提的人，會主張至高的權力是最好的事物，因爲掌握權力的人可以踐行最多的高貴行動。因此，一個可以掌握權力統治的人，不能向其鄰邦棄守，而應該掠奪其權力；於是家父長也就無須考量照護其子，而其子亦然如此對待家父長，友朋之間亦無須彼此關照，在權力這個更高的參照之下，彼此之間的設想沒有任何地位，畢竟最好的事物就是最爲可欲的物事，而「妥切自持與行事」就是最佳的物事。如果我們認爲盜匪與強盜可以取得最首要的善，那麼以上說法就可以說頗有道理，但事情從來都不是如此，這說法的假設是謬誤的。除非統治者遠遠優越於受治者，就像男性之於女性、家父長之於其子或主人之於奴隸，否則這類行動全無高貴之處。偏離法度的作爲，無法由往後的成功而得到彌補，一開始偏離德行就已經全盤皆輸。對彼此平等的人而言，高貴與正道在於彼此之所各得其份與平等的共有，對平等者施予不等，對於不等者施予等同，都有悖於自然，有悖於自然者不會是善好的物事。因此，若有任何在德行優越的人，能擁有權力踐行最好的積極行動，他也同樣應該要是能遵循法度，能服從統治的人，這就同時具有積極行動與優秀德行的潛能。

如果我們這個觀點是對的，幸福愉悅可以認定爲妥切自持與行事，而積極主動的生活形式將會是對於集體層次上的城邦與個體層次上的個人，都是最好的。但這類行動並不必然如一些人所認爲，是與他人有關，同樣那些僅僅只被認爲是踐行生活的理念，也不必然是出於實踐目的而被追求；妥切地自持與行事，從而作爲某種類型的積極行動，就其本身就是目的，即便我們說外在行動背後所指引的心智活動才是眞正的行動者。那些與世隔絕，選擇自力更生的城邦，也不必然就是無所作爲，積極的行動就像其他事物，各種動態之間會彼此交錯，一個城邦中的許多動態也會有許許多多的交錯方式。這對於所有個人來說也是如此，若否，則在其動態之上與之外都不會有其他外在動因的諸神與宇宙，難稱完美。由此可證，同樣一種生活形式，對於每一個個別個人，以及對於集體的人群與城邦來說，都是最佳的生活方式。

第四章（1325b33-1326b25）

以上作爲導論，接著要繼續討論的是其他關於政體形式的論題，餘下的一個首要的論題是理想或完美城邦所應該要有的條件；既然沒有相應生存方法的城邦無法續存的話。因此我們應當設想一些條件，但不包括不可能的條件，這些應當要設想的條件像是邦民的數量以及邦國的座落之處等等。正如織匠、造船匠或其他藝匠也必然要有與之功藝相應對的質料，其份額越是充分齊備，則其功藝也就越加高貴，也就是說，治邦者與立法者也同樣必然要有相應對的質料。

治邦者首要關注的質料是人口：他應當要考慮邦民的數量與性質，以及邦國的規模與特徵。大部分的人都會認爲，一個城邦要能幸福，城邦的規模就不能不大，但即便他們的立論是對的，對於什麼樣的規模是大，什麼樣的規模是小，他們事實上全無主意。因爲他們是從居民的數量來判斷城邦規模，然而應該要考慮的不是居民數量，而是其力量。城邦同樣也像一個個人，有其自身的功藝要完成，適於完成其功藝的城邦就可以被認爲是最大的城邦，正如希波克拉底（Hippocrates）作爲一位醫師而非一個個人，可以稱之爲大，即便有人的身高高過於他。而即便要以數量來估算城邦的規模，也不應當含括所有人，因爲城邦中畢竟還有大量奴隸、僑居者與外邦人，而只應當含括那些構成城邦主體的成員，其數量才是城邦規模的衡量標準；一個擁有許多匠人，卻相對之下只有少數戰士的城邦，不可謂大，一個城邦之大，絕不等同於人口浩繁。

尤有甚者，歷史經驗證明，人口浩繁的城邦很少能治理良善；所有擁有良善治理美譽的城邦，都有限制人口的舉措，以此爲論理基礎，將可以得到同樣的結論。律法即是某種秩序格局，良好的律法即是良好的秩序格局；浩繁的人口雜眾很難井然有序，對此全然無所限制的格局施加秩序，可謂神主力量的功藝，這可是統轄宇宙的力量。美透過數量與規模而實現，一個結合規模與良善秩序格局的城邦，必然就是最美的城邦。因此，城邦的規模需要有所限制，就像動植物與器具等等其他東西一樣；在過大或過小的狀況下是無從維持其潛在的力量，要麼完全失去其力量，要麼完全被破壞殆盡。例如一指長或者半里再折半的船很難可以再是一艘船；而有些尺寸的船要麼過大或者過小，即便還可以稱作船卻航行困難。同樣地，若是一個城邦過小而無法如一般城邦那樣自給自足，也稱不上城邦；而人口浩繁的城邦固然可以自給自足，但卻因爲幾乎無法形成穩定體制，同樣也無法稱作城邦。畢竟若沒有斯滕托爾（Stentor）那樣直抵五十人眾的聲量，要如何能成爲號令廣大雜眾的指揮官？

所以一個城邦在建邦之初，應該要能達到足以爲政治共同體，足以營良好生活的人口規模：或許稍微超出這個規模，就成爲大的城邦。但就像我所說的，人口的成長必然要有所限制。這類的限制可以從歷史經驗來推斷。既然統治者與受治者都各有其功藝要完成，統治者所專有的功藝即是決斷與仲裁，而若是城邦的邦民要對訴訟做出仲裁，要依據功績來分配官職，那麼就必須要了解每一個人的秉性與所長；若是沒有相關知識，則選拔爲政或裁決訟案都會出問題。在人口浩繁的城邦，這類要事很明顯經常草草了事。此外，在人口眾多的城邦，僑居者與外邦人常常可以輕易取得邦民身分，畢竟很難察覺邦民數量的成長。所以，城邦人口規模的最佳限制就是足以爲營生，並且能夠一目了然。關於城邦規模的討論就到此爲止。

第五章（1326b26-1327a10）

城邦疆域也適用於同樣的原則：沒有人會反對讚許最能自給自足的疆域，能生產一切生計所需的疆域，物產富饒而免於匱乏就能自給自足。在規模與幅員上應該要讓居民可以營一種不爲生計所拘束且享有閒暇，自由且有所節制的生活。這個規模上的限制是對或錯，往後在討論動產與財富的適切運用時，會再更確切地說明：這個問題則頗有爭議，因爲人們對於生活風格的偏好往往各走儉樸與豪奢兩個極端。

要確定疆域所需要的整體特徵並不難，有些地方也或許應該聽聽軍事專家的權威意見；應當要讓敵人難以進攻，而居民又易於進出。進一步，就像我們此前說到人口規模應該要能夠一目了然，疆域也是如此，能夠一目了然就更易於防守。至於城邦的座落，如果能合我們所願，應當座落在海陸交通便利之地，這類交通匯聚之地得是全邦防衛中心，則是一個重要原則，其他就是它應該適於蔬果運送，以及木材與其他成品的交通運輸。

第六章（1327a11-1327b18）

至於海路交通是否有利於城邦秩序，一直都是一個反覆被追問的問題。有人主張海路交通帶來的外邦人與人口的成長，對於城邦的秩序有著負面影響；而海路交通所造成的商貿進出，也對城邦秩序有害。除前開這些考量，若著眼於安全與日常生計供給，透過海路交通連結城邦與疆域無疑還是有利的；防衛城邦抵禦外敵的重擔，也可以輕易由海陸兩路來抒解，即便無法同時兩路防守，至少也能夠運用兩路優勢，在一路上對來犯者迎頭痛擊。況且，城邦也有必要進口自身不產的貨物，並出口生產過剩的貨物；城邦之所以要是這樣一個互通有無的市場，著實並不是爲了其他城邦，而是爲了自己所需。

之所以讓自身成爲整個世界貿易所在的城邦，終究是爲了廣進的收入，如果一個城邦不務求這類利潤，就不用務成這類大型市集。現在我們在城鎮與城郊都可以看見各種船塢與港埠，座落在城鎮之外但又不太遙遠，非常便捷；同時也是城牆與城防設施所能及的範圍。如此布署海路交通的城邦明顯可以透過港埠，收穫互通有無貿易的利潤果實；至於任何因此可能招致的傷害，則可以透過法律來加以防備，可以依此宣告並確定誰可以從事海路交通，而誰不准。

而適度擁有一支海軍武力無疑是對城邦有利的；畢竟城邦的武力不僅要能夠震懾其邦民，也要能夠震懾其鄰邦，若必要的話，也能夠海陸兩路馳援鄰邦。至於海軍的妥切數量與規模，則端賴城邦的特徵；如果是要在政治上號令各邦，其海軍武力就必須要與其霸業相稱。由於海員並不必然一定要是邦民，所以城邦的人口就無須因此而增加。海軍的指揮官則要由自由邦民中選拔，並隸屬於陸軍，在擁有稠密務農人口的城邦，海員的供給必不匱乏。眼前就有一個事例，赫拉克利的城邦規模雖然要小過其他城邦，但仍可維持可觀的戰艦數量。以上就是對於城邦疆域、港埠、城鎮及其與海路交通的關係以及海軍武力的討論。

第七章（1327b19-1328a20）

既已討論邦民數量的問題，接著要討論的是邦民的特徵與素質。放眼希臘世界較享盛名的城邦，以及其他民族的分布，就可以輕易掌握這個主題。居住在寒冷地帶與歐洲的民族，固然生命力旺盛，但智識與技藝水平則相對落後；因此即便他們可以維持相對自由不拘的生活，卻無法組織政治生活，無法彼此統治與受治。亞洲的原生住民固然機敏也卓有巧技，但靈魂上的惰性過重，所以一直處於奴役狀態。希臘世界的民族則介於兩者之間，其特徵素質上也兼具兩者之長，既有旺盛的生命力，也同樣機敏，因此可以一直維持自由的生活形式，又爲治理最爲良善的政體，如果能進一步形成一個城邦，就具備統治世界的能力。希臘世界各族之間的差異也類似如此，有些部落的素質偏向一端，或者較爲機敏或者較爲果敢，而其他一些部落則具有比較和諧的結合。兼具智識程度較高且果敢，是立法者可以輕易引領，而達致擁有德行生活的人。有些人會認爲，城邦的衛士應當對熟識者友善，而對陌生者粗暴，血氣就是這樣一種化生友誼，並讓我們彼此友愛的靈魂素質；由於這類血氣，相較於陌生者的輕視，我們更容易因爲朋友與熟識者的輕視而被激動，這是爲什麼阿基羅庫斯（Archilochus）會憤恨不平地說，「竟爲友朋而怒氣翻騰」。

所有人都擁有，對於執掌權力與自由的愛欲，乃是基於這種血氣的質素，血氣桀驁不羈又所向披靡。但若說衛士應當對不熟識者粗暴，並不正當，對待任何人都不應當失去節制；高貴的血氣本質上並不是粗暴，對待犯罪者則另當別論。而也正如此前所說，在對於感受朋友的不當對待，從而特別怒氣翻騰是合情合理的，因爲除開具體的實質傷害以外，更多是一種平添背叛的情緒，是以有云「兄弟鬩牆，最爲慘烈」，更有云「愛之欲其生，惡之欲其死」。

至此我們差不多確定了城邦邦民的數量與特徵素質問題，以及其疆域的規模與本質。我說「差不多」的原因是這個問題並不強求理論上的精準，而只端賴對既有事實的認識。

第八章（1328a21-1328b23）

就像其他自然的化合物一樣，一個組合而成的整體，其形成的條件部分並不必然就是整體的有機部分，所以在一個城邦或者其他形構成一致體結合的狀況也是如此，並不是所有東西都是必然的部分。一個結社的成員必然有一些共同同樣的東西，他們彼此之間或者平等或者不平等地共同擁有，比如說維持生計的糧食、疆土或者其他東西。還有兩類事物，一類事物是爲了其他事物而存在，另一類事物則是此一目的，這兩類事物彼此之間沒有共同之處，除開了一者爲務其目的而存在，另一者因此目的而存在以外。舉例來說，這也就是藝匠以及工具，之於其功藝的關係；屋舍與其建造者彼此之間沒有共同之處，而造屋者的技藝，則是爲了屋舍而存在。所以說，城邦固然需要財產，即便有許多活物也包含在城邦的財產中，但並不能說財產是城邦的部分；畢竟城邦是平等人之間，以最佳生活形式之可能爲目的的共同體。儘管幸福作爲德行的實現與完美踐行，是最爲至高的善，但畢竟只有一些人可以達致，而還有其他人則只能擁有一些，甚至全然沒有，人如此不一的素質，很明顯就是各種不同城邦，各式各樣政體形式的緣由，這麼多如此殊異的人們，以不同的方式，透過不同的方法追求幸福，這也造就了如此多樣的生命形式以及政體形式。我們會看到有許許多多的物事對於城邦的存續不可或缺，而我們視爲城邦部分的物事，也就會在其中。且讓我們列舉一個城邦的種種功能，就可以得出我們所說的結論了。

首先，城邦需要糧食的供給；第二，各種技藝，這是因爲營生需要許許多多的工具；第三，城邦也需要軍事武力，共同體的成員需要軍事武力，不管是爲了維持權威應對違法亂紀，也是爲了抵禦外來的進攻；第四，城邦也必須要有公共的收入，以支應城邦內在與戰爭的需求；第五，或許也可以說是最爲首要的，城邦必須關照公共祭祀事務，也即共同體的崇敬儀式；第六，也就是各項中最爲必要的，城邦必須有爲共同利益，定奪人際互動而做出裁決決斷的權力。

以上這些可以說就是所有城邦都需要的功能。一個城邦並不是人群的單純聚合，而是就像我們所說的，是以足堪爲人所擁有的生活形式爲目的的聯合一致體，而要是上述任一功能有所匱乏，則城邦就絕對不可能會是自體圓滿的共同體。所以一個城邦應當著眼於這些功能的實現，來加以建構，而這就必然會有務農的農民、各種藝匠、軍戰階層、富人階級、從事祭祀的祭司，以及定奪迫切要務與損益的法官。

第九章（1328b24-1329a39）

在確定這些要點之後，我們接著所要討論的是，是否應該要讓所有人共有這種種職業。是要讓每一個人都同時務農、從事藝匠工作、參與政務議事、擔任審理裁判呢？還是剛剛所提及的這些職業，要分派給不同的人呢？或者，第三種做法，有一些職業是個別地分派給個人，而其他還有一些則是爲所有人所共有？每一個城邦的做法都不盡相同，我們此前就已經討論過，所有人共有所有職業，或者不是所有職業都爲所有人共有，或者只有部分職業爲部分人所有，造就了各種政治體制的差異，在民治政體是所有人共有所有一切，而在寡頭政體所盛行的則是完全相反的方針。現下我們所討論的是最佳的政體形式，也就是，在哪一種城邦中，生命的形式可以最爲愉悅，而幸福就正如我們所說的，不能在沒有德行的狀況下存在。因此，可以推論出，一個最爲良善治理的城邦，一個擁有行事舉止最爲正道的邦民，而不僅僅只是相對於政體原則的城邦，邦民必然不會以藝匠或商貿的生活形式生活，這樣的生活形式不僅低下，而且無助於德行。同樣也必然不會是務農的生活形式，因爲閒暇對於德行的養成，以及政治事務的踐行是非常必要的。

再者，軍戰階層以及職司日常事務審議與訴訟裁決的政務階層，這兩者堪稱城邦特有的部分，是應該將之區隔開來？還是分派給同樣的一批人呢？在此不難看出，這兩類功能在一個面向上可以專屬於同樣一批人，但在另一個面向上，則交付給不同的人。說可以交付給不同的人，是指這些功能各自適合不同生命形式的人，一者需要實踐的智慧，一者則需要力量。可是另一方面，擁有力量或者有力量抗拒的人，往往不願意一直處於臣服狀態，從這點來說，就可以使兩者專屬同樣一批人；畢竟身上配有武裝的人，才決定了政體的命運。所以對理想的政體安排來說，餘下的可行做法就是將兩個功能交託給同樣一批人，然而卻不是同時，而是使之自然形成某種秩序格局，賦予青壯者力量，而賦予年長者實踐上的智慧。這類的職務安排要是合宜且依循正道，並基於恪遵功績的原則。除此之外，統治階層應該要是擁有私產者，物質環境尚可的邦民，才能勝任城邦的邦民職責；至於藝匠乃至於其他階層，既說不上參與德行的成就，也就不能說共有城邦。這是從我們的首要原則所推導出來的，幸福愉悅的生活無法在德行闕如的狀況下達致，一個城邦不能僅就局部的邦民而稱之爲幸福，而是應當就所有邦民全體。若是務農階層因爲生計，而近乎奴隸或者村鄉野民，那麼當由私產在握者，踐行邦民職責，則清楚不過。

以上所列舉者還餘下祭司一職，而此官職如何分派著實不難。既然諸神只能由邦民祝獻，那麼就沒有農民與藝匠可堪任。而邦民整體已經分派成兩個階層，戰士階層與政務階層，那麼諸神的崇敬儀式則可以交付給這兩個階層中因爲年老而淡出政治生活的長者來擔任，而他們也能從其中得到安寧。

我們已經討論了城邦的必要條件，以及構成城邦的部分：農務階層、藝匠與各種勞苦大眾，這固然都是城邦之存續所必要，但只有軍戰與政務階層才是城邦的部分，而其中又各自有所區別，有些是終身任職，有些則是透過輪流產生。

第十章（1329a40-1330a33）

城邦應當依據不同類型的階層加以分類，軍戰與務農階層就應該區隔開來，這個論調對於當前的政治反思來說並不陌生。這種分類體系在埃及與克里特都一直延續下來，據說是源自塞斯索特（Sesostris）在埃及與米諾斯在克里特的立法。公共會餐的制度則由來已久，克里特早在米諾斯當政時期即有，而在義大利則更爲久遠。據義大利史家所說，歐諾特（Oenotria）地區曾有一位義大流王，自他開始，歐諾特人就被稱作義大利人，而歐洲座落在彼此只有半天路程的塞勒提克與拉美提克海灣之間的突出地帶，從此也被稱作義大利。義大流王讓歐諾特區從畜牧的生活方式轉爲農耕，而除了他所制定的種種律法之外，他也是公共會餐制度的首創者，直到今天，義大流王一脈依然保留了這個制度以及其他一些律法。而在義大利朝向杜勒尼的這邊，歐匹西人（Opici）居住於此，過去他們被稱作奧索尼人（Ausones）；而在朝向伊比吉與愛奧尼亞海灣，一個叫西理提斯的地方，則有同樣是歐諾特一脈的瓊尼人（Chones），公共會餐的制度起初就源自於這些地方。階層的劃分則來自於埃及，因爲塞思索特的主政遠遠早於米諾斯。當然，在歷史長流中，著實有過許多類似制度的發明與創造，可以說難以計數，生計上的必需會迫使人們做出一些極爲必要的發明，而備齊生計上的必需後，自然就會開始逐漸去妝點與豐富生活形式。我們可以推論政治體制的狀況也是如此，埃及人可以說是世界最古老的民族，也是所有事物的歷史見證，從遠古時期他們就已經擁有律法與常規運作的制度。我們應當好好運用這些已經出土的發現，並試著改良其缺陷。

此前我已經提過，能持有武裝以及能與聞城邦政務者，應當要是持有地產的人，而務農者則屬於另一個完全不同的階層，我也討論了城邦疆域的幅員與性質。現在要進一步討論土地的分配，以及務農階層的特徵。我並不如有些人所主張的那樣，要把所有的財產都共有，只有在友朋精神的引導下，才有共同使用的狀況，而也沒有邦民應該要處於物質匱乏的狀態。至於公共會餐的制度，一般都會同意，一個治理良好的城邦，都應該設有公共會餐的制度，我們往下會解釋採取這個觀點的理由。然而，公共會餐的制度應該向全體邦民開放，畢竟，窮人要單靠私產支付所需款項與負擔家計支出是相當不容易的事。而公共祭祀的花費也要透過公共支出來支應。

所以，城邦的土地應該要切割成兩個部分，一個是公共所有，一個則是私人個別所有，而每一部分都可以再另行切割，部分共有地的收入挪作諸神祭祀之用，而其他則用以支應公共會餐制度的開銷；至於個別所有的私有土地，則應該部分鄰靠邊界，部分鄰靠城鎮，如此一來邦民則都持有兩份地產。讓所有邦民在邊界與城鎮都各有地產，不只是分配上的正義與公平，也有助於在邊境事變時，讓邦民彼此團結一致。若沒有這類的設計安排，則一旦邊境事變，或有一些人會亟欲奔赴前線，迎頭痛擊來犯，而另一些人則過於慎微以至於尊嚴掃地，這也是在一些地方，會禁止居住在邊境的人，參與與外邦交戰的決策，他們的私利恐會妨礙其判斷，也正是同樣這個理由，地產才應該要以上述方式來做切割分配。

至於農耕事務，若是情況允許，最好是都由奴隸來負責，也要避免全部都是同一種族，或者讓他們過於憤慨的狀況，畢竟順服的性情更適於他們的工作，也沒有起事動亂的風險。次佳的狀況則是由同樣素質較爲低下的村鄉野民來負責，當然，在私人所有的地產，他們則個別歸地產者所有；在公共地產則歸公共所有。至於應當如何對待奴隸，以及爲何以自由來作爲奴隸的獎賞，我們此後再行討論。

第十一章（1330a34-1331a18）

此前我們曾經說過，若是環境允許，城邦應當要與疆土各地都往來順暢，且海陸交通便捷。就其座落位置來說，若是能夠如願以償，應當考量四個面向。第一是生計必需的健康考量：城鎮應當朝向東方，經受東方的吹拂可以說是最爲健康的，其次則是能夠避開北風，這樣城鎮就能有暖冬的氣候。再來則是政務運作與戰爭的考量，就後者的考量來說，城鎮應當要便於邦民進出，而又能讓外敵難以來犯。城鎮中的水源供給應該充足，若是水源匱乏，則應該修建大型蓄水設施以利於雨季集水，確保戰時城鎮不會因爲城郊的供水被切斷。而居民的健康也是一個需要特別照料的問題，這主要端賴座落位置與所暴露的環境，其次則是乾淨的水源，這絕不能掉以輕心，因爲最爲與最常人體所用的要素，對於健康的影響也最大，其中最重者就是水與空氣。也因此，在乾淨的水源匱乏，或者供給不甚理想的狀況下，明智的城邦會將飲用的水源與其他目的使用的水源分隔開來。

至於城防問題，不同的政體形式有各自適宜的城防布置：建於高處的衛城，適於寡頭與君主政體；而平地駐防則是於民治政體；寡頭政體則相對適合以數量較多的堡壘駐防。至於家計的住宅部分，如果街道可以依據希達莫的現代風格，來進行規劃，將會便捷且宜人許多，但如就戰時的安全考量來說，古代風格的設計或許較爲適宜，它能讓不熟悉的外邦人難以脫出生天，並讓來犯者難以進出。城邦或許應當兼採兩種規劃，可以依據像是農民種植葡萄那樣的「叢地」，不規則地規劃房舍住宅，除開部分地段與地區外，讓整個城鎮以歪斜的方式布局，如此就能兼具安全考量與美觀考量。

至於城牆的部分，有人會說以尚武風氣立身的城邦不需要城牆，只要看看那些耽溺在這類幻見的城邦，其下場如何，就可以知道這種觀念已經過時了。在外敵實力與自身相當，且人數也不算優勢的狀況下，堅守堡壘以求保全確實不夠驍勇，但若圍城之軍的優勢，遠遠蓋過我方居民的驍勇鬥志時，要能保全自身，免於戰敗與凌辱，唯有一座堅實的圍牆，才能提供最眞切的軍事防備，特別是在投石與攻城軍備的技術已經如此發達的今日。放棄築牆的愚蠢程度，就如把城鎮座落在全然暴露的空間，還夷平周遭高地一般；或者就像私宅屋舍不設任何圍牆，只爲了不讓人閒話說裡面的人怯懦膽小。也應該要牢記的是，一座擁有城牆的城邦，是可以有選擇用與不用的餘裕，至於不設城牆的城邦，可就沒有這等空間了。

若是以上的討論穩妥，那麼不僅城邦需要築牆自衛，也要關照城邦的美觀，使之兼備實用與戰爭需求，並且能夠應對當前的各種攻城新發明。既然城邦的來襲者會想盡各種辦法取得優勢，那麼防衛者也就應當要用上一切既有的防衛手段，甚至設計與發明出其他新的方法，若是人能萬全固守，則來敵也就不敢來犯。

第十二章（1331a19-1331b23）

既然城邦的圍牆得依適當的間隔設置衛城與哨塔，而邦民整體也要透過公共會餐的制度來進行分派，那麼很自然就會有在衛城建立公共會餐制度的想法。可以如此安排：掌握最高權威的執政官們可以在專供公共祭祀的場合會餐，這是讓他們得以齊聚一堂的適切地點，當然法律規定或神廟喻示要特別隔絕的場所，就不在考慮之列。而這樣的地方也是展示統治者德行與權能的合宜場所，也因此需要嚴加防備。而在此最高掌權者們集會所在之下，則可以建立類似色薩利人稱之爲「自由」的廣場，此處須完全排除商貿活動，且低賤下人或農人沒有官員傳喚不得進入。讓年長的邦民在此進行競技活動，這廣場將更得其用。而依據年紀做出區隔，讓部分執政官與青壯者爲伍，而讓其他部分執政官與年長者爲伍，是相當妥適的做法，執政官員親臨現場是讓場合莊重，讓自由不拘的邦民敬畏的最好辦法。至於商貿往來，則應該在水陸交通便捷，互通往來方便的地方，另建獨立的市集廣場。

也不能忘記另一個邦民階層，即職司公共祭祀的祭司。他們進行公共會餐的地點，則應該選在神廟周邊的適切地點。至於專責契約、訴訟、傳喚等等行政事務，以及照護廣場及城邦公共設施等日常事務的官員，則在廣場周邊另設公共會餐地點，鄰近市集廣場是不錯的選擇。於是，在最高階的廣場，投注生命的閒暇，在其他的廣場，則滿足貿易的生計需求。

同樣的秩序格局安排也可以應用到城郊，林木督察或鄉監這類執政官員，也可以透過結合衛城與公共會餐制度，在他們執掌業務的地方設置公共會餐的場所；而祭祀諸神與城邦英靈的神廟，則應該分設在鄉間各地。

如果繼續在這些細節上打轉，就過於耗時了，其實困難之處並不在於構思，而在於實行，我們當然可以盡情討論，但要實現這些制度恐怕要靠機運了，所以目前我們也就不再多說。

第十三章（1331b24-1332b11）

回到政治體制這個論題上，來探究一個治理良善且幸福的城邦，應當由哪些要素構成。所有的幸福愉悅都包含兩個面向：其一是正確選擇了生命形式的目標；其二則是找到有助於此目標的種種行動，而目標與方法兩者之間則或許合致，也或許不合致。有時候距離目標就差一步之遙，但行動的踐行卻失之交臂；有時候則是用盡一切有助益的方法，但結果卻不盡人意；也有時候是目標與方法兩者俱失。舉醫藥技藝的例子來說，醫師有時並不全然了解健康的本質，有時則是錯開藥方，因此，不管什麼技藝或學科，目的與方法都必須要同時掌握。

幸福與愉悅的生命很顯然是所有人都欲求的，有些人具備達致的潛能，有些人則出於機運或天性上的缺失，而無能達致；一種良好的生命形式需要外在的善爲助，狀態較佳的人或對此需求較少，但狀態稍差的人則不免更待外在助力，而有些人固然擁有絕佳的條件，也可能在追索幸福生命形式的路上，一開始就走錯路。而既然我們的目標是追索最佳的政體形式，也就是城邦在什麼狀況下可以最好地治理，而又既然一個得到最好治理的城邦，具備最大的可能達致幸福，那麼顯然我們得要先行清楚確定幸福的本質。

就像在《倫理學》曾經說過的，若是那時所提出的論證有價值的話，我們主張幸福就在於德行的實現與完美踐行，而這不是條件性的，而是就其本身絕對的。我用「條件性」所表述的是不可或缺的意思；而「絕對」則是表述就其本身即爲善。以正當的舉止爲例，正當的懲罰或懲戒確實可能出自於良好的德行原則，但這類行動只有在不得不然的狀況下，才具有高貴性，畢竟如果有其他選擇則沒有人或者城邦需要如此行動；而類似以榮譽或慷慨爲目標的行動，則是就其本身無條件地具有高貴性。不得不然的行動在某種意義是惡的選擇，但本身無條件具有高貴性的行動卻是善好事物的泉源與動力。一個德行出眾的人，能以高貴的生命形式，與貧窮、病痛以及各種厄運泰然相處，剝極而復，我在關於倫理學的論述中就已經指出[1]，對於一個擁有德行的人，由於其出眾德行，所以事物的善對

[1] 此處所指的是《優德勉倫理學》（*Eudemian Ethics*）中的討論：「若一個人德行優越，自然而善的事物對他則有善的作用……但某些人因素質使然，這類自然為善的事物，可能又對其有害……一個人的德行出衆，既是因為那些良善的事物歸屬於他，也是因為他踐行的生活方式使這些良善的事物自身成為目的：高貴既是生活方式所展現的德行，也是德行所展現的生活方式。」（1248b30-1248b38）。

其而言是無條件的善，他對這些善好事物的運用也是在絕對意義上好的。這就讓人們產生了外在的善是幸福原因的錯覺，然而我們卻需要指出，優秀的豎琴表演是因爲表演者的技藝，而不是豎琴這個器具。

從以上的討論可以知道，有些要素是立法者在城邦現成所既有，而其他要素則需要額外提供。我們祈願城邦可以得天獨厚，現成既有的善有其力量，卻是全憑機運，可是，城邦的德行無關乎機運，而是教養與選擇。只有共有城邦政體的邦民都兼具德行，整個城邦才能以具備德行的方式延續下去，而既然在我們的城邦，政治體制是爲所有的邦民所共參，那就讓我們來探究，一個人要如何以擁有德行，因爲即便我們認定邦民整體是具備德行的，但也並不是每個邦民都是如此，不過，後者是更爲可取的，畢竟整體的德行來自於個別的德行。

有三類事物能讓人德行出眾，也就是自然本性、習慣與理性。就第一點來說，人既生而爲人而非動物禽獸，那麼其身體與靈魂，就必然具備某些人之爲人的事物。然而人的某些素質就德行養成來說沒有任何用處，會逐漸爲習慣所改變；還有一些天生所有的素質，則會因爲習慣而導引至好的或壞的方向。動物的營生大部分都爲自然所決定，雖然也有少部分是習慣所影響。而人之爲人，是因爲人所獨有的理性。所以自然本性、習慣與理性得要彼此合致；雖然有時候會有不合致的狀況，而人能爲理性所導引，而能不爲習慣教養以及自然本性所囿。此前我們已經討論過那些自然本性，更能透過立法者之手而加以形塑，其他則是教養之功；人畢竟透過習慣與引導，而學習某些事物。

第十四章（1332b12-1334a10）

既然所有的政治共同體都由統治者與受治者所組成，那麼就要先確定兩者是要輪流，還是恆常不變？邦民的教養會因爲這個問題的解答而有所不同。現在如果假設有某些人在某個面向上的德行，遠遠超過其他人，就像諸神與英雄那樣，首先是力量，再次是靈魂的素質，完全凌駕於凡人之上，那麼很明顯統治者以其優越而永遠統治，而受治者也無話可說，這點毋庸置疑。然而這種狀況很少看到，即便探險家希拉克斯（Scylax）言之鑿鑿說，在印度，其王者力量遠遠凌駕臣民。因此，出於種種理由可以論定，應該讓所有同樣的邦民輪流統治與受治。平等即在於以同樣的方式，對待同等的人，不基於此一正道的政體，很難立足。而若政體不依此正道，城郊的人或許就聯合受治者起事政變，而統治階層是不可能在數量上、在實力上壓過這些聚集起來的敵人，雖然無可否認統治者要比這些受治者來得優越。立法者應當審慎考慮，應該如何著手，以讓統治者與受治者雙方各自參與政體，這個論題此前已經討論。自然造就了年齡上的差別，同一個人群中會有青壯者與年長者，各自適宜統治與受治，當一個人還處於青壯年時，對於受治並不會感到被冒犯，也不會認爲自己比統治者優越，特別是當他認定自己在過了某個年齡門檻後，就可以享有同樣的地位時。

既然我們從這點論定同樣一批人既爲統治者也爲受治者，而彼此又有所差異，那麼城邦的教養就既要有同樣的面向，也要有差異的面向，正如一些人所說，要學習如何良好地統治，首先就要學會服從。我們此前曾經提過，統治與受治各有一個初始的原則，統治的初始原則是家計式主人，而受治的初始原則是自由不受拘束，但就教養的角度來看，有些命令固然對受治者來說別無差異，但其所預設的意圖卻不是如此，這也就是爲什麼，讓青壯年歷練許多明顯低賤的工作，依然有其高貴深意，高貴與否並不在於所躬行的行動本身，而在這些行動的目的與意圖。而既然我們說，邦民的德行以及統治者的德行，是與一個好人的德行一致的，而同樣一個人必須先能服從，從而再成爲統治者，那麼立法者就得看看，如何讓這些人成爲好人？藉由什麼方式來達到這個目標？以及一種完美生活方式的目的是什麼？

人的靈魂可以區分成兩個部分，一者就其自身具有理智，另一則服從理智，而我們之所以說一個人「好人」，是因爲他在這兩個部分具有德行。接受這個區分的人，就不得不承認目的之所在，無論是自然或者是技藝，較爲低下者都是爲了較爲優越者而存在，這裡的較爲優越者即是具有理智的部分。而這個具有理智的部分，按照一般的說法，又可以同樣的方式，分成實踐性的部分以及沉思性的部分。不同的部分會有相應不同的舉止動態；具有在所有部分或者其中兩部分達致完美的人，就有踐行更爲優越部分行動的潛能，始終對所有人來說，所最爲可欲者，即是其潛能最爲全面的動態舉止。而整個生命也可以進而加以區分成兩個部分，營生與閒暇的部分，或者爭戰與和平的部分，部分的動態是有所必要而且有其用處的，但還有部分的動態則是高貴的，要偏好哪類的生命活動，必然也要依據上述對靈魂部分的分類及其相應舉止動態來討論；爭戰的必要與用處在於和平，而營生的必要與用處在於閒暇，也就是說，有所必要與有其用處的部分，其目的在於高貴的部分。這些都是立法者在規劃制定律法時，所應該牢記在心的重點；靈魂的各個部分及其動態、較爲優越的部分及其目的，而也應該要牢記的是，人的生命形式與舉止動態的多樣及其關聯，之所以營生是爲了閒暇，之所以爭戰是爲了和平，有所必要與有其用處的動態，是爲了更爲高貴的動態。這是孩童以及其他年齡還需要教養者所要習練的。

儘管今天的希臘人以最佳的良善治理而名聞遐邇，但立法者卻顯然並沒有以最佳的目的爲參照來構建政治體制，並沒有完全著眼於德行的養成來制定律法與教養，卻以一種低下粗野的方式，求助於那些有其用處與有利可圖的政策舉措。現在許多政論家也是採取同樣的立場：他們讚揚斯巴達的政治體制，褒獎那些以征服與戰爭爲唯一考量的立法者，這種主張不難通過論理駁斥，而其實已經被事實所駁斥。大部分的人之所以籲求帝國霸業，爲的是斂聚大量的財貨與財富，特布隆（Thibron）與其他一些記述斯巴達政體的人，於是據此讚揚他們的立法者，讚揚被教養的不懼危險，而取得霸權地位的斯巴達人。但他們帝國既已灰飛煙滅，那麼，就不能說其立法者是對的，這樣一個民族也不會是一個幸福愉悅的民族。若是繼續奉行這些律法，而不加阻止，結果不免可笑，也完全失去了更好生活形式的可能。這些政論家對於立法者應當讚許哪一種政治體制，也是大錯特錯，因爲，自由邦民的政治體制，遠較專制的政治體制更爲德行出眾，也更爲高貴。一個教養其邦民以征服爲志，宰制其鄰邦的城邦，無法被認爲是幸福愉悅的城邦，其立法者也不值得讚許，而其禍害更深。依據這種做法，邦民無疑就會以在自己的城邦謀奪權力，即便是在斯巴達，波薩尼亞斯王也因類似犯行而被控訴，即便彼時他已經是尊貴顯赫之身。

這類論調與律法設計，全然無用也並非正道，更無一是治邦者的標竿。既然對個別個人最好的事物，對整體城邦也是最好的，那麼這些就是立法者應當灌輸給邦民的事物，研習戰爭知識，並不是爲了宰制不應受奴役的人，而是爲了讓自身不受奴役；謀求帝國霸業，並不是爲了橫行霸道於世，而是爲了受治者的善，專制應該只限於對奴隸的統治。藉由以上的事實與論理，可以論定立法者應當把所有的軍事行動與其他舉措，引導向閒暇與和平的目的。大部分好戰的城邦，往往只有在戰爭期間才是安全的，霸業既成則行將頹圮，一柄利劍在承平時期也會盡失鋒芒。對此，從來沒有教導邦民閒暇與和平的立法者，難辭其咎。

第十五章（1334a11-1334b28）

既然個別個人與城邦整體的目的是一致的，最好的人與最佳政治體制的目的必然也就一致；那麼很顯然兩者都應當要擁有閒暇與和平的德行，正如此前所反覆強調，爭戰是爲了和平，營生是爲了閒暇。但在閒暇所踐行的德行只是其一，許多因爲營生與有所用處而實踐的德行，也會在人不爲營生的閒暇之時展現，從而城邦需要審愼節制、果敢血氣以及韌性，俗諺有云「奴隸不復閒暇」，畏懼危險的人，終將成爲入侵者的奴隸。勇敢與堅韌是汲汲營生所需的德行，而哲思則是閒暇所需的德行，節制與正義則同時爲兩者所需，特別是在承平的閒暇時期，因爲戰爭的壓力迫使人們節制與正義，而享受承平時光與閒暇則難免讓人放縱。而那些生活境遇較好，且坐擁各種善的人，更特別需要正義與節制，比如說，若果眞有詩人所說的賜福之島，擁有閒暇的島上之人，則更加需要哲思、正義與節制，其生活形式也將更爲富足。這就不難看出，一個意欲出眾與愉悅的城邦，應該需要這些德行。人無法運用生命中的善是可恥的，擁有閒暇但卻無法好好運用生命的善則更爲可恥：指的是那些在營生活動與戰事上表現出卓越德行，卻在承平時期宛若奴隸的人。這就是爲什麼不應當取法斯巴達人踐行德行的方式，他們對至高之善的理解與其他人並沒有兩樣，差別是他們認爲可以用某種德行的踐行方式，來獲致最高的善。而既然存在比從德行而得到善與滿足更爲高貴的生命形式，對之善與德行的踐行不過必要且有所用處，那麼所需要教養的就應該是能夠運用各種善，一種閒暇狀態下才能養成的生命形式。如何與需要透過什麼方式達此狀態，才是需要琢磨研習的。

此前我們已經論定，能讓人德行出眾的是自然本性、習慣與理性，據此也界定了邦民所應當具有的妥切本質。還需要討論的問題是，生命早年時期的教養是要依循理性還是習慣，儘管這兩者必須要合致，若能合致，就會形構出最佳的和諧。不過，理性與習慣都有可能在教養最佳生命狀態的初始出錯，而首先要注意的是，初始意味著先行的開端，而開端的盡頭又是另一個盡頭的開端。因此既然理性與理智部分是人所欲求的目的，那麼邦民的初始以及在習慣上的教養，就要著眼於此來規劃。其次，靈魂與肉體是兩個不同的部分，而在靈魂當中也有兩個不同的部分，一者就其自身具有理智，另一則服從理智，與之對應的狀態就是理智的生命狀態，以及欲望，而正如身體的降生先於靈魂，靈魂中的欲望部分也就同樣地先於理智的部分。這從以下事實就可以佐證：孩童少年生而血氣方剛、妄自肆意與欲望難制，年歲漸長才漸具理智潛能。因此，首先應該關照的是少年孩童的肉體，其次才是靈魂的部分，而靈魂部分則先要照護欲望的部分，當然，對欲望的關照是爲了理智之故，而關照身體是爲了靈魂之故。

第十六章（1334b29-1336a2）

若是立法者應當從孩童的身體如何養育開始，他首先要關注就是婚配的議題：邦民應當要在什麼年紀結成婚配？什麼狀態的邦民適宜婚配？在這個主題上的立法，應當考慮人的問題及其生命週期，讓雙方適宜生養的階段得以交集，讓彼此生養的能力不至於產生差距，像是男性尚有生養能力而女性已經無法生育，或者女性還有生育能力，而男性已經無能爲力的狀態，這些都是導致配偶之間產生糾紛與衝突的原因。再次，立法者也應當考慮孩童及其雙親的年齡差距，年齡差距不宜過大，差距過大所造成的情感疏離，會讓撫育關係變得淡漠；年齡差距也不宜過小，差距過小會有許多難堪之處，近乎同輩的年紀，也會減損子女對於雙親的尊敬，而年齡相近在家計的經營管理上也難免多生齟齬。接著就是一開始被岔開的主題，立法者對於新生孩童身體的關照與形塑。

或有一種做法可以處理上述問題。一般來說男性的生育能力止於七十歲，而女性則終於五十歲，婚配的進行應當與此週期一致。青少男女的婚配對於子女的養育是不好的；就其他所有動物來看，青少時期所繁殖後代往往是體格弱小，發展不健全的，且有繁衍雌性的傾向。人類的狀況也是如此，事實證明，在那些習慣早婚的城邦，其民族往往體格孱弱；而青少婦女在生育時也遭受更大的痛苦，許多人都死於分娩。有人認爲這就是托洛森人所得神諭「莫耕休耕之田」的深意，實指有太多人因爲婚配過早而死，而與收成農事全無關係。避免早婚也有助於節制，過早婚配的少婦，往往放縱需索無度；而男性過早行生育之事，恐將遲緩身體機能的成長，身體的生育機能有其旺盛成長、緩慢成長與停止的週期。因此，女性適合婚配的年紀約是十八歲，男性則是約三十七歲，彼時雙方正進入壯年的週期，而彼此生育能力的退化也會同步。而且，若是假設很快就有後代的繁衍，可以合理推定，在後代的壯年時期，其父輩則步入約莫七十歲的暮年，正好完成生命的循環。

以上就是關於適婚年紀的討論，成婚的時節也應當一併討論。依據現在的習俗，人們一般都在冬季成婚，這樣的做法相當適宜。而醫師與對自然頗有鑽研的哲人，也會提供新手雙親相關的知識，醫師方面是關於身體照養的建議，而哲仁則提供爲何更偏好北風而非南風的理由。

至於雙親具備什麼樣的身體狀況對於子女最好，這個主題或許留待討論孩童的監護時，再行深究。在此只需約略討論。競技能士的體格對於邦民的生活、健康以及生育並不適宜，而體質虛弱也不好，能介於兩者之間是最好的狀態。人的身體狀態固然要能適應勞苦，但不需要能應付過度勞苦，或者類似競技能手那類特定勞苦的體格，而只需要能負擔一般自由人的一切活動即可，這主張男女皆適用。

懷有身孕的婦女應當謹慎照護自己，適度運動並注意營養均衡。立法者首先可以採取，立即有效的舉措是規定她們必須每日步行至神廟，參拜生育的神祇。而她們的心神狀態，則應該要維持平靜，胎兒的性情得自母體，正如植物出自於大地。

至於嬰兒的丟棄與撫養，應當立法規定不得撫養畸形的嬰兒。有些地方的習俗是禁止棄嬰，這導致孩童的數量過多，這可以採取限制所能生育人數來應對。而若是達到生育限制又意外懷孕，則可以在生命與感官機能開始之前進行流產，其合法範圍則端賴對生命與感官機能的界定。

既然討論過適宜婚配的年紀，進一步可以討論的是養育的期間。父親的年紀如果過大，不免像青少爸爸一樣，繁衍出身心狀態不良的後代。暮年所得的子女往往十分孱弱，因此，養育的期間，應當要以理智能力發展的期限爲止。詩人以七作爲度量生命週期的基數，據此，多數人理智能力發展的界限約在五十歲左右，所以大約再過四到五年，就免除了組織家計的責任，往後的時光中，夫妻的相伴就僅僅只是出於健康或者其他理由。

至於通姦這類已婚配偶的不忠情事，可謂可恥。若是在撫養子女期間，發生這類情事，應當依據情節輕重而褫奪其邦民權利。

第十七章（1336a3-1337a9）

嬰孩出生以後的撫育方式，對其身體的強健具有重大影響。這從動物以及那些期待培養戰鬥習慣民族的狀況就可以看出，奶是食物中對人體最爲滋養的，而如果要避免病痛，酒類飲品則少些爲佳，而所有孩童能夠駕馭的身體運動，對他們早年的成長也是有幫助的。但爲了讓孩童脆弱的肢體免於變形，有些民族會使用一些器具來挺直其軀體。讓孩童能夠耐受寒冷也是不錯的方法，有助於其身體健康，並能砥礪他們的戰鬥能力。許多蠻邦甚至會有將初生嬰兒丟入冰冷溪水的習俗，其他像是凱爾特人，則有嬰兒僅裹單薄襁褓的風俗。這類能夠透過習慣養成的耐受能力，應該盡早養成，惟過程必須循序漸進，而且孩童天生的溫暖體質，其實可以輕易對抗寒冷，這類的照護都應當在早年時期就進行。

下一個階段就來到五歲以前。這段時期的照護，不應當強加幼童勞苦的訓練，以免阻礙其成長，但身體還是必須要有足夠的運動，避免其四肢不勤。這可以通過遊戲的方式來完成，但這些遊戲不能淪爲鄙俗，也不能過度勞累或散漫。職司「教養督察」的官員，則應當要留意孩童所能耳聞的軼事與傳說，畢竟這類事物是爲了他們未來的人生所準備，也會是他們往後人生志業的楷模。《法律篇》中企圖抑制孩童啼哭的建議是不對的，因爲通過身體的運動，啼哭是有助於孩童成長的。把聲音釋放出來對身體的強化作用，是類似於深呼吸運動的。教養督察還應該注意孩童的撫養狀況，特別注意的是，不要讓孩童與奴隸獨處。孩童在七歲以前都在家中起居，即便年幼，也可以合理推論會耳濡目染一些低劣的習氣。同時，沒有什麼事，比杜絕猥褻低俗的言論，更需要立法者謹慎關注的。猥褻的言論即便輕微，很快就會引發可恥的行逕，應該避免青少年接觸這類言論。一個自由的邦民若是被發現有散播情事，若是他尚未達到可以在公共會餐中占據一席的年紀，則應該公開受懲甚至體罰；而成人若有此奴隸般的行逕，被降格不准參加公共會餐制度也是應得的懲罰。而既然不允許不得體的言論，那麼也應該禁止公眾表演有諸如此類的圖像與言辭，治邦者應當留意不能有這類描繪不合宜舉止的圖像與繪畫，但成年人作爲家計代表，在神廟爲祭祀諸神所爲的可能輕薄舉止，可爲法律允許者，則不在此限。而在青少年還沒有來到可以參與公共會餐，以及大口喝酒的年紀以前，立法者應當禁止他們接觸抑揚格與諧劇；一定年紀的教養才能讓他們抗衡這類作品的不良影響。

目前所粗略勾勒的主張差不多已經足夠了。往後我們將會再回到這個主題，更完整討論之後再來討論是否可以容許這類的放縱，以及能夠容許到什麼程度。悲劇演員戴多洛（Theodorus）說他不讓其他演員先於他登台，無論是多麼蹩腳的演員，這是有幾分道理的，觀眾對於他們一開始所聽到的吟唱特別入心。這也適用到許多人、事、物，我們所鍾愛者，往往是最一開始所接觸者，所以青少年應該與所有低劣事物保持距離，特別是那些包藏墮落惡行與仇恨的事物。孩童在五歲之後的接下來兩年期間，應該瀏覽他們往後所要學習的物事。而接下來的教養應該分成兩個階段，從七歲到青春期爲一個階段，而青春期到二十一歲又是另一個階段。詩人以七爲基數來劃分年齡區間，整體來說是對的，但年齡的區間實質上是自然造就的，而自然的不足就要由技藝與教養來填補。

於是，我們首先要探究的是，是否應當要有一些關於孩童的整體管制舉措？其次，這類舉措的照護究竟是城邦的事務，還是個別個人的事務？目前後者是主流的看法；第三，這類整體管制舉措應當要是什麼？

卷八　青少年的教養

第一章（1337a10-1337a33）

沒有人會質疑青少年的教養應該要是立法者首要關切的主題，漠視青少年的教養，往往對城邦造成傷害。對邦民的形塑要因應城邦的政治體制，每一種政體都有其初始賴以建構的獨特精神，政體據此而延續。民治的初始精神打造了民治政體；寡頭的精神維護了寡頭政體，政體的精神越能延續，則政體越能得到維護。而既然所有能力與技藝的開展，都需要一個先行教養的過程與習慣，那麼很清楚德行的實踐也是如此。

既然城邦整體的存在有一個目的，那麼邦民的教養就應該要針對所有邦民一體同仁，則教養事務的規劃，也就應該要是共屬於所有邦民的要務，而非個別邦民的事，但今天的狀況是各人照護自己的孩童，各自以自認最好的方式教養孩童，然而共屬於所有邦民的事卻是應該要一體同仁。既然我們並不認爲邦民每一個人都是單獨的個體，而是共屬於城邦，共同擁有城邦，也各自都是城邦的一部分，那麼對城邦每一個部分的照護，自然就是共屬於城邦的要務。在這點上，斯巴達人倒是值得學習，他們對於孩童的教養投注了極大的心力，並把它視爲城邦的職責。

第二章（1337a34-1337b22）

教養既然是城邦無以推卸的職責，也就應該以法律來規範。至於城邦共同教養的精神應該是什麼？青少年應該如何教養？都是剩下需要討論的主題。人們對這些主題莫衷一是，對於具體的教養內容，無論是就德行還是最好的生活理念來說，人們也沒有共識。而現行的教養也頗令人困惑，沒有人知道它是依據什麼精神或原則而進行的：是應該教導對生活有益之事？還是德行？還是更高階的思辨？當前的教育，目標到底是什麼？上述三種立場都有人支持。再次，既然不同的人對於德行的理念有不同的理解，對於如何踐行也有不同看法，那麼對於教養的方法，也就有不同的意見。孩童應該要學習對於營生有用的事務，這點是毋庸置疑的，但並不是所有對營生有所用處的事務都需要學習，這類事物可以區分成屬自由人的事務，與非屬自由人的事務，而孩童需要學習的，只限於無須匠藝技術踐行身體的知識，任何會讓自由人的身體與靈魂不宜於德行之踐行的職業、技藝或學科，都屬於此類匠藝技術的範疇。我們可以把所有會讓身體整體狀況進入更次等狀態的踐行，以及雇傭勞動，都納入此類匠藝技術，這是因爲在這類技術中，靈魂理智的活動僅爲次要，並且會讓從事者缺乏閒暇。雖然研習屬自由人的知識，才更能襯上自由人的素質，不過，若是專精到某個地步，同樣不免造成上述傷害。一個人是出於什麼目的而從事或修習某種事物，會造成很大差別，出於朋友或德行之故，則不失自由人的素質與身分，如果是出於其他面向的考量，這樣的學習也就不免淪爲匠藝或奴隸之學了。

第三章（1337b23-1338b8）

習慣上會認爲教育有四個分支：讀寫、體育、音樂，再加上繪畫一項。當然，讀寫與繪畫一般被認爲，能以許多形式有助於生活，體育則有助於陶冶勇氣。

而音樂就有些疑問了，今天人們之所以教習音樂，主要還是爲了聲色娛樂，但起初它是爲了教養的目的，這是因爲自然本性讓我們不只能夠務於勞作，同時也讓我們能夠務於閒暇，這我們已經說過很多次了，而我們在此也要再重複一遍，務於工作是爲了能務於閒暇，營生與閒暇都是必要的，而後者更爲優越，並且也是營生活動的目的。那麼，就存在這麼一個問題：我們在閒暇之時要做些什麼好？很明顯不是遊戲，否則這麼一來遊戲就會變成生命的目的。若事情不是如此，而其實跟其他活動相比，遊戲更是營生活動之所需，辛勤的勞動需要放鬆，而遊戲提供了這樣的放鬆，營生的活動始終伴隨著勞苦與戮力，那我們也就只能在適切的時候進行遊戲，它們爲靈魂提供放鬆的情緒，而我們從這類愉悅中得到休息。不過，閒暇本身所提供的愉悅、幸福與生命的享受，不能以忙碌的生命形式來感受，而是由擁有閒暇的人所體驗。忙碌的生命形式總是著眼於一個未竟的目的，可是幸福就其本身就是目的，所有人都認爲，幸福本身就帶來愉悅，而不是痛苦。然而，不同的人，因爲不同的慣習教養，對於這種愉悅有不同的理解，而最好的人所具有的愉悅也是最佳的，其源頭也最爲高貴。因此，顯然應該要有一個教養活動的分支，相對於一些對營生活動有用處，以其他事物爲目的的活動，它完全著眼於閒暇時的活動，而這類活動的價值也完全來自於自身。先人之所以將音樂納入教養，並不是基於生計必要或者用處，因爲它既非生計之所需，也不像讀寫知識那般，對於牟利、家計經營、知識獲取以及政治生活卓有用處；也不若繪畫那樣有助於藝術品的鑑賞判斷；更不比體育訓練，能賦予身體健康與活力，以上這些無一能通過音樂獲得。於是餘下的用途，就是閒暇之用，而這事實上也是它納入教養的理由，一種被認爲是自由人消磨其閒暇的活動，荷馬如是說：「隻身獨樂，卻宛若歡宴」，後來也要這麼描述「受邀宴者」的愉悅：「吟遊詩人令賓主同歡」。奧德修斯（Odysseus）也在其他地方說過，沒有什麼比此更能愉悅消磨時光：「宴席在前，賓客在列，暢聽吟遊之聲」。

在父母對子女的教養中，需要一種既不是因爲用處或者生計考量，而完全因爲其可襯自由人高貴的技藝分支。而至於這是只有一種還是多種？其究竟是什麼？以及如何培養？都是往後需要討論的主題。但我們在這裡已經做好了準備，先人已經給了我們指南：他們很早就將音樂納入教養的分支課程中。更進一步說，孩童之所以需要學習一些技藝，例如，讀寫不單只是爲了其實用的用途，還因爲通過讀寫，可以探索更廣闊的知識領域；繪畫的技藝不只是讓他們能在買賣活動中免於受騙，能讓他們培養的美感能力，始終只從用處來考量，是無以提升靈魂素質，無以教養出高貴的自由人。而既然教養的活動必須實用先於思辨，身體的訓練就應該先於心智的訓練，那麼孩童也就應該先交由體育與競技的訓練師，讓他們先行養成良好的身體使用習慣。

第四章（1338b9-1339a10）

然而，現在有些對於孩童的教養投注極大心力，是故，以養成體育競技習慣爲目的的城邦，卻是傷害了孩童的身體並抑制了其成長。斯巴達人雖然不至於如此，但他們以粗暴野蠻的方式訓練孩童，認爲藉此可以讓他們勇敢。但實際上，正如我們所強調，教養的活動不能完全專以某個目的來規劃，而即便我們同意斯巴達人的教養目的是對的，他們也沒有達到這個目的。從野蠻人與動物之中，我們就可以看到，暴烈並不是勇敢，勇敢是類似溫順的獅子所展現的氣質。許多部落現在都還有吃人的惡俗，像是居住在黑海沿岸的亞該亞人與亨尼契人（Heniochi），以及其他居住在內陸以劫掠維生的部落，他們都不能說是擁有勇氣；斯巴達人自己也是如此，雖然他們對於身體的鍛鍊有高過其他各邦的嚴苛的要求，然而現在他們卻已經在戰爭與競技中落於下風。他們過去在這方面的優越，並不是因爲他們訓練青少年的方式，而是因爲他們彼時的周遭環境還沒有對手。

由是我們可以得知，眞正要放在首位考量的高貴素質並不在於暴虐殘暴，狼或其他野生動物是不會面對高貴的危難，只有眞正勇敢的人，才會面對高貴的危難。而如果父母對子女的體育訓練，忽略此一必要的考量，那麼實際上也就只是把他們變成工藝器具。我們也已經論證過，讓體育的訓練服務於爭霸，無法成就高貴。我們不應該從過去種種來評價斯巴達，而應該從他們現在之所是來評價，現在在教養事務上他們有對照的對手，這是過去所沒有的。

體育的訓練應該列入教養分支，並且孩童的訓練份量應該要相對輕微，這是公認的準則，嚴格限制的飲食，以及艱苦的訓練，都會傷害身體，抑制其成長。從奧林匹亞（Olympia）的獲勝選手身上，就可以看到早年過度訓練所造成的惡果，只有寥寥數人可以在成人時期延續青少年時期的競技水平，嚴苛的競技訓練已經摧殘了他們的身體，在青春期到來的三年間，則應該把心力投注到其他學科的學習，往後的階段才比較適合做嚴苛的訓練與嚴格限制的飲食。而人也不應該同時在身體與心智兩個面向上同時勞動，這兩類的勞動會彼此對抗，身體的勞動會阻礙心智的發展，而心智的勞動也會阻撓身體的發展。

第五章（1339a11-1340b19）

在提過一些關於音樂的理論問題後，我們可以繼續推進，我們所做過的討論都可以作爲這個主題的引論。音樂具有什麼樣的力量？以及研習音樂是爲了什麼？都不是簡單的問題。音樂是否不過是一種爲了娛樂與放鬆，就其本身並非善之事物的聲色娛樂？類似睡眠與暢飲，或者就像歐里庇得斯所說的「斷絕憂思」？也因此有人將睡眠、暢飲與音樂同列，有些人還會加上舞蹈。或者，我們要認爲，音樂因爲能陶冶心智，從而有助於德行，也就是說，音樂就像體育對身體的養成那樣，能夠賦予我們眞實的愉悅？還是說，第三種可能，音樂有助於閒暇及思辨活動的生命形式？很顯然現在的青少年之所以學習音樂，並不是爲了娛樂之故，學習與娛樂不同，學習是一種刻苦的活動，娛樂這類活動也不適合青少年這個年紀，其目的並不合於他們尚未完全的生命狀態。那麼，是不是可以說，青少年學習音樂是爲了他們日後長成的娛樂呢？若是如此，爲何他們還需要親身學習？爲何不像波斯或米堤亞諸王那樣，享受聆聽他人演奏與展演音樂的娛樂即可？而如果這是必須修習音樂的理由，那麼爲何不同樣據此主張應該學習烹飪呢？雖然這聽起來有點荒謬。尤有甚者，畢生專精音樂之藝的演奏者，與略通音樂還是有所不同。所以，所有據此作爲修習音樂理由的主張，都不免會遇到如此的意見：爲何非得親身學習？爲什麼就不能像斯巴達人那樣，通過聆聽音樂以及鑑賞，來得到某種眞實的愉悅呢？斯巴達人固然不習音樂，但卻具有相當不錯的鑑賞能力，能辨別旋律曲調的好壞。而若是主張音樂有助於閒暇與思辨活動的生命形式，那麼還是會遇到同樣的問題：爲何還是非得親身學習？而不就享受他人的表演就好？這裡我們也可以引述諸神的故事，據詩人所說，宙斯自己不會吟唱彈琴，事實上做這類事的是專精的樂手，一個具有自由人素質的人，除非大醉或者取樂，否則也不會這麼做。

這些問題目前最好還是先擱著。在這裡要先討論的問題是音樂是否應該納入教養。以及音樂對上述所提的教養、娛樂與閒暇，能起到什麼作用。似乎有充分的理由認爲音樂與這三者共有一些本質，娛樂是爲了放鬆，而放鬆肯定帶來是令人愉悅的，因爲它能舒緩勞苦帶來的痛楚；至於閒暇則公認具有高貴與愉悅，而幸福是由這兩者所構成。沒有人會反對音樂是一種令人愉悅的事物，無論是否伴有吟唱，誠如詩人穆薩斯（Musaeus）所說，「但凡人終有一死，然吟唱至爲快慰」。也因此，作爲一種令人快慰的物事，有充分理由把音樂用在社交集會與娛樂場合，也就可以據此主張，青少年應當修習音樂，畢竟一種純然的愉悅不僅與生命的目的相稱，況且還具有放鬆的效果。成就生命多有險阻，不妨聊以自慰，於是音樂就不僅有助於生命更進一步的成就，也有自身帶來的愉悅，時而更具煥發生命的效用。

有時候人們會把娛樂當成生命的目的，確實這個目的包含了幾分娛樂的要素，雖然這肯定不是偶然的娛樂效用，說爲了生命的目的而追求娛樂，畢竟還是因爲它與生命的目的有著幾分相似。終究生命的目的之所以堪爲人追求，正是爲了不再需要追求任何其他，而娛樂所帶來的愉悅，或許也就同樣是不再需要追求其他而止的事物，同時療癒了過去的勞苦與痛楚。可以推論，這就是人們認爲可以通過這類愉悅而追求幸福的理由。然而音樂之所以可取，並不僅僅在於它舒緩了過去的勞苦痛楚，也在於它提供了某種泰然安定的效用，而這類效用，難道不能認爲是更爲高貴的愉悅嗎？也就是說，除開音樂在公眾場合，爲不分男女老幼所帶來的愉悅之外，是否還可以說，它對於生命形式的養成與靈魂具有重要的作用呢？人的性情肯定會因爲受到音樂的影響，這樣的影響表現在許多方式，特別是像奧林匹亞的某些歌曲，能讓人心神激盪，激盪靈魂性情的激情。除此之外，人在聽到一些仿效的音樂時，即便沒有旋律曲調，也能油然而生共感之情。

而既然音樂具有調節靈魂的愉悅效用，而德行的踐行又在於適切的欣喜與愛憎，那麼就沒有什麼比教養妥適判斷的能力，以及從良好的性情與高貴的行動中得到愉悅更值得我們關注。旋律曲調可以作憤怒與溫和的模仿，也能模仿勇敢與節制，以及一些其他相反的氣質，還有種種我們在現實生活很難窮盡的激情，靈魂因此受到不同方式的激盪。從仿造的形象所感覺的愉悅與痛苦，與現實的感受是相去不遠的，例如，人若爲雕像的型態之美而動容，那麼在親睹原型時也必然因之而愉悅。沒有其他的感官具有這樣的性質，像是味覺與觸覺就沒有；至於視覺的感官，由於所見的形象畢竟還是只有程度上的相似，也就無法全然共感。此外，像是形象或者顏色，稱不上是模仿，而只是性情的某種標記，賦予形體情狀的某種象徵，其能創造的共感非常有限，這也是爲什麼青少年應該觀賞波利諾塔（Polygnotus）之流，能具現共感的畫家或雕塑家作品，而非鮑桑（Pauson）的作品。而旋律本身就是對於性情的模仿，其風格殊異，聆聽者所受到的激盪也各不相同。有些旋律令人悲傷沉重，例如呂底亞（Lydia）混合調；有些輕鬆的曲調則舒緩心靈；多利亞調所特有的效果則是讓人心平氣和；而弗里幾亞調則振奮人心。關注此教養分支的哲人作家，已經處理過這個主題了，其論證也得到事實的支持。而節奏也是同樣的道理，有些節奏具有安詳的氣質，有些則輕快敏捷，有的節奏粗曠一些，還有一些節奏則高雅一點。以上的討論足以證明音樂具有陶冶氣質的力量，從而應當納入青少年的教養中。音樂的研習相當適合這個年紀的青少年，因爲如果沒有得到愉悅的滋養，他們的學習很難爲繼，而音樂生來則具有這種愉悅的效果。而且，音樂的旋律曲調似乎也與人的靈魂共感相通，無怪乎有些哲人會說靈魂就是一支曲調，又或者，靈魂深處藏蘊著某種曲調。

第六章（1340b20-1341b18）

現在就可以來討論前述是否要讓青少年親身研習音樂這個問題。很顯然，親身踐行音樂技藝與否，有著重大差別，沒有親身踐行過音樂技藝的人，是很難成爲優秀的鑑賞評判者。除此之外，也總是要找些事給小孩做，人們會給小孩阿契塔（Archytas）所設計的響器，這類精巧的玩物除了讓小孩有東西玩以外，也避免他們橫衝直撞破壞家裡的東西。這類響器拿來教養小孩心智相當適切，而音樂的教養可以說就是小孩年紀稍長後的響鈴或玩物。於是就可以論定，音樂的教養不只是爲了成爲評判者，其研習也應該親身爲之。

至於音樂的教養是否不分年齡層都適宜？這個問題並不難回答，也一併回應音樂實屬匠藝技術的反對意見。首先，一個優秀的鑑賞評判者，必然也要是有能力演奏者，若是早年就開始踐行音樂技藝，即便年紀稍長之後不再親身演奏，早年的修習也已經讓他們得有鑑賞能力，並能樂於其中。至於音樂實屬匠藝技術，而有粗鄙影響的反對意見，也不難回應。只要弄清楚，爲了教化政治生活所需的德行，自由人對於音樂技藝的探索需要到什麼程度，哪一種旋律與節奏可堪運用，以及那些樂器可以作爲教化音樂技藝而使用即可，既然樂器也有雅俗之分。確實，一些音樂的教化與研習會有讓人墮落的效果，但只要能做出以上的區別，這類反對意見並不難回應。而當然修習音樂不能妨礙青少年往後的人生活動；而就邦民與戰鬥的教養來看，則不能讓青少年的身體爲過度的機械化訓練所傷害。以上是各就未來與當下所做的考量。

音樂的教養與修習，不能是爲了專業的競技，也不應當追求令人驚嘆的神乎其技，現在的競技相當風行追求神技，甚至漸漸被納入教養的規劃中。然而，青少年的音樂教養，其實止於能夠欣賞高雅的曲調節奏即可，而不限於奴隸、孩童，甚至某些動物也都能有所共鳴的音樂。

同理也可推論當用於教養的樂器。笛子或者其他類似豎琴等需要較高階技藝的樂器，並不適合納入音樂的研習，一些能助於青少年領略音樂且有助於其他教養項目的簡樸樂器是比較適合的。除此之外，聲色表現激昂的笛子，其實更適合其他需要滌蕩情緒的場合，而不適於教養使用。還有其他反對笛管用於教養的意見，指稱笛管影響了發聲，因而將之排除在教養的規劃之外，古人曾經將笛管排除在青少年與自由人教養之外的果決是對的，然而他們卻一度又將之納入。在波斯戰爭前後，伴隨勝利所膨脹的，除了彼時漸長的財富讓他們擁有更多的閒暇，對於德行的教養也就有了更大的壯志，不再愼微的他們，於是熱烈地將各種知識的研習都納入教養規劃中。斯巴達曾有一支合唱隊，是以笛手來引導，而在雅典，笛管也一度蔚爲風潮，甚至多數的自由邦民都能來個兩手，其風行程度，從合唱隊領導塞拉斯波（Thrasippus），爲笛師艾柯范迪（Ecphantides）的碑上獻辭可見一斑。往後的經驗讓人更從是否有助於德行來作爲取捨標準，因此排除了笛管以及其他古典風格的樂器，像是四角八弦琴與多弦琴之類只爲取悅聽眾的樂器；以及七角琴、三角琴與三角四弦琴等等需要相當指法的樂器。古代流傳下來的神話或有幾分道理，傳說雅典娜（Athena）發明了笛管樂器隨後又捨棄了它，若說女神是因爲它讓臉部變得醜陋是有幾分可信，但既然雅典娜是知識與技藝的女神，那麼更合理的理由恐怕是笛管技藝的研習，並無助於靈魂心智的教養。

於是音樂的教養應當排除專務炫技的樂器，以及以競技爲目的的職業式訓練，因爲演奏者展現這類技藝的目的，並不是爲了自身德行的教養，而只是爲了聽眾的愉悅，這從而就只是一種匠藝的技術。正是因此，這類音樂技藝的表演，並不屬自由人所當爲，而是雇傭的表演者所爲，雇傭表演者因此就只是較爲低下的藝匠，這是因爲他們所服務的目的使然。觀賞者的聲色娛樂目的，會把音樂的品格拉低，從而也就拉低了其演奏者，演奏者投其所好，甚至連身體的舉止動態也都迎合觀賞者。

第七章（1341b19-1342b34）

還需要探究旋律曲調與節奏運用在教養中的問題。我們是否應當使用全部的曲調節奏？還是應該做出分別？而同樣的原則是否也同樣適用於依據教養，以及上述其他三個目的，再進一步做出分別呢？既然我們已經看到音樂是由曲調與節奏所構成，那麼也就應該知道其在教養上的不同影響，以及是否應當偏好更出眾的曲調節奏。今天許多音樂家，以及具有相當音樂教養的哲人，都已經對這個主題有過闡述，想對這個主題有更細緻理解的人不妨參考之。在此，我們就只從立法者的角度來談談這個主題，闡明一些一般性的原則。

根據一些哲人對曲調的分類，曲調主要有修身養性型、激昂動感型以及抒發情緒型，各自有其相應的調式。但我們進一步認爲，音樂的修習應當不只爲了其中一個目的，應著眼於教養與淨化（在此我們不對該語做進一步闡述，留待深究詩藝論題時再做更細緻討論）的目的，而多方所用；音樂也或可用於閒暇的娛樂，用以放鬆與紓解勞苦。所以，很明顯我們應當以不同的方式，來運用所有的曲調。修身養性的曲調適用於教養，而激昂動感型與抒發情緒型則適用於表演所用的聆聽。人的靈魂皆有情緒，諸如憐憫、恐懼以及激盪，只是強度每人不一。有些人會陷入獻祭性的狂熱，我們會看到他在莊嚴聖潔的曲調面前恍如重生，靈魂的激昂進入一種神祕的狂熱狀態，彷彿受到療癒以及淨化。深受憐憫與恐懼所動者，以及更易受其他情緒所震盪，靈魂因而宛若重生或達至極樂的人，多少都有類似經驗，淨化滌蕩靈魂的曲調也正是以類似方式，給予人無害的愉悅。因此競賽或戲劇的場合，也就可以用上激昂動感型的曲調。但因爲存在兩種類型的觀眾，一種是有教養的自由人，另一則是類似匠人與雇工這類相對鄙俗的觀眾，所以也應該要有專爲後者設計的競賽與戲劇，曲調的選擇也應該配合他們的癖性，這就有了一些逼仄或花俏的曲調。人都是順其自然本性而得到愉悅，因此專業的樂師會因應素質較爲低下的觀眾，選擇格調較爲低下的音樂。然而，如果是出於教養的目的考量，就像之前所說，則應該要選用修身養性型的曲調與調式，類似此前所提的多利亞調，而其他具有音樂教養哲人所建議的曲調，則也可以納入。《理想國》中的蘇格拉底在多利亞調之外，還保留了弗里幾亞調，這是值得商榷的，特別是在他也反對笛管樂器的前提下，因爲弗里幾亞調與笛管樂器的效果是類似的，兩者都是慷慨激昂與激動人心的。詩歌的狀況可以證明我所說的無誤，酒神式的狂熱與其他類似的情緒，最適宜以笛管樂器來表現，較之其他曲調，弗里幾亞調也是比較合適的曲調。舉例來說，酒神風格的詩體，就被認爲是弗里幾亞調，還有許多優秀的音樂鑑賞者提出了證明，他們說費羅薩努（Philoxenus）曾經嘗試以多利亞調來編寫其酒神式詩體的《邁西亞人》（*Mysians*），結果發現不可行後，不得不因應詩的風格改用較爲適切的曲調。所有人都同意，多利亞調的音樂是最爲莊重與果敢的，而既然我們說過應當避免極端而循中道的原則，多利亞調又是所有曲調中最爲執中者，那麼應當以多利亞調的音樂來教養青少年，其理至明。

需要考量的目標畢竟有兩類，一是可能的目標，另一則是妥適的目標，所有人都應該同時考量兩者。這些考量也爲年齡所限定，受過歲月洗鍊的年長者吟唱逼仄的曲調，並不是那麼容易，年歲的自然使然，他們還是比較適合相對輕鬆的樂曲。因此，一些在音樂素養上頗有涉獵的人，批評蘇格拉底出於教養的考量，排除較爲輕鬆的曲調，是有其道理的。蘇格拉底認爲這類音樂的效果與暢飲類似，然而，醉酒所招致卻遠非靈魂的激盪，而只是消耗殆盡的狀態。人畢竟終將來到飽經風霜的年紀，因此同時兼具兩種曲調的教養，還是比較可取的。此外，若是有兼具編曲嚴謹且具教化效果的曲調，則適合用於孩童的教養，呂底亞調就是箇中佼佼。如此，就可以界定出音樂教養的三個原則：中道、可能與妥適。

亞里斯多德生平年表

Αριστοτέλης, *Aristotélēs*，西元前384年—西元前322年3月7日

年代	生平記事
西元前三八四年	亞里斯多德，出生於美麗的愛琴海西北岸的洽爾西迪斯（chalcidice）半島上之斯塔吉拉（Stagira）。他的父親尼高馬丘斯曾經擔任馬其頓國王亞米塔斯二世的御用醫師。（亞米塔斯二世即爲亞里斯多德的學生之一——亞歷山大大帝的祖父。） 亞里斯多德自幼就父母雙亡，由他的姐姐及姐夫撫養長大。
西元前三六七年	十七歲的亞里斯多德讀到了《柏拉圖的對話錄》，深深爲這些對話所吸引，於是他就離開故鄉來到當時希臘的世界文化中心——雅典，並在柏拉圖創辦的「柏拉圖學校」讀書。他在這所學校就讀的時間很長，共二十年。
西元前三六七年—西元前三四七年	亞里斯多德剛進入學校就讀時，柏拉圖還在西西里島訪問未歸。有一次在學校和雅典另一所名校進行大辯論時，亞里斯多德有力的批判，爲學校爭取到莫大的榮譽。這不僅引起柏拉圖的注意，也對他出眾的才智大爲肯定，稱讚他爲學校的「奴斯」（即nous，是具有心靈、理智之意），還在他的住處題上「讀書人之屋」的文字。後來柏拉圖又提拔他爲學校的老師，講授修辭學。

年代	生平記事
	在這二十年的朝夕相處，使亞里斯多德和柏拉圖這對師徒結下了深厚的情誼。雖然亞里斯多德非常敬仰自己偉大的老師，但他並不盲從，仍維持他獨立的見解。當柏拉圖在世時，他就經常提出和老師不同的意見，柏拉圖因此稱他爲「小駒」（意爲：小馬駒吃飽後就會踢牠的母親）。這種「吾愛吾師，吾更愛眞理」的哲理，充分表現在亞里斯多德身上。
西元前三四八年	柏拉圖死後不久，亞里斯多德因爲被歸類爲「馬其頓派」，同時學校並不重視他所喜愛的生物學。就在學校決定由柏拉圖的侄子史伯西普士繼任主持的時候，亞里斯多德就和好友贊諾克拉底斯（Xenocrates）一起離開到小亞細亞旅遊，順便研究他最喜愛的生物學及博物學。而在這段期間，他也陸續完成動物學、植物學這些浩瀚的著作。 亞里斯多德後來到了特洛德（Troad）的阿梭斯（Assos）建立了柏拉圖學校的分校，並娶了赫米亞士（Hermias）國王的侄女，也是義女琵狄雅斯（Pythias）。 在這裡，他熱心教授哲學、討論宇宙和探討人生的問題。 但不久，赫米亞士國王和馬其頓的菲力普二世國王聯合進攻波斯，卻反被波斯人以詭計擒獲。亞里斯多德只好結束教學，開始過著逃亡的生活。

年代	生平記事
西元前三四三年	亞里斯多德應馬其頓國王菲力普二世之邀，擔任十三歲王子亞歷山大的老師。三年後，因亞歷山大開始學習軍事，不再熱衷於追求學問，亞里斯多德於是回到他的故鄉——斯塔吉拉。
西元前三三五年	亞歷山大繼承馬其頓王位，接著征服整個希臘半島，於是亞里斯多德又重新回到雅典。
西元前三三五年—西元前三二三年	亞里斯多德在雅典城東北角城牆外一個叫作「里斯昂」（Lyceum）的地方創辦學校，它和西北角的柏拉圖學校隔城相望。這時的亞里斯多德已是中老年的年紀，他每天早上和學生們一起在林蔭道上散步、討論學問，人們稱他的學派爲「逍遙學派」。里斯昂學校的設施很齊全，包括圖書館、博物館、動物園等設施，經費大多來自亞歷山大大帝的贊助。這無疑是亞里斯多德一生最鼎盛的時期。在這段期間，他也撰寫了他一生中大部分的重要著作。
西元前三二三年	亞歷山大大帝突然猝死。雅典市民得知消息後都很興高采烈，認爲可以脫離馬其頓的統治。這時，反對亞里斯多德的民眾都聯合起來，以褻瀆神明的罪名將他起訴，使得亞里斯多德不得不離開雅典，逃到他母親的家鄉亞佛亞（Evoia）島的洽爾息斯（Chalcis）。
西元三二二年	因爲突然遭遇到如此巨大的變故，使亞里斯多德的身心受到巨大打擊，因此染上了傷寒，沒多久就去世了，也結束了他六十二年的人生。

譯名對照表

三劃

上利比亞（Upper Libya）
大流士王（King Darius）
小阿敏塔斯（Amyntas the Little）

四劃

巴比倫（Babylon）
巴齊斯（Bacchiadae）
巴希留（Basilidae）
比雷埃港（Piraeus）
元老參議會（Gerousia）
厄立特（Erythrae）

五劃

《尼各馬科倫理學》（*The Nicomachean Ethics*）
平民政體（democracy）
卡里斯王（King Charillus）
卡塔那（Catana）
卡西迪亞人（Chalcidians）
立法會（Boule）
札留庫斯（Zaleucus）
弗里幾亞調（Phrygian）
弗西尼德（Phocylides）
弗瑞托（Phreato）
弗尼克（Phrynichus）

六劃

伊斐姬妮雅（Iphigeneia）
伊斯托（Istros）
伊菲亞（Iphiades）
伊比利亞人（Iberian）
米利都城（Miletus）
米那（mina）
米諾斯（Minos）
米特利達（Mithridate）
西西里人（the Sicilian）

西西里（Sicilia）
西蒙（Simos）
西錫安（Sicyon）
《艾阿斯》（*Ajax*）
艾達諾斯（Epidamnus）
艾比哲菲（Epizephyrian）
艾塞比亞（Ethiopia）
艾里斯（Elis）
艾瓦戈拉斯（Evagoras）
艾利梅（Elymeia）
艾柯范迪（Ecphantides）
丟番圖（Diophantus）
色薩利（Thessalia）
色雷斯（Thrace）
色雷斯人（Thracian）
色拉敘布洛（Thrasybulus）
色拉旭瑪（Thrasymachus）
安德羅（Andros）
安迪亞（Andria）
安卓達（Androdamas）
安提西（Antisthenes）
安提米人（Antimenides）
安提薩人（Antissa）
安菲波利斯人（Amphipolis）
安提利昂（Antileon）
安克西勞（Anaxilaus）
多利亞調（Dorian）
列斯博人（Lesbians）
托洛森人（Troezenian）
曲梅（Cyme）

七劃

克里特島（Crete）
克里特人（Cretan）
克里斯提尼（Cleisthenes）
克羅豐（Colophon）

克里門斯王（King Cleomenes）
克拉佐曼（Clazomenae）
克尼多（Cnidos）
克里奧提（Cleotimus）
克拉泰（Crataeas）
克麗奧佩脫拉（Cleopartra）
克塞克（Xerxes）
克萊德（Cleander）
利姆若斯島人（the Lemnian）
利達米斯（Lygdamis）
希俄斯島（Chios）
希達莫（Hippodamus）
希拉斯（Sirrhas）
希波克拉底（Hippocrates）
希拉克斯（Scylax）
狄奧尼西奧斯王（King Dionysius）
忒克墨薩（Tecmessa）
呂克托城（Lyctians）
呂山德（Lysander）
呂底亞（Lydia）
伯羅奔尼撒（Peloponnese）
伯里克利（Pericles）
邦民大會（ecclesia）
君主政體（kinship）
亨尼契人（Heniochi）

八劃

亞里斯多德（Aristotle）
亞里斯托芬（Aristophanes）
亞該亞人（Achaeans）
亞當瑪斯（Adamas）
亞菲塔人（Aphytaeans）
阿伽門農（Agamemnon）
阿提米斯（Artemis）
阿波羅多洛斯（Apollodorus）
阿馬西斯王（Amasis）

阿卡迪亞式（Arcadian）
阿卡迪亞人（Arcadians）
阿塔內斯（Atarneus）
阿格斯人（Argives）
阿瑞斯（Ares）
阿芙蘿（Aphrodite）
阿爾戈英雄（Argonauts）
阿喀烏斯（Alcaeus）
阿波羅尼亞（Apollonia）
阿戈斯（Argos）
阿爾塔（Ambracia）
阿拜多（Abydos）
阿流士（Aleuad）
阿格西萊（Agesilaus）
阿里斯托革頓（Aristogeition）
阿塔羅斯（Attalus）
阿克勞斯（Archelaus）
阿哈巴（Arrhabaeus）
阿米塔（Amyntas）
阿尼諾（Aenos）
阿塔帕（Artapanes）
阿斯提各王（King Astyages）
阿瑪多（Amadocus）
阿理歐巴贊（Ariobarzanes）
阿基羅庫斯（Archilochus）
阿契塔（Archytas）
帕羅斯島人（the Parian）
帕克斯人（Paches）
帕撒尼（Partheniae）
宙斯（Zeus）
法沙立亞（Pharsalia）
《法律篇》（*Laws*）
法里亞斯（Phaleas）
法薩盧（Pharsalus）
法拉里斯（Phalaris）
底比斯（Theban）

九劃

美迪亞人（Medians）
拜占庭（Byzantium）
洛克里（Locri）
科德魯斯（Codrus）

十劃

埃庇米尼得斯（Epimenides）
埃利斯人（Eretrians）
埃伊納（Aegina）
海倫（Helen）
海力克士（Hercules）
索倫（Solon）
索福克勒斯（Sopocles）
泰勒斯（Thales）
高爾吉亞（Gorgias）
高哥斯（Gorgus）
琉卡斯島（Leucas）
庫邁（Cumae）
庫普賽魯斯（Cypselus）
馬格涅西人（Magnesians）
馬里安人（the Malians）
馬拿森（Mnason）
馬拿西斯（Mnaseas）
馬沙利（Massalia）
馬其頓（Macedonia）
倫蒂尼（Leontini）
恩諾斐塔（Oenophyta）
特亞根（Theagenes）
特布隆（Thibron）
納克索島（Naxos）
席納東（Cinadon）
班納度（Panaetius）

十一劃

荷馬（Homer）
敘拉古人（Syracuse）

十二劃

提泰奧（Tyrtaeus）
雅皮吉亞人（Iapygian）
雅典娜（Athena）
普薩美提克（Psammetichus）

十三劃

《奧利斯的伊斐基妮雅》（*Iphigeneia in Aulis*）
奧托拉達斯（Autophradates）
奧隆馬克利（Onomacritus）
奧帕斯（Opus）
奧林（Oreum）
奧諾馬庫斯（Onomarchus）
奧薩戈（Orthagoras）
奧克敘盧（Oxylus）
奧索尼人（Ausones）
奧德修斯（Odysseus）
奧林匹亞（Olympia）
《會飲篇》（*Symposium*）
督政官（ephor）
塔林敦（Tarentum）
達夫諾（Daphnaeus）
愛奧尼亞（Ionia）
塞瑟斯（Seuthes）
塞奧彭普（Theopompus）
塞斯索特（Sesostris）
塞拉斯波（Thrasippus）

十四劃

赫西俄德（Hesiod）
赫菲斯托斯（Hephaestus）
赫里亞（Heraea）
赫拉克奧多（Heracleodorus）
赫希提亞（Hestiaea）
赫拉克利（Heraclea）
赫蘭克拉（Hellanocrates）
赫拉克萊（Heracleides）

十五劃

十六劃

獨斷式統治（monarchy）
錫拉（Thera）
錫巴里斯（Sybaris）
諾提安人（Notians）
戰神山議事會（Areopagus）
穆薩斯（Musaeus）
鮑桑（Pauson）

十七劃

戴達洛斯（Daedalus）
戴多洛（Theodorus）
賽奧迪克特（Theodectes）
賽普勒斯（Cyprus）
邁達斯王（King Midas）
《邁西亞人》（*Mysians*）
《優德勉倫理學》（*Eudemian Ethics*）

十八劃

薩拉米斯（Salamis）
薩達那帕拉（Sardanapalus）
薩摩斯島（Samos）

十九劃

羅克里斯人（the Locrians）
羅德（Rhodes）
贊克利人（Zancleans）
瓊尼人（Chones）

二十劃

蘇格拉底（Socrates）

經典名著文庫019

政治學

作　　者——亞里斯多德（Aristotle）
譯　　者——蕭育和
發 行 人——楊榮川
總 經 理——楊士清
總 編 輯——楊秀麗
文庫策劃——楊榮川
副總編輯——劉靜芬
責任編輯——黃郁婷、呂伊眞、林佳瑩
封面設計——姚孝慈
著者繪像——莊河源
出 版 者——五南圖書出版股份有限公司
地　　址——台北市大安區 106 和平東路二段 339 號 4 樓
電　　話——02-27055066（代表號）
傳　　眞——02-27066100
劃撥帳號——01068953
戶　　名——五南圖書出版股份有限公司
網　　址——https://www.wunan.com.tw
電子郵件——wunan@wunan.com.tw
法律顧問——林勝安律師事務所　林勝安律師
出版日期——2020 年 1 月初版一刷
　　　　　　2022 年 1 月初版二刷
定　　價——400 元

國家圖書館出版品預行編目資料

政治學 / 亞里斯多德著；蕭育和譯 . -- 初版 -- 臺北市：五南，2020.01
面；公分
譯自：Politics
ISBN 978-957-763-732-1(平裝)

1. 政治學

570　　108017599